정치는 말로
설득되지 않는다

DON'T TALK ABOUT POLITICS:
HOW TO CHANGE 21ST CENTURY MINDS

Copyright © Sarah Stein Lubrano, 2025
All Rights Reserved.
Korean translation copyright ⓒ 2025 by iArchitect Co., Ltd.
Korean translation rights arranged with
Andrew Nurnberg Associates Ltd through EYA Co., Ltd.

이 책의 한국어판 저작권은 EYA Co., Ltd를 통해
Andrew Nurnberg Associates Ltd와 독점 계약한 '아이아키텍트 주식회사'에 있습니다.
저작권법에 의하여 한국 내에서 보호를 받는 저작물이므로
무단전재 및 복제를 금합니다.

정치는 말로
설득되지 않는다

사라 스테인 루브라노 지음 · **이혜경** 옮김

민주주의를 걱정하는 우리가
정치 이야기를 하지 말아야 하는 이유

BOOK PLAZA

나를 사랑해 주고 지지해 주는
뎁(Deb)과 마이크(Mike)에게.

목차

들어가는 글: **포고령**   9

1장   공론장의 환상

01   말로 세상을 바꾼다는 자유주의 신화   19
02   더 나은 생각이 민주주의를 실현한다는 착각   27
03   생각은 새로운 사실에 의해 변하지 않는다   36
04   소셜 미디어는 소통을 위한 공간이 아니다   43
05   직접 겪지 않으면 생각은 변하지 않는다   49

2장   토론의 함정

06   토론을 잘한다고 선거에서 이기는 건 아니다   61
07   토론은 목소리 큰 사람이 이긴다   71
08   정치인들이 중도를 프레이밍하는 방법   83
09   우리가 토론으로 할 수 있는 일   93

3장 정치적 행동의 심리

10 시위는 지지층의 결집만을 위한 것이다　　99
11 정치적 신념은 인지 부조화로 만들어진다　　107
12 행동이 사고를 지배하는 방식　　117
13 누군가를 설득하려거든 먼저 행동하게 하라　　125
14 시위가 거세다고 세상이 바뀌진 않는다　　131

4장 관계의 중요성

15 정치가 먼저인가 친구가 먼저인가　　141
16 당신의 친구는 당신의 말에 동의하지 않는다　　150
17 정치를 이야기하려거든 먼저 좋은 친구가 돼라　　157
18 정치는 혼자 생각하는 것이 아니다　　167

5장 소셜 미디어의 배신

19 일론 머스크는 왜 트위터를 인수했나　　177
20 기울어진 운동장　　189
21 소셜 미디어는 절대 공짜가 아니다　　197
22 극우는 우연히 만들어지지 않는다　　205
23 소셜 미디어를 누가 소유할 것인가　　211

6장 정치 상실의 시대

24 오늘날 우리가 정치를 불신하게 된 이유　　　　　219

25 정치를 이야기하려거든 커피숍에 가 봐라　　　　　233

26 정치인들은 이미 알고 있다　　　　　241

27 사실 누구도 정치에 대해 이야기하지 않는다　　　　　249

28 악당들과 싸우는 우리의 자세　　　　　255

7장 다시 정치를 말하기 위하여

29 우리가 그들에게서 배워야 할 것들　　　　　267

30 정말로 정치는 말로 설득되지 않는다　　　　　277

31 오직 민주주의만 생각하라　　　　　287

감사의 말　　　　　297

더 읽을거리　　　　　300

들어가는 글

포고령

2016년, 도널드 트럼프Donald Trump가 미국 대통령 선거에서 공화당 후보로 선출된 직후의 어느 날, 나는 친구들 몇 명과 아이스크림을 먹으러 나갔다. 각자 아이스크림콘을 손에 들고 자리에 앉았을 때 한 친구가 물었다. "얘들아, 도널드 트럼프 선거 캠프 사무장이 기자 얼굴을 때려서 해고당했던 거 기억나?".

기억하는 친구는 아무도 없었다.[1] 하지만 어쩌면 정말 놀라운 일은, 포르노 스타와의 성 추문이라든가 트럼프가 자신의 여성 편력을 직접 떠벌린 것과 같은, 실로 굉장한 사건들이 선거 운동 기간 동안 연이어 일어나는 바람에 이 정도의 이야기가 언론의 관심을 오래 끌지 못했다는 일일 것이다. 그리고 만약 당신이 아주 먼 미래에 이 책을 읽고 있는 것

---

[1] 사실 그 친구 말의 세부 사항은 틀렸지만 요지는 맞다. 폭행은 실제로 일어났다. 하지만 친구의 말과는 달리, 그 사무장은 해고당한 게 아니라 사임했다.

이 아니라면, 바로 저 2016년을 기점으로 정치의 세계가 전례 없이 기이해졌다는 걸 알고 있을 것이다. 정치는 (미국뿐 아니라 다른 나라들에서도) 명백히 덜 합리적이고 더 자기 파괴적이며, 더 부정직하고 더 혼란스러워졌다.

그뿐만이 아니다. 온라인에서든 오프라인에서든, 정치에 대한 말들도 더 이상해졌다. 비교적 진보에 가깝거나 보수에 가까운 것으로 보였던 사람들이 갑자기 입장을 바꾸거나 음모론의 구덩이에 빠져들었다. 더 많은 악담이 오가고 트롤링Trolling[2]이 더 많아졌으며, 가짜가 진짜처럼 보이고 진짜가 가짜처럼 보이는 일이 더 비일비재해졌다. 오늘날 이 모든 현상은 '공론장'의 붕괴로 보이면서 진보와 보수 모두에게 공통적인 우려를 낳고 있다. 전문가들은 캔슬 문화Cancel culture[3], 워크니스Wokeness[4], 가짜 뉴스, 극단주의, 반향실 효과Echo chamber[5], 음모론적 사고 등을 걱정한다. 즉, 사람들에게서 정치를 이야기하는 능력이 점점 사라지는 현실을 엄려하고 있다.

공론의 장과 정치가 이처럼 분열되는 모습을 지켜보는 것은 내가 성인기 삶에서 경험한 가장 심기 불편한 변화 중 하나였다. 그런 소식을 전하는 알림을 수신하느라 내 휴대 전화는 종일 바빴고, 그러면 나는 또 그 내용을 이해하느라 막대한 시간을 쏟아야 했다. 나는 사람들이 왜 트위터(X)에서 서로 쌈박질을 하느라 그렇게도 많은 시간을 쓰는지, 최신

---

2 커뮤니티, 게임, SNS 등에서 관심을 끌거나 화를 유발하는 것을 목적으로 다른 사람을 괴롭히거나 방해하는 행위를 말한다. 옮긴이.

3 온라인상에서 자신과 정치적 견해가 다른 사람을 배척하는 행위로, 예컨대 팔로우를 취소하는 것 등을 말한다. 옮긴이.

4 인종 차별 문제와 관련해서 처음 등장한 용어로, 지금은 일반적으로 불평등과 같은 정치 이슈에 대한 민감도를 가리킨다. 옮긴이.

5 뉴스 미디어에서 전하는 정보가 미디어 이용자의 신념에 의해 증폭 및 강화되어, 이용자의 정치적 편향성을 더욱 키우는 현상을 말한다. 옮긴이.

뉴스 기사가 뜨기만 하면 왜 그걸 둘러싸고 항상 음모론이 활개를 치는지, 저녁 식탁에 둘러앉은 가족들은 또 왜 그렇게 서로를 무시하며 자기 말만 하는지, 어떻게 정치인들은 좀처럼 이해하기 힘든 말로 유권자를 자기편으로 끌어들일 수 있는지 이해하려고 노력했다.

결국 나는 공론장이 이토록 분열되고, 혼란스럽고, 꽉 막히게 된 이유가 무엇인지 생각하게 되었다. 그러다 보니, 정치적 담론이 쉽게 이뤄질 수 있을 거라는 가정 자체가 처음부터 잘못된 것은 아닌가 하는 의구심이 들기 시작했다. 특히, 아무리 좋은 생각이나 강력한 논증이라고 하더라고 그저 듣는 것만으로도 생각이 바뀔 수 있는지, 내게 그런 적이 있었는지도 의문이 들었다. 그 순간, 1513년 스페인의 정복 포고령이 떠올랐다.

레케리미엔토Requerimiento라 불리는 이 포고령은, 스페인 정복자들이 신대륙에서 새로운 원주민 무리를 만날 때면 늘 선포했던 선언문이었다. 포고령에 따르면, 원주민들이 수천 년 동안 살아온 이 땅은 사실 스페인의 것이다. 교황이 스페인 왕과 여왕에게 '이 땅을 하사'했기 때문이다. "이 내용은 작성된 문서에 명확한 문장으로 명시되어 있으니 여러분은 언제든지 그 문서를 볼 수 있다". 요청하기만 하면 포고문 조항은 얼마든지 보여 줄 수 있다는 말이다! 그리고 원주민들에게 "우리가 여러분에게 말한 바를 잘 생각해 보고, 충분한 시간을 들여 논의하고 이해해 달라"고, 그런 다음 가톨릭교회와 교황, 스페인 왕과 여왕을 그들의 통치자로 인정해 달라고 요청했다. 스페인의 식민지 개척자들은 그들이 새로운 군주를 받아들인다면 좋은 대우를 받게 될 것이라고 (거짓으로) 말했다. 하지만 만약 받아들이지 않는다면:

우리는 당신과 당신의 아내, 자녀들을 데려가 노예로 만들 것이며, 스페인

국왕의 명령에 따라 팔고 처분할 것이다. 우리는 당신의 재산을 빼앗고, 우리가 할 수 있는 모든 해악을 저지르며 손상을 입힐 것이다. 이로 인해 발생할 사망과 손실은 모두 당신들의 탓이 될 것이다.

이는 일방적인 최후통첩이자, 그 이상의 의무를 언급하는 사람들로부터 면책되기 위한 일종의 면죄부였다. 포고령의 낭독은 무턱대고 이루어졌다. 보통은 스페인 선박이 정박한 해변에 소규모 원주민 무리를 모아 놓고 섬의 모든 주민을 대표해서 포고령을 듣게 했다. 비록 (늘 그렇듯이) 통역 없이 스페인어로 낭독되었지만 말이다. 만약 주민들이 즉시 포고령을 이해하고 수용하지 않으면 폭력과 굴종, 온갖 약탈이 뒤따랐으며, 그 모든 행위는 정당한 것으로 간주되었다. 레케리미엔토 대로라면, 모든 사망이나 손실은 사실상 전적으로 원주민들 자신의 탓이었다.

그것은 당시 행해진 '여론 세탁Whitewashing'이자 모호한 동의, 담론, 윤리석 가치에 기대어 부당한 무언가를 덜 부당한 것으로 만들려는 시도였다. 식민지 개척자들이 자행한 학살에 반대했던 일부 스페인 사람들에 대한 대응책에서 포고령은 큰 비중을 차지했다. 물론 그랬다고 한들 그것은 뒤에 일어날 대량 학살에 대한 울타리도, 정당화도 되지 못했다.

그렇다, 이것은 역사적으로 극단적인 사례이다. 하지만 '진실'에 의해 즉각적으로 개종하지 않는다면 그것은 전부 "네 탓이오"라는 관념이 이례적인 일은 아니다. 이와 관련해서는 여전히 많은 신학적 논쟁이 있지만, 오늘날까지도 많은 기독교인은 복음을 아예 들어 본 적이 없는 사람은 참작의 대상이 되지만, 복음을 아주 잠깐, 단 한 번이라도 들어 본 적 있는 우리 같은 사람은 그 영혼이 죽음 앞에서 위태로워지기 마련이며, 우리의 영생은 전적으로 신의 부름에 대한 우리의 응답에 달렸다고 말한다. 즉, 해야 할 말은 이미 다 했다는 것이다.

나는 늘 누군가가 당신의 우주(당신이 해 온 온갖 경험, 당신의 가족과 인간관계, 당신의 개인적 신념과 서약에 비견되는)를 겨우 말만으로 흔들어 놓으려는 것은 끔찍이도 야심만만한 계획이라고 생각해 왔다(어쩌면 내가 유대인이고, 우리 가족은 개종하지 않았기 때문에 그렇게 생각하는 것일 수도 있다). 하지만 바로 이 이념이 현재 우리의 정치 문화를 뒷받침하는 전제이다. 우리는 뉴스 미디어에 접근할 수 있고 토론에 참여할 수 있다. 그런 데다가 투표의 기회도 주어진다. 또, 약간의 '비판적 사고'만 한다면 민주주의를 실현하기에 충분하다는 소리를 듣는다. 그 비판적 사고에 의해 사람들이 실제로 어떤 행동을 하는지는, 특히 정치에 관한 한, 상관이 없다는 것을 분명히 알고 있을 텐데도 심리학자들과 평론가들은 비판적 사고에 집중하라고 우리를 독촉한다.

한편, 전 세계의 많은 나라에서 사회에 대한 신뢰와 정치에 대한 관심은 바닥을 치고 있다. 아마도 이는, 우리 사회에서 이론적으로 매우 높은 평가를 받았던 담론들이 실제로는 매우 쓸모없는 것으로 밝혀졌기 때문인 듯하다. 아니면, 우리 중 많은 이들에게 정치가 그저 너무나 불길하고, 가망이 없으며, 고쳐 쓰기가 불가능하게 느껴지기 때문인지도 모른다. 또는 우리는 정치인들이 이미 계획을 실행할 준비를 완전히 끝낸 상태에서 형식적으로 우리의 의견을 물어 오는 것으로 느낄 수도 있다. 우리의 이웃이 봇Bot이 만든 가짜 뉴스를 전달받는 걸 알지만 퍼지는 속도가 너무 빨라 반박할 새가 없다고 느낄지도 모르며, 구독하는 뉴스 피드에 숨어 있는 저격수가 우리를 겨냥하고 있다고 느낄 수도 있다. 그러다 보니, 우리에게 한없이 불리한 이 상황에 참여하려는 시도 자체가 무익하게 느껴질 수도 있다. 주변 사람들과 정치에 대해 이야기하면 할수록 좌절감만 깊어질 뿐만 아니라, 자신에게 가장 시급한 다른 문제를 해결하는 데 써야 할 에너지가 엉뚱한 곳으로 흘러가기도 한다. 따라서, 차라리 관계를 끊는 것이 훨씬 더 유익할지도 모른다. 그리고 우리가 서로 멀어질수록, 권력자들은 제멋대로 권력을 휘두른다.

간단히 말해, 정확히 500년 전 울려 퍼진 불공정한 레케리미엔토가 마치 그곳에서 식민주의를 전혀 찾아볼 수 없다는 듯이 만들었던 것처럼, 오늘날 우리의 정치 문화는 담론, 대화, 토론을 강조하는 동안 그 공정성과 효용성을 상실했다. 실제로, 공론장에서 이루어지는 것은 대부분 그저 제스처에 불과하고, 때때로 더 나쁜 무언가를 교묘히 얼버무리고 있을 뿐이다.

정치 담론 속에는 늘 나를 불편하게 하는 무언가가 있었다. 그러나 내가 그것이 정확히 무엇인지를 이해하기까지는 오랜 시간이 걸렸다. 나는 워싱턴 DC에서 정치를 두고 끝없이 오가는 대화를 들으며 성장했다. 나는 늘 책과 사상을 사랑했다. 그리고 좋은 학벌을 가지고 가능한 많은 책을 읽는다면 언젠가 세상을 위해 좋을 일을 할 수 있을 거라고 오랫동안 생각해 왔다. 나는 사람들이 추상적인 사상을 받아들이는 과정에서 진리를 발견하게 된다고 믿었고, 이 믿음은 나를 성장시킨 동력이기도 했다. 그렇다. 사람들은 비합리적일 수 있지만, 시간이 지나 사상을 접하고 받아들이게 된다면 삶을 더 나은 방향으로 변화시킬 수도 있을 것이었다.

나는 심리학과 사회학을 배우기 시작하고 나서야 비로소 인간에 대해 다른 그림을 그릴 수 있게 되었다. 그 그림 속에서, 인간은 분명 생각이 바뀌는 존재였다. 하지만 대개는 무의식적으로 그랬다. 나는 내가 가장 열광했던 두 학문, 정치학과 심리학이 인간이 작동하는 방식을 전혀 다르게 본다는 사실을 알게 되었다. 나는 인간을 바라보는 이 두 가지 시선, 그리고 각각의 시선이 바라보는 서로 다른 정치 세계를 화해시킬 방법을 알고 싶었다. 이러한 관심에 이끌려 나는 정치학과 인지 과학을 결합한, 구체적으로는 '인지 부조화 이론Theory of cognitive dissonance'을 연구했고, 그러다 마침내 이 책을 쓰기에 이르렀다.

위에서 설명한 문제들(캔슬 문화, 반향실 효과 등)은 한 가지 공통적인 문제를 전제로 깔고 있다. 즉, 이 모든 문제는 정치에 대한 잘못된 모델에서 비롯된다. 우리 사회에는 정치가 작동하는 방식에 대해 근본적으로 결함투성이인 두 개의 모델이 존재한다. 첫 번째 모델은 정치가 사실상 '상업(생각의 시장)'과 같다고 보는 것이고, 두 번째 모델은 정치가 사실상 '전쟁(사상의 충돌)'과 같다고 본다. 때로 우리는 이 두 개의 모델을 동시에 사용해서 정치를 이해하기도 한다. 이 결함투성이 모델들로부터 우리는 가장 비효율적인 정치적 소통 방식을 구축해 왔다. 토론은 아무런 진전을 이루지 못하고, 대화는 대립을 부추겨 기존의 신념만을 강화하며, 사람들은 '정보 과부하'에 시달릴 뿐이다. 그러는 사이 적대감과 조롱만 남아, 우리 중 많은 사람이 정치에서 완전히 멀어지는 결과를 초래했다. 애석하게도 이 모델들은 대학 과제부터 대통령 후보 토론과 대법원 판결에 이르기까지, 우리 사회의 정치적 의사소통 방식을 크게 좌우한다. 이 책의 1장과 2장에서, 나는 이 오래된 신화가 실제로 정치적 변화를 만들 수 있는지, 그 현실을 살펴볼 것이다. 스포일러는 없다.

우리에게 남은 것이 아무것도 없는 것은 아니다. 정치는 변화한다. 하지만 그 이유는 우리가 생각하고 있는 그것이 아니다. 3장과 4장에서 살펴보겠지만, 우리의 대인 관계나 일상 행동에서의 변화는 자주, 그리고 때로는 강력하게 정치를 변화시킨다. 이는 우리의 정치 참여가 독립적인 활동이 아닌 상호 의존적인 활동임을 뜻한다. 우리는 우리가 맺고 있는 사회적 관계 속에서 생각한다. 우리의 정치 참여 또한 우리가 가진 사회적 기회에 의해 제한된다. 그러니 만약 우리의 삶이 제한적이고 협소하다면, 새로운 정치에 대한 우리의 상상력 또한 제한적이고 협소할 가능성이 크다. 현재, 우리가 사는 미국이나 영국과 같은 나라들에서 우리는 특히 정치적 활동이 제한되어 있다. 그리고 이는 정치를 함께 생각하는 우리의 능력을 심각하게 저해한다.

긍정적인 점은, 위기 가운데 기회가 있다는 것이다. 만약 우리가 더 많은 사람과 상호 작용하고, 정치적 관심사를 공유하고, 새로운 활동과 삶의 방식을 탐색할 수 있다면, 우리는 정치를 제대로 생각할 수 있는 훨씬 더 나은 위치에 놓이게 될 것이다. 그리고 기능적으로 훨씬 더 나은 공론장을 (바라건대) 구축할 수도 있다. 내가 공론장이라는 용어로 의미하는 것은 사람들이 서로를 더 잘 이해하고, 더 나은 세상을 공유하며, 더 정의로운 미래를 꿈꾸고, 현재 우리가 직면한 생태적·경제적 위기 상황에서 벗어날 수 있도록 방향키를 잡아 줄 수 있는 공간이다. 5장에서는 사람들의 사회적 활동과 삶을 확장하는 데 도움이 될 수 있는 '인프라Infrastructure'의 필요성을 개괄적으로 설명할 것이다. 그리고 6장에서는 우리의 '대인 관계 능력'과 특히 관련이 있는 오늘날의 특수한 위기, '사회적 위축Social atrophy'을 살펴볼 것이다. 마지막 장에 가서는 현재 우리 시대의 정치를 어떤 식으로 이해해야 할지, 그리고 어떻게 정치의 영역에서 지배적인 자유주의적 정서를 넘어설지 탐색할 것이다. 그리하여 정치를 (단순히 말하기만 하는 것이 아니라) 생각하고 행동한다는 것이 진정으로 의미하는, 정치에 대한 보다 진실되고 전도유망한 이해에 도달할 것이다.

1장
공론장의 환상

01
말로 세상을 바꾼다는 자유주의 신화

우리는 민주주의와 공론의 장을 위협하는 장기적이고 체계적인 도전에 용감하게 맞서야 한다. 사실, 이미 오래전에 이러한 위협을 예측한 사람이 있었다. 위르겐 하버마스Jürgen Habermas가 바로 그다. 하버마스는 1929년에 독일에서 구개파열[6]을 가지고 태어나 여러 차례 수술을 받았다. 그는 자신의 장애가 의사소통의 중요성과 어려움을 진지하게 고민하는 계기가 되었다고 말해 왔다. 어린 시절, 나치가 권력을 장악하자 그는 친나치 소년단 히틀러 유겐트Hitler jugend에 징집되었다. 전쟁이 끝난 후 그는 철학자 마르틴 하이데거Martin Heidegger의 나치당 지지를 비롯하여, 독일 파시즘과 인종 청소의 직간접적 여파를 이해하는 일에 거의 평생을 바쳤다. 놀랍게도, 그는 내가 이 책을 쓰는 지금도 여전히 생존해서 집필

---

6   입천장이 뚫려 코와 입이 통하는 선천성 장애로, 말하기와 먹기 등에서 불편함을 겪는 질환이다. 옮긴이.

을 이어 나가고 있다. 또한 그는 유명 인사로 신문에 자주 기고문을 게재하고 있으며, 학문 세계 밖의 일반인들에게도 잘 알려져 있다.

하버마스는 아마 그의 '공론장 이론'으로 가장 잘 알려져 있을 것이다. 그는 시민들이 함께 공통의 관심사를 논의하는 토론장을 묘사하기 위해 '공론장'이라는 용어를 만들어냈다(독일어로는 '외펜틀리히카이트Öffentlichkeit'인데, 발음하기가 쉽지 않은 단어이다). 하버마스는 18세기 유럽에서 가정도 아니면서 국가나 교회에도 속하지 않는 공간이 급격히 늘어났다고 주장했다. 주로, '커피 하우스Coffee house'로 불리는 공간이었다(당시에 유럽인들은 이제 막 커피를 접한 참이었다). 하버마스에 따르면, 정치 이야기의 전통은 토론이 아니라 소설을 둘러싼 긴 대화와 함께 시작되었다. 새뮤얼 리처드슨Samuel Richardson[7]이 그의 흥미진진한 최신간을 찍어 내던 시기와 맞물려, 식민지와 금융 투기로 성장하고 있던 시장의 정보를 더욱 필요로 하는 사람들이 커피 하우스로 모여들었다. 곧 최초의 정기적인 정보지와 신문이 유통되기 시작했고, 문해력을 갖춘 대중은 소설에 대한 그들의 복잡한 대화를 마치고 난 뒤에는 지역의 소식과 국제적인 사안들을 공유하고 의견을 나누게 되었다. 그 결과, 상업 관련 논의와 함께 정치적 대화가 활발하게 일어났다. 바로 이 공간에서 시장의 힘과 대중의 문해력 향상이 결합하여 '공론장'이 출현한 것이다.[8]

공론장은 글자 그대로든 은유적으로든, 공공의 사안(환경, 경제, 문화, 건강, 사회 규범 등)이 공개적으로 논의될 수 있는 영역이다. 하버마스는 공론장을 '비판적인 공적 토론에 참여하는 사회'로 정의한다. 하지만 나

---

[7] 잉글랜드의 작가, 소설가, 화가로, '영국 소설의 아버지' 격인 인물이다. 옮긴이.

[8] 실제로 런던 로이드(Lloyd, 후일 로이드 보험사로 명칭을 변경했다)와 뉴욕 증권거래소(New York Stock exchange)가 커피 하우스에서 시작됐다. 사람들이 모여 문학과 정치를 논하는 그 공간은 사람들이 사업을 벌이는 공간이기도 했다.

는 공공의 영역에 대한 한나 아렌트Hannah Arendt의 다음과 같은 시적인 구절을 더 좋아한다. 아렌트에 따르면, 공론장은 "우리를 한데 모으면서도 우리가 서로에게 걸려 넘어지지 않도록 해주는 공통의 세계"이다. 즉, 공론장은 사회 속에서 우리가 함께 모여 서로로부터 더 나은 정치적 행동 방식을 배울 수 있는 장소이다.

달리 말하면, 공론장은 더할 나위 없이 아름다운 공간이다. 하지만 하버마스도 오늘날의 세계는 대체로 이러한 모습과는 거리가 멀다는 사실을 바로 인정한다. 실제로 그의 연구는 공론장이 한편으로는 그것 자체가 이룬 성공의 희생양이 되었음을 암시한다. 18세기에 공론장은 계몽주의 사상에 기여했고, 과학과 기술의 발전과 현대적 민주주의가 등장하는 것에 도움이 되었다. 하지만 장기적으로 볼 때 기술, 미디어, 시장, 식민주의의 이러한 무분별한 혼합으로 인해 세상은 평균적인 사람들이 이해하고 영향을 미치기에는 훨씬 더 어려운 곳으로 변해 버렸다. 예를 들어, 한 시민이 오늘날의 조세 정책을 신중히 비판하려 한다고 가정해 보자. 그리고 비판을 위해 그 시민에게 필요한 것이 무엇일지 한번 생각해 보자. 비판이 아예 불가능한 것은 아니지만, 아무리 고학력자라 하더라도 우리가 납부하는 세금을 결정짓는 복잡한 관료주의, 분화된 전문 지식, 그리고 불투명한 로비 과정을 해부하기란 거의 불가능에 가까운 일이다. 하지만 어쩌면 이보다 심각한 일은, 현재 우리가 억만장자들이 소유한 앱들이 발송하는 끝없는 알림에 메어 있다는 것일지도 모른다. 또한 우리는 과중한 업무가 가하는 스트레스로 심리적으로도 지친 상태이다. 어찌 보면 많은 사람이 자리 잡고 앉아서 정치에 대해 길고, 느리고, 신중한 대화를 나누고 싶어 하지 않는다는 건 당연할지도 모른다. 우리에게는 더 이상 갈만한 이상적인 커피 하우스도, 그곳을 이용하는 데 드는 돈도 없는 것처럼 느껴진다. 커피 하우스에서 어느 정도 만들어진 자본주의적이고 관료주의적인 세계가, 역시 같은 곳에서 만들어진 민주적 세계를 잠식해 온 것이다. 하버마스의 지적처럼, 자본주의에 녹아든 관료제라는 '체계'는 우리가 사는 '생활 세계'를 병적으로 '식민화'해 왔다.[9]

이는 끝없이 확산하고 있는 21세기의 특수한 위기들을 바라보면서, 내가 이 책 전반에 걸쳐 다루는 문제의 하나이기도 하다. 사실 나도 하버마스처럼 '비판 이론가'가 되기 위한 훈련을 받았다. 나는 실제로 국가 권력의 구조와 그 구조를 뒷받침하는 사회적, 역사적, 이데올로기적 세력을 분석하고 있으며, 민주주의 문제에 깊은 관심을 가지고 있다. 하지만 자유주의자들과는 달리, 나는 타인을 말로 설득하는 것이 정치의 가장 중요한 부분이라고 생각하지 않는다. 그럼에도 여전히 광범위한 민주주의적 국가 구조(소수 집단과 반체제 인사의 권리 보호, 상대적으로 평등한 경제를 포함하는)가 제대로 작동하는 경우에서라면, 토론이나 담론도 정치에서 그 나름의 기능을 수행할 수 있다고 본다. 이따금 진짜로 화해 불가능한 갈등이 위태롭게 불거지는 상황에서도 정보에 기반한 신중한 동의와 이해, 합의를 추구하는 것은 바람직한 일이다. 말하자면 나는 어쩌면 하버마스 이상으로 공론장에 관심이 많지만, 그와는 달리 민주주의가 '소통'의 문제라고는 생각하지 않는다는 뜻이다.

잠시만 '자유주의'라는 단어를 짚고 넘어가도록 하자. 이 책을 읽고 있는 독자 중에는, 특히 미국인이라면, 자유주의라는 단어를 '대중적'인 인식에서 왼쪽, 즉 버락 오바마Barack Obama나 알렉산드리아 오카시오코르테스Alexandria Ocasio-Cortez[10] 같은 정치인들과 가까운 단어로 생각할지도 모른

---

9   Jürgen Habermas (1984), The Theory of Communicative Action, vol. 2, Beacon Press.
10 민주당 소속 뉴욕주 연방 하원 의원으로, 대표적인 민주 사회주의 정치인이자 미국 역사상 최연소 여성 하원 의원이다. 옮긴이.

다. 혹은 다른 나라의 독자라면 자유주의자라는 말을 듣는 순간 영국의 자유 민주당 같은 정당에 소속된 사람들을 떠올릴 수도 있다. 하지만 나는 이 책 전반에서 자유주의라는 단어를 개인의 권리, 사유 재산, 사상과 표현의 자유, 국가의 간섭으로부터의 자유, 정부에 대한 동의, 법 앞의 평등을 강조하는 정치사상을 가리키는 용어로 사용한다. 자유주의에는 많은 장점이 있다. 실제로 방금 나열한 것들 중에서 나는 특히 마지막 세 가지를 좋아한다. 하지만 낡은 자유주의와 그것의 유산에는 크나큰 단점과 근본적인 결함, 은폐된 문제 또한 존재한다. 곧 살펴보겠지만, 특히 사유화된 시장이 우리 삶을 지배하는 방식을 은폐할 수 있고, 언론의 '자유'에 대한 강조는 사람들이 정치 세계를 이해하는 데서 겪는 혼란을 은폐할 수도 있다. 일부 이론가들이 지적했듯이, 놀랄 정도로 비자유주의적인 결과들(예컨대, 노예 제도와 인종 청소)을 초래한 것도 소위 자유주의 원칙을 따른다는 사회들이었다. 이론적 차원에서도 많은 문제가 있다. 자유주의 이론가들은 시장 경제가 정치에 미치는 영향을 고려하지 않은 상태에서 정치적 질문을 제기하는 경향이 있으며, 그로 인해 완전히 잘못된 질문을 제기하는 경우도 자주 발생한다. 게다가 자유주의적 문화도 마찬가지로 문제를 일으킨다. 자유주의와 함께 도래한 문화 중 일부(예컨대, 토론 문화)는 해롭고 비생산적인 정치 행태들을 낳았다.

  최근 몇 년 사이에, 나는 지금까지 자유주의 사상을 칭송해 왔던 많은 사람이 동요하기 시작했다는 사실을 알아차렸다. 어떤 이들은 우경화되거나 반동적으로 변했으며, 어떤 이들은 그저 어떻게 반응해야 할지 확신하지 못하는 상태이며, 어떤 이들은 좌경화되어 시장에 대해 그 어느 때보다 비판적인 태도를 보인다. 그러므로 이 책은, 자유주의의 어떤 측면에는 환멸을 느끼지만, 여전히 자유주의적 이상에서 미덕을 발견하는 사람들을 위한 것이다. 또한 이 책은, 지금의 체계는 앞으로 절대 제대로 작동할 수 없을 것이라는 사실을 알지만, 우리가 마주하고 있는 세상을 어떤 식으로 이해해야 하는지는 모르는 사람들을 위한 것이다. 현재 우리는 사회적 고립과 불신, 악화일로의 경제 위기와 기후 위기, 그리고 소위 민주주의 국가들에서 등장하고 있는 권위주의적인 지도자들로 특징 지을 수 있는 세계에 살고 있다. 이 책의 목적은 '비자유주의적' 세계로 돌아가는 것이 아니라, 자유주의의 장점(예컨대, 평등과 자율성)은 취하되, 그러한 가치들을 실제로 더 잘 실현할 수 있을 일련의 조건과 방법을 제시하는 것이다. 이 책을 읽어 가는 동안, 독자들도 내가 이론을 좋아하는 다른 사람들과 항상 다르기만 한 것은 아니라는 사실을 알게 될 것이다. 하지만 그들이 대개는 고차원적인 이념에 초점을 맞춘다면, 나는 사람들이 실제로 무엇을 어떻게 생각하고 무엇을 어떻게 하는지에 관심이 있다. 그리고 글을 쓸 때 개인의 경험과 역사적 정보를 활용하는 경향이 있다. 그렇다고 해서 풀어야 할 과제와 문제가 없는 것은 아니다. 말하자면 나는 그들의 자료를 그들과는 좀처럼 다른 방식으로 사용하는 것이기 때문이다.

나는 명백히 '북반구'의 산물이다. 나는 미국 정치의 바로 그 중심지에서 성장했고, 미국의 엘리트 교육 기관을 다녔으며, 영국으로 옮겨가 영국의 엘리트 교육 기관에서도 교육을 받았다. 나는 북반구 이외의 지역에서 살아 본 적이 없다. 이 책에서 나는 내가 아는 바에 대해서만 쓸 것이며, 폭넓은 관점을 제시하는 척도 하지 않을 것이다. 내가 설명하는 문제들과 도움이 될 수도 있는 해결책들은 내가 태어난 장소와 매우 비슷한 곳들을 겨냥한 것이다.

나의 목표는 정치를 가장 광범위한 측면에서 제시하는 것이다. 즉, 나는 인간이 공동의 삶을 살아가며 활용할 수 있는 가장 어렵고, 기교가 필요하며, 필수적인 수단으로 정치를 바라보고자 한다. 이것은 우리가 어떻게 하면 더 나은 사고를 통해 함께, 잘, 그리고 공정하게 살아갈 수 있는가에 관한 것이다. 우리 모두가 평등한 소속감을 느끼며, 물질적 또는 사회적으로 제약받는 것이 아니라, 서로에게서 힘을 받으며 살아갈 수 있을 때 우리는 정치를 더 잘 사고할 수 있을 것이다.

그 지점에 도달하기 위해서, 우리는 말로 세상을 바꿀 수 있다는 낡은 신화와 결별해야만 한다. 이는, 레케리미엔토의 단어들이 그랬듯이, 대부분의 정치적 의사소통이 진정한 의사소통이라기보다는 강압이기 때문에 더욱 그러하다. 물론 담론은 진정한 논의에로의 초대일 수도 있다. 하지만 담론은 하나의 형식이자 실제로는 다음과 같은 것을 의미하는 하나의 표현에 불과할 수도 있다. "나는 당신에게 정신이 제대로 박힌 사람이라면 따를 수밖에 없는 이 올바른 사상을 제시함으로써 정당한 기회를 주었다. 그러니 이제부터는 무력을 사용해서 내 뜻대로 하겠다". 최악의 경우, 담론은 레케리미엔토가 그랬듯, 논의가 이루어졌다는 편리한 변명거리를 제공함으로써 어쨌거나 권력과 지배 구조가 늘 그래 온 방식으로 지속될 수 있도록 은폐물의 역할을 한다. 권력자들은 다음과 같이 말할 수 있다. "모든 것이 잘되고 있고, 공정하며, 민주적이다". 그러면서 다음과 같이 덧붙일 것이다. "왜냐하면 모든 사람이 자유롭게 말할 수 있고 믿고 싶은 걸 믿을 수 있기 때문이다!".

정치적 사고와 여론에 대한 논의는 오랫동안 '전쟁'과 '상업'이라는, 같은 뿌리에서 나온 낡은 신화에 의해 제약당해 왔다. 우리는 이 은유에 의지해서 끝도 없이 정치를 논하는 대신에 더 나은 일들을 할 수 있다. 우리의 경제부터 삶과 과학과 기술에 이르기까지, 정치를 형성하는 중요한 요소들을 고려함으로써, 우리는 정치에 대해 사고한다는 것이 진정으로 의미하는 바의 핵심에 도달할 수 있다. 우리는 다양한 사회적 인프라를 구축하고, 더 넓어진 세상을 함께 이용하며 지금까지와는 다르게, 더 잘할 수 있다. 논쟁이나 강요가 아닌, 관계와 상상력을 통해 우리는 정치 생활의 모순을 해결해 나갈 수 있을 것이다.

02
더 나은 생각이 민주주의를 실현한다는 착각

 지금으로부터 약 500년 전 스페인의 정복자들이 레케리미엔토Requerimiento를 선포한 바로 그 대륙에서 나는 십 대 청소년기를 보냈다. 여느 십 대들처럼 나도 학교에 가기 위해 아침에 일어나기를 싫어했다. 그래서 매일 아침 아버지는 내가 아침밥을 먹으러 아래층으로 내려올 때까지 라디오를 크게 틀어 두곤 하셨다. 그러다 보니 나는 성장기 내내 군용기와 헬리콥터를 광고하는 소리를 들으며 잠에서 깨어났다.

 광고들은 모두 고동치는 듯한 극적인 음악으로 시작해서 미사일 날아가는 소리와 폭발음으로 이어졌다. 그런 다음 하나같이 비슷한 멘트가 따라 나왔다. 예컨대 이런 식이었다:

 방위 산업체 레이시온Raytheon 협력팀이 개발한 기만용 무인 항공기MALD와 합동 장거리 무기JSOW, 고속 대방사 미사일HARM이야말로 중국의 서태

평양 지배 전략 A2AD의 조력자 확산을 막을 수 있는 적절한 가격의 검증된 대응책입니다. MALD, JSOW, HARM은 서로의 단점을 보완하여 시너지 효과를 냄으로써 여러 지역을 넘나들며 자행되고 있는 적의 선진 공격 기술을 분쇄하고 압도하는 한편, 발사 플랫폼을 보호할 수도 있습니다."[11]

이쯤 되면 워싱턴 DC 인근에서 성장한 사람이 아닌 한 아마 약간은 어리둥절할지도 모른다. 광고에 등장하는 저 온갖 약어들뿐만 아니라, 저처럼 값비싸고 치명적인 무기 광고가 오늘의 날씨 예보에 이어 방송을 탔다는 사실이 잘 이해되지 않을 것이기 때문이다. 아무리 미국의 수정 헌법 제2조가 국민의 무기 소지권을 보장한다 해도, 보통의 미국인이 공격용 헬리콥터를 구매할 가능성은 확실히 없지 않은가?

하지만 십 대의 나는 별로 궁금하지 않았다. 그런 광고 방송은 지하철의 방위 산업체 광고만큼이나 자연스러운 일이었다. 물론 그 광고들이 나를 타깃으로 삼고 있다고 생각했던 건 아니다. 그럼에도 나는 그 광고들이 왜 거기에 있는지를 의문시하지는 않았다. 내가 이 광고들의 목적을 찬찬히 생각하기 시작한 것은 그로부터 십 년이 지난 뒤였다. 어떤 면에서, 답은 간단했다. 방위 사업 계약자가 연방 정부 직원과 술을 마시고 식사를 하는 것은 법으로 금지되어 있다. 따라서 그들이 의사 결정자의 관심을 끌기 위해서는 다른 방법을 모색해야만 했다. 제안서를 완성하는 데만 이것저것 합해서 총 1백만 달러가 드는 마당에, 지역 라디오 광고비로 1만 달러를 쓰는 게 무슨 대수란 말인가? 한 계약 업체 대변인은 인터뷰에서 다음과 같이 말했다. "인수 위원회에 정보를 전달하는 것이

---

11   사실 내 기억을 왜곡하지 않기 위해 인터넷에서 찾은 레이시온의 실제 광고 문구를 그대로 옮겨왔다. 광고에는 어린 시절의 광고와 마찬가지로 거의 신난 것 같은 남성의 힘찬 목소리가 내레이션으로 흘러나온다.

무엇보다 중요합니다. 하지만 코카콜라나 펩시가 하는 것처럼 우리도 우리 사업에 대한 대중의 인지도를 올릴 필요가 있습니다".[12]

이 광고들의 목적은 일반 유권자에게 무기 구매를 독려하려는 것이 아니다. 유권자들이 국회 의원에게 편지를 써서 기만용 장비나 무기, 미사일 패키지를 구매하라고 (공중 발사 기만용 장치 250개 한 세트당 가격이 9,600만 달러에 달하는 상황에서) 촉구할 성싶지는 않다. 그렇다고 미국 국방부 인사들이 아침에 시리얼을 먹다 광고를 보고 영감을 얻게 될 상황을 위해서도 아니다. 아마도 그건 아닐 것이다. 다만 그 광고들은 마치 정보에 밝은 대중이 저기 어디엔가 존재하고 있어서, 어떤 방위 산업체가 계약을 따내야만 하는지 열띤 토론을 벌이고 있을 거라는 '착각'을 불러일으킨다. 따라서 나는 그 광고들이 방송을 통해 대중에게 더 널리 확산할수록 더 효과적이라고 생각한다. 그것은 의사 결정자들이 그들의 선택에 따라 유권자의 압력이나 비판에 직면할 수도, 혹은 지지를 받을 수도 있다는 인상을 심어 준다.

어쨌거나, 이러한 전략이 효과가 있는 것 같기는 하다. 레이시온은 이 협력 장비들을 비롯하여 다른 많은 장비의 계약을 따냈다. 한편 무기 광고는 일반 대중에게도 영향을 미치긴 해서, 지금의 정치적 쟁점이 공격용 헬리콥터를 구매해야 하는지 말아야 하는지가 아니라, 마치 그 공격용 헬기들을 레이시온에서 구매해야 하는지 아니면 록히드 마틴Lockheed Martin에서 구매해야 하는지의 문제인 것처럼 보이게도 만든다. 이를테면, 나와 내 남동생은 방위 산업체 노스롭 그루먼Northrop Grumman의 기억하기 쉽고 입에 착 붙는, 하지만 전혀 무의미한 슬로건을 아직도 제창할 수 있다. "노스롭 그루먼, 미래를 결정하라!".

---

12   Juan López de Palacios Rubios (1513), National Humanities Center Resource Toolbox: American Beginnings: The European Prescence in North America, 1492–1690, National Humanities Center.

미사일 구매를 촉구하는 라디오 광고들은 내가 초기 조사 대상에서 빠뜨렸을 정도로 효과적이다. 그리고 이러한 효과는 부분적이긴 하지만 미국 문화, 아니, 사실상 모든 서구 문화 속에 깊이 뿌리박고 있는 신화에서 기인한다. 이 신화를 있는 그대로, 또는 전적으로 믿는 사람은 거의 없다. 하지만 신화에 따르면, 어떤 정책안이 '시장'에 공개되는 순간 시민들은 그 정책안을 충분히 논의하고 숙고한 다음, 정부에 가장 마음에 드는 정책을 실행하도록 압력을 가한다. 신화의 주장대로라면, 대중이 정책에 지속적으로 노출되는 한 정치는 대체로 잘 작동하기 마련이다. 당신은 그저 가능한 선택지를 자유롭게 둘러보고, 더 나은 것을 정부에 요구하기만 하면 된다. 이는 정치의 소비주의이자, '상업 논리'에 다름 아니다.

이른바, '생각의 시장Marketplace of ideas'이라고도 불리는 바로 이 신화에는, 그리고 이 신화가 우리 사회의 정치 문제들을 해결해 줄 것이라는 믿음 속에는 일말의 경험적 사실도 포함되어 있지 않다. '생각의 시장'이라는 말, 당신은 이 말을 들어 본 적이 없을지도 모른다. 하지만 "햇빛은 최고의 살균제다"라거나, "모든 주장에는 공평한 발언의 기회가 주어져야 한다"라는 사고방식 속에 어떤 공통적인 관념이 존재한다는 것을 직관적으로 알아차릴 수도 있을 것이다. 즉, 경험적 진실은 거의 찾을 수 없는 말임에도 단지 그렇게 믿는 것이기에, 설령 돈과 권력이 배후에서 작동하고 있다 하더라도, 생각이 자유롭게 오가고 논의될 수만 있다면 민주주의는 제대로 기능할 수 있다는 가정을 우리가 쉽게 털어 버릴 수 있을 것 같지는 않다. 이러한 믿음은 우리의 정부와 제도, 법률, 언론, 정당을 구조화해 왔다. 또한 우리의 정치적 직관과 관계, 대화 속에도 스며들어 있다. 그렇다면 이러한 관념, 정확히는 이러한 이상이 그토록 오랫동안 호소력을 발휘할 수 있었던 이유는 무엇이고, 그토록 수많은 결함이 존재한다는 사실을 알면서도 우리가 이 이념에서 벗어나지 못하는 이유는 또 무엇인가?

'생각의 시장'이라는 용어는 1919년, 연방 대법원 판결문에서 처음으로 등장했다. 대법관 올리버 웬들 홈스Oliver Wendell Holmes는 제1차 세계 대전 중 미국의 전시 정책을 비판했던 유대인 급진주의자들의 권리를 옹호하기 위해 이 용어를 만들어 냈다. 홈스는 판결문에, "시장 경쟁이라는 틀 안에서 생각이 자유롭게 거래되는 것이 중요하다"라고 썼다.[13] 1953년, 대법관 윌리엄 더글러스William O. Douglas는 고객 명단을 공개하라는 압력을 받고 있던 한 반체제 출판사를 옹호하기 위해 이 표현을 보다 개념적으로 사용했다. 그는, "이 출판사는 생각의 시장에서 사람들의 마음을 얻으려 노력하고 있다"라고 썼다.[14] 나아가 이 용어는 1969년 정부의 검열을 제지하는 '언론 자유 법Free Speech Law'에 정식으로 기재되었는데, 이는 쿠 클럭스 클랜Ku Klux Klan, 일명 KKK의 출판권을 옹호하기 위한 노력의 일환이었다.[15] 그 후, 미국 대법원 대법관 케네디는 시민 연합 단체에 대한 판결을 정당화하는 논리로 이 법을 빌려 왔다. 대법원 판결에 따르면, 국가는 기업과 노동 단체가 후보자에게 제공하는 정치 자금을 제한해서는 안 된다. 왜냐하면 향후 '표현의 자유'를 침해하여 '생각의 자유'를 억압할 수 있기 때문이다.[16] 이 판결을 계기로 금전 거래 자체가 생각의 자유를 보장하는 한 가지 형태라는 주장이 법률적 근거를 얻게 됨에 따라, 더욱 현실화된 '생각의 시장'이라는 신화는 기이하고 뒤틀린 오늘날의 미국을 만드는 것에 큰 공을 세우게 되었다.

---

13   David Schultz (2009), Marketplace of Ideas, The Free Speech Center.
14   United States v. Rumely (1953), US Supreme Court, 345 U.S. 41. Justia.
15   Brandenburg v. Ohio (1969) US Supreme Court, 395 U.S. 444. Justia.
16   Citizens United v. FEC (2010), US Supreme Court, 558 U.S. 310. Justia.

하지만 여전히 하나의 관념이라는 측면에서 본다면, 이 용어의 역사는 훨씬 더 유구하다. 고대 그리스인들은 시장인 동시에 사람들이 모여 정치를 논하는 장소이기도 했던 그들의 시민 회합 중심지, '아고라Agora'에 자부심을 가졌다(사회 문제를 기술이 해결해 줄 것으로 믿는 사람들은 트위터 등의 인터넷 사이트들이 우리 시대의 아고라 역할을 할 수 있다고 생각한다). 계몽주의의 영향을 받은 정치 이론가들, 예컨대 존 스튜어트 밀John Stuart Mill과 토머스 제퍼슨Thomas Jefferson은 역사의 흐름 속에서 최고의 사상이 승자가 되려면 누구에게나 생각을 표현할 자유가 필요하다고 썼다(하지만 그들이 시장이라는 은유에 기댄 것은 아니었다). 오늘날에는 시장에 대한 냉소적 입장도 만만치 않게 많지만, 싱크 탱크들이나 경제학자들이 자신들에게 가장 유리한 생각을 '판매'하는 과정에서 시장의 은유를 앞다퉈 사용하는 모습도 드물지 않게 목격된다.

'생각의 시장'이라는 용어를 사용할 때 대부분 뜻하려고 하는 것이 정부의 검열이나 규제를 받지 않는 상태에서 그저 표현의 자유를 누릴 수 있는 '시장'만은 아니다. 토머스 제퍼슨처럼 그들도 원대한 어떤 것, 즉 시장이 공정하고 효율적으로 작동하기만 한다면 결국 최고의 사상이 승리하게 될 것이라는 신념을 마음속에 품고 있다. 철학자 올루페미 타이워Olúfẹ̀mi O. Táíwò가 지적하듯이, "신화 속에나 나올 법한 자유 민주주의는 시장이 경제에 관해서 자기 교정적으로 정의를 창출하듯이, 정치사상에 관해서도 그와 유사한 방식으로 정의를 창출할 수 있다고 믿는다."[17]

하지만 경제와 정치사상을 혼합한 이런 식의 사고방식에는 문제가 많다(실제로 시장은 상품과 서비스로 제한될 때조차 불평등과 부정의를

---

17   Olúfẹ̀mi O. Táíwò (2022), Elite Capture: How the Powerful Took Over Identity Politics (and Everything Else), Haymarket Books.

낳는다). 예컨대, 우리 중 극히 소수가 정부의 엄격한 검열을 원한다고 한다면, 우리는 그것을 그저 시장의 결정에 맡겨 두어야만 하는가? 우리는 관념으로서의 시장과 그것에 의존하는 방식이, 미래에 모든 정치사상 중에서 최고의 것을 우리에게 가져다줄 것으로 믿을 수 있는가?

관점을 달리해서 본다면, '생각의 시장'이란 역사의 승자를 옹호하고 패자를 소외시키는 신화에 불과하다고 생각할 수도 있다. 미국 법을 가르치는 스탠리 잉거버Stanley Ingber 교수는, 이러한 신화 속에서 시장은 이미 대중성을 얻은 사상이 대중적인 이유는 그것이 옳기 때문이라고 주장하는 근거가 된다는 점에서 '불길한 기운'이 감지된다고 했다.[18] 이를테면, 시장 모델은 지배 집단에게 자신들이 우위를 점하는 것은 자신들이 옳기 때문이라는 자기중심적인 신념을 제공한다. 잉거버 교수의 주장에 따르면, 바로 이러한 정당성의 부여 때문에 '생각의 시장' 신화가 이처럼 만연하게 된 것이다. 반면에 반체제 인사들은 시장이라는 관념은 권력자들의 도구에 불과하다고 생각하면서 이를 불신할 가능성이 더 크다. 아이러니하게도, 이러한 태도 차이는 두 집단 간의 거리를 벌림으로써 생각의 교류에 대한 그들의 관심이 전보다 낮아지는 결과를 초래했다. 실제로 1960년대 '신좌파New left 운동'의 한 대변인은, 언론과 표현의 자유를 보장하는 미국의 수정 헌법 제1조는 민중이 자신의 목소리를 내고 있다고 믿도록 속여 저항을 약화하기 위해 고안된 '무의미한 회유책'이라고 결론 내리기도 했다.[19]

역사적 승자에게 왕관을 씌우거나 패자를 완전히 소외시키지 못해도 좋다. 생각의 시장이 궁극적으로는 최상의 역사적 결과를 가져다줄 것

---

18   Stanley Ingber (1984), 'The Marketplace of Ideas: A Legitimizing Myth', Duke Law Journal.
19   Ibid.

이라는 신화는 다양한 정치적 스펙트럼을 가진 사람들에게 유인하는 제스처를 보낸다. 예를 들어, 만약 당신이 어떤 중요한 사상(여성의 참정권 또는 게이 남성의 혼인권 같은)이 '승리했다'라고 믿는다면, 종국에는 최고의 사상이 승리하기 마련이라는 논리는 어째서 이런 획기적인 변화가 일어났는지를 설명하는 데에 도움이 될 뿐만 아니라, 오직 최고의 사상만이 승리하므로 그 사상은 분명 그동안 내내 옳았다는 것을 손쉽게 입증하는 셈이 된다. 실제로 이는, 예컨대 여성의 권리 진전을 가능하게 했던 것은 억압에 맞선 수세대의 고통스럽고 때로는 명백히 무익하기도 했던 투쟁이었다는 너저분하고 세속적인 현실보다, 확실히 훨씬 더 깔끔한 설명을 제공한다. 그리고 당신이 무언가를 믿기는 하지만 아직 그것이 '승리하지 않은' 상황이라 할지라도, 종국에는 '생각의 시장'에서 최고의 자리를 차지하게 될 거라는 믿음만으로도 위로가 될 것이다(당신은 그저 시대의 흐름을 앞서갔을 뿐이다). 확실히 이 관념은 비록 우리가 지금은 불평등이 점점 더 악화하고, 생태계 붕괴가 임박했으며, 권위주의 체제가 떠오르는 세상에 살고 있지만, 저기 어딘가에는 이러한 현상이 억제된 확실한 미래가 존재한다고 시사한다. 잠시만 기다려 보라!

사람들이 "x에 대해 논의해야 해"라거나 "y를 충분히 논의하지 않았어"라는 식의 말을 할 때면, 나는 상대를 x와 y에 대한 생각에 그저 노출시키는 것만으로도 도움이 될 수 있다는 이 암묵적인 신념이 우리의 일상 속까지 깊숙이 스며들어 있음을 목격한다. 이때, x와 y는 남성의 취약성일 수도 있고 산모의 산후 우울증일 수도 있다. 그런 경우라면 이러한 시도는 남성들의 수치심을 덜거나 산모의 대인 간 지원을 요청하려는 의도를 지녔을 수도 있다. 때로는 미투 해시태그#metoo 달기 캠페인이 그랬듯, 그렇게 시작된 대화가 적극적인 정치 조직화로 이어질 수도 있다. 하지만 뭐가 됐건, 대개의 경우 그 쟁점을 그저 자유롭게 생각하고 '말하는' 것만으로도 문제가 쉽게 개선될 것이라는 가정이 깔려 있다. 아마도 우리는 만약 우리가 어떤 생각에 대해 충분히 많은 말을 하거나 듣는다면, 그것만으로도 그것이 더 나은 물건인지 아닌지, 베스트셀러가 될 법한지 아닌지를 입증할 수 있다고 생각하는 것 같다. 시장의 힘이 우리의 삶을 점점 더 결정하게 됨에 따라, 사람들이 자신을 생각의 소비자(또는 판매자)로 생각하게 되었다는 것은 분명 우연은 아닐 것이다.

03
생각은 새로운 사실에 의해 변하지 않는다

'생각의 시장'이 건강한 공론장의 해로운 모델이라는 것을 보여 주는 주된 단서는, 어쩌면 그러한 관념이 사람들은 서로의 생각을 비교하기만 하면 무엇이 가장 좋은 생각인지를 쉽게 가려낼 수 있으며, 필요하다면 그들 자신의 생각을 바꾸기도 한다는 믿음에 기초하고 있다는 데서 찾을 수도 있다. 하지만 그렇지 않다. 최근의 조사 결과에 따르면, 지난 한 해 동안 소셜 미디어에서 본 무언가로 인해 어떤 정치적 쟁점에 관한 자신의 생각을 바꾼 사람은 불과 14%에 불과했다.[20] 이런저런 데이터는 잊어버려도 좋다. 많은 사람이 그런 식으로 생각을 바꾸지 않는다는 사실을 우리 대부분은 이미 잘 알고 있기 때문이다. 우리는 큰일에 대해 우리의 생각을 좀처럼 바꾸지 않으며, 작은 일은 너무 바빠서 심사숙고할 여유

---

20   Pew Research Center (2018), 14% of Americans Have Changed Their Mind about an Issue Because of Something They Saw on Social Media, 15 August.

조차도 없다. 물론, 이는 어떤 축구팀이 우승할 거라고 예상하는지, 이웃과 동료에 대해, 그리고 팝 가수의 스캔들에 대해 어떻게 생각하는지와 같은 생활 전반의 문제에도 그대로 적용된다. 하지만 이러한 현상이 정치만큼 분명하게 드러나는 곳도 없을 것이다.

참고할 수 있는 최고의 심리학 연구를 따른다면[21], 무엇보다 정치적(특히, 감정적) 이슈에 관한 한 새로운 사실로 인해 기존의 생각이 흔들리기란 결코 쉽지 않다는 것을 알 수 있다(이러한 결과는 내가 대학원 시절 읽었던 많은 정치 철학자의 고상하고 희망적인 가정과 대체로 정반대다). 여러 후속 연구들 또한 적어도 사람들이 이미 강한 신념을 가지고 있는 영역에서는 새로운 사상이나 사실에 노출되는 것만으로는 그들의 생각을 바꾸지 않는다는 것을 보여 준다. 예를 들어, 실생활 속에서 자주 입증되곤 하는 이른바 '확증 편향Confirmation bias'이라는 현상으로 인해, 사람들은 자신의 기존 견해를 뒷받침하는 정보들은 더 많이, 그리고 자신의 견해를 논박할 수도 있는 정보들은 더 적게 습득하며 자신이 가지고 있는 기존의 생각을 강화한다. 나 역시도 내가 이미 팔로우하고 있는 사람들의 혜안에 고개를 끄덕일 때마다 이 확증 편향을 경험한다. 또한 나와 견해가 '다른 측'이 제시한 자료는, 그게 뭐가 됐든, 설령 내가 가진 정보와 같은 출처에서 나온 것이더라도, 그들의 입맛에 맞게 선별되었을 거란 선입견을 드러낼 때마다 확증 편향을 경험한다. 실제로 확증 편향은 사람들이 자신의 세계관을 교란한다고 생각되는 뉴스 기사에 대해서는 아예 들으려고도 하지 않을 때도 나타난다. 비슷하게, '자기 합리화Rationalization' 역시 사람들이 자신이 왜 지금과 같은 생각을 유지해야만 하는지에 대해 보다 그럴듯한 (그러나 결과적으로는 비합리적인)

---

21   나는 특히 Joel Cooper (2007), Cognitive Dissonance: 50 Years of a Classic Theory, Sage를 참고했다.

정당화 방식을 찾아내도록 만든다. 나는 "어쨌거나 구조적인 변화만이 기후 문제를 해결할 수 있어"라며 비행기 여행을 합리화하고, "오늘 같은 날씨엔 넘어지거나 미끄러질지도 몰라"라며 뛰러 나가지 않는 자신을 합리화하는 경향이 있다. 하지만 이런 자기 합리화 중 무엇도 내가 그런 선택을 하게 된 이유를 설명하지는 못한다.

일상적인 대화 속에서 다양한 의미로 사용되는 '인지 부조화Cognitive dissonance'라는 용어는, 원래는 심리학에서 우리가 자신의 신념과 위배되는 행동을 할 때(예를 들어, 이산화탄소 배출을 걱정하면서도 비행기 좌석을 예약하는 경우), 또는 자신이 가진 신념들이 서로 충돌할 때 생기는 불쾌감을 가리킨다. 나는 이 책 전반에서 인지 부조화라는 용어를 공식적인 심리학적 의미로 사용한다. 그리고 바로 이 인지 부조화로 인해, 우리는 자신의 세계관 속 모순이 일으키는 불쾌감을 줄여 가는 과정에서 확증 편향과 자기 합리화와 같은 사고방식에 빠져드는 것이다. 예를 들어, 2024년 도널드 트럼프가 여러 중범죄에서 유죄 판결을 받기 전까지만 해도 공화당 지지자 중 17%만이 중범죄자도 대통령으로 선출될 수 있어야 한다고 생각했다. 그러나 트럼프의 유죄 확정 직후 그 비율은 58%로 증가했다.[22] 두 가지 모순되는 신념, 즉 '대통령은 ~해서는 안 된다'는 신념과 '트럼프가 대통령이 되어야만 한다'는 신념을 조화시키기 위해, 엄청난 수의 공화당 유권자가 대통령이 해서는 안 되는 일에 대한 자신의 생각을 단숨에 바꿔 버렸다. 실제로 공화당 유권자들은 트럼프가 유죄 판결을 받은 거의 모든 혐의에 대해 자신의 기존 생각을 바꿨다. 예를 들어, 포르노 배우와 성관계를 하고, 누군가에게 돈을 줘서 추문이 새어 나가는 것을 막고, 문서를 위조하거나 뇌물로 입을 다물게 하

---

22 Aaron Blake (2024), 'GOP Voters Have Flip-Flopped Fast on Questions about Trump and Crime', Washington Post, 5 June.

는 행동은 부도덕하다고 생각하는 유권자의 수가 현저히 줄어들었다. 간단히 말해, 우리는 우리가 세상에서 살아갈 수 있도록 하는 신념을 유지하는 데 필요한 모든 것을 합리화한다. 그리고 이 공화당 유권자들에게는 트럼프가 대통령이 되어야 한다는 믿음이야말로 자신이 가장 합리화해야 하는 신념이었다.

인지 부조화와 정치적 사고 간의 관계는 내 옥스퍼드 대학교 박사학위 논문의 연구 주제이기도 했다. 연구에 매달린 끝에 발견한 결과 중 나를 가장 놀라게 한 것은, 인지 부조화가 인간의 사고 과정에서 발생하는 어떤 이상한 결함이나 예외적 현상이 아니라, 매우 보편적이고 때로는 매우 중요한 역할을 한다는 사실이었다. 어쨌거나, 자신의 세계관이 모순됐다고 생각하고 싶은 사람이 어디 있겠는가? 그럼에도 그러한 모순을 해결하기 위해 온갖 시도를 할 정도로 충분한 시간과 능력을 가진 사람은 또 어디 있단 말인가? 그렇다면, 인간이 모순 없이 사는 게 대체 가능하긴 한 건가?

인지 부조화 외에도, 인간의 사고에는 다른 일반적이고 널리 알려진 '오류' 또한 많다. 그런 오류들은 행동 심리학 등의 분야에서 최근 각광을 받고 있는 연구 주제인 '편견Bias'과 '어림짐작Heuristics'으로 인해 나타나는 경우가 대부분이다. 내가 여기서 '오류'에 인용 부호를 붙인 이유는, 이러한 사고는 잘못된 결론으로 이어져 학자들뿐 아니라 다른 소셜 미디어 사용자들조차 성가시게 하지만, 그러한 사고를 하는 사람에게는 어느 정도 기능적으로 정상적인 역할을 하기 때문이다.

이러한 오류는 대체로 우리가 '행위 주체성', '소속감', '정체성'과 같은 개념에 지나치게 집착할 때 발생한다. 나는 이러한 개념을 우리가 어떻게 하면 세상에서 의미 있게 행동하고, 집단에 소속되며, '좋은' 사람이 될 수 있는가 하는 문제와 관련하여 저마다 가지고 있는 주관으로 정의

한다. 실제로 우리의 정치적 신념 대부분은 옳건 그르건 간에 이런 주관을 포함하고 있다. 예를 들어, 내가 어떤 특정한 경제 체제를 신봉하는 이유는 내가 매일 출근하고 아이를 키울 때 어떻게 행동해야 하는지(의미 있는 행위), 내가 어떤 유형의 사람들과 어울려야 명예로운 집단의 구성원이 될 수 있는지(소속감의 원천), 그리고 내가 좋은 사람인 이유는 무엇인지(자아 정체성)를 내가 이해하는 방식과 밀접하게 연관되어 있다. 하지만 우리 자신이 옳은 편에 서 있다고 고집하는 바로 이 태도가, 새로운 정보나 의미 있는 반론에 맞춰 생각을 변화시킬 수 있는 우리의 능력에 방해가 되기도 한다. 달리 말해, 자신은 유능하고 좋은 사람이어야 한다는 우리의 집착이 우리에게 도움이 되지 않는 경우가 빈번하다. 법학 교수 오잔 바롤Ozan Varol의 지적처럼, "당신의 신념이 당신의 정체성과 결합한 상황에서 생각을 바꾼다는 것은 당신의 정체성을 바꾼다는 의미와 같다. 이 경우, 생각을 바꾸도록 당신을 설득하기란 정말 어렵다".[23] 우리가 자신을 좋은 페미니스트라고 생각하는지, 아니면 영아 살해범이라고 생각하는지, 생산적 시민 혹은 '복지 거머리Welfare leech'[24] 라고 생각하는지는 우리 자신에게 매우 중요한 문제다. 하지만 우리가 정체성, 행위 주체성, 소속감과 같은 바로 그 개념들에 마음을 쓰면 쓸수록, 그것들은 정치적 쟁점을 바라보는 우리의 방식을 체계적으로 왜곡시켜 우리가 문제를 알아차리거나 인정하기 어렵게 만드는 경향이 있다.

조나스 캐플런Jonas T. Kaplan, 사라 짐벨Sarah I. Gimbel, 샘 해리스Sam Harris는 이 문제를 잘 보여 주는 한 가지 연구를 실시했다.[25] 우선 다수의 쟁점

---

23   Ozan Varol (2019), 'Facts Don't Change People's Minds. Here's What Does', Next Big Idea Club.
24   예컨대 부당한 방식으로 기초 수급자 자격을 얻어 복지의 사각지대에 있는 사람들에게 돌아가야 할 세금을 빨아먹는 사람을 뜻한다. 옮긴이.

에 대해 사람들이 어떤 견해를 가졌는지 조사했다. 일부 쟁점은 명확한 정치적 함의를 지닌 문제들(이를테면 미국 내 총기 소유에 추가적인 조치가 이루어져야 하는지)이었고, 일부는 거의 또는 아무런 정치적 함의도 없는 문제들(이를테면 전구를 누가 발명했는지)이었다. 그런 다음 연구 대상자에게 어쩌면 그들의 생각을 바꿔줄 수도 있을 법한 자료(개중에는 조작된 것도 있었다!)를 제시했다(예를 들어, 미국이 러시아보다 핵무기를 적게 보유하고 있다는 증거가 국방비 예산 증액 지지율을 끌어올리는 데 이용되었다거나, 토머스 에디슨 이전에 다른 여러 사람이 전구의 형태를 이미 고안했다는 사실을 제시했다). 비정치적인 주제들에서, 꽤 많은 사람의 생각이 바뀌었다. 하지만 정치적 주제에 관한 한, 사람들의 생각은 거의 바뀌지 않았다. 몇 주 후 같은 주제로 재조사를 실시했을 때도 결과는 마찬가지였다. 사람들은 전구에 대해서는 새로운 믿음을 가지게 되었지만, 정치적 주제에 관한 한 새로운 정보에 부합하도록 자신의 신념이나 입장을 변화시키기를 여전히 거부했다(예를 들어, 합법적인 총기 소유의 부정적 효과는 나타나지 않았다고 해도 여전히 합법적인 총기 소유에 강하게 반대했다). 달리 말하면, 우리는 자신의 행위 주체성과 소속감, 정체성에 영향을 미치지 않는 경우라면 언제든 우리의 견해를 바꿀 수 있다, 하지만 일단 (정치적 신념 대부분이 그렇듯) 이러한 요소들이 신념에 포함되는 순간, 생각의 변화는 훨씬 더 어려운 일이 되어 버린다.

 정말로 타당한 말이다. 만약 우리의 생각이 쉽게 바뀐다면 이 또한 타격이 클 것이다. 우리는 다음으로 무엇을 해야 할지 모르게 될 수도 있고, 사회적 역할과 관계를 수시로 바꾸게 될 수도 있다. 어쩌면 이러한

---

25 Jonas T. Kaplan, Sarah I. Gimbel and Sam Harris (2016), 'Neural Correlates of Maintaining One's Political Beliefs in the Face of Counterevidence', Scientific Reports.

이유로 우리는 자신의 커다란 정치적 신념을 유지하는 것에 매우 능숙한 걸지도 모른다. 비록 그것이 모순된 세계관을 의미한다고 하더라도 말이다. 결국 우리의 사고 과정은 이런저런 조율을 통해 이런저런 진실에 도달하는 것을 목적으로 하는 것이 아니라, 그저 우리가 세상에서 잘 살아가도록, 특히 같은 집단의 다른 사람들과 잘 지내도록 돕는 역할을 한다. 즉, 현실에서 우리의 생각은 교환을 통해 형성된다기보다는, 타인과 조화를 이루려는 과정에서 집단이 잘 지내는 데 도움이 되도록 조정되는 경향이 있다. 이런 강력한 동기를 고려한다면, 우리가 충분히 설득력 있는 다른 정보를 접한다고 해서 그럴 때마다 생각을 쉽사리 바꿀 수는 없다는 사실이 결코 놀라운 것은 아니다.

04
소셜 미디어는 소통을 위한 공간이 아니다

'생각의 시장'이 제대로 작동하기 위한 조건으로 부적절한 것이 비단 우리의 두뇌만은 아니다. 실제로 실물 시장에서 매매된다는 바로 그 이유로 인해 생각은 신중히 혹은 제대로 전달되지 못할 수 있다. 오늘날 가장 분명한 사례는 아마도 기술 변화가 미디어 산업, 특히 정치적으로 중요한 역할을 하는 언론을 황폐화하는 방식일 것이다. 지금 이 글을 쓰고 있는 순간에도 주류 출판사들은 좌우, 중도를 막론하고 망해 가면서 직원들을 해고하는 중이다. 디지털 뉴스룸Digital Newsroom의 경우 문제는 더 심각하다. 디지털 뉴스가 대부분 소셜 미디어상에서 읽히거나 소셜 미디어를 통해 접근하는 것이 가능해지면서, 이미 언론사 수익의 상당 부분이 사라졌기 때문이다. 그리고 이는 그 수익이 소셜 미디어 사이트로 흘러들어 가고 있음을 의미한다. 예를 들어, 2018년 구글Google이 뉴스 콘텐츠로 벌어들인 수익만 거의 50억 달러에 달했는데, 이는 미국 내 모든 언론사가 디지털 광고 수입으로 벌어들인 연간 수익을 모두 합한 액수와 맞먹었다. 같은 해에 페이스북Facebook과 구글 두 회사는 전체 디지털 광고 수익의 60%를 가져갔다.[26] 만약 그들이 없었다면 그 수익의 대부분은 언론사들에 돌아갔을 것이다. 한편, 정부 통계에 따르면 1990년에서 2016년 사이에 언론 관련 직업의 60%에 해당하는 약 3만 개의 일자리가 사라졌다. 동시에 미국에서만 코로나-19 팬데믹 초기 2년 만에 350개 이상의 신문사가 도산했으며, 그 이후로도 더 많은 신문사가 문을 닫았다.[27] 전 세계 다른 나라들에서도 비슷한 결과가 나오고 있음은 말할 필요도 없을 것이다. 유료 구독료는 더 비싸졌으며, 낚시성 링크Clickbait와 가십 기사는 더 많아졌고, 장문의 진지한 보도 기사들은 더 줄어들었다. 실제로, 인센티브는 보다 확실한 광고 판매에 주어졌고, 결과적으로 우리가 새롭고 다채로운 생각에 노출될 가능성은 크게 줄어들었다.

미디어 영역은 주로 인터넷의 영향으로 많은 소규모 미디어 부문들로 분화되고 있다는 또 다른 문제도 안고 있다. 사실상 이제는 규모가 작은 생각의 '시장들'이 난립하고 있는 데다가, 개개의 시장이 너무나도 특화된 상품들을 파는지라, 어떤 시장을 이용하는 사람은 다른 시장에서 무엇을 팔고 있는지조차 알기 힘든 상황이 되었다. 나는 내 소셜 미디어 타임라인으로 대개는 진보 성향의 중간 계급이 불법한 기사를 보는 경향이 있다. 그러다 보니 영국의 《썬Sun》 또는 미국의 《폭스 뉴스Fox News》 같은 보수 언론사가 뉴스거리라며 취급하는 기사들을 볼 때면 항상 망연자실한 기분이 든다. 이러한 '미시적 미디어 환경Media micro-climates' 문제

---

26 Joanne Lipman (2019), 'Tech Overlords Google and Facebook Have Used Monopoly to Rob Journalism of Its Revenue', USA Today. 11 June.

27 Ezra Klein (2024), 'Pitchforks and GQ: The Internet's Media Crisis', New York Times, 21 January.

는 시장의 문제인 동시에 심리적 문제이기도 하다. 즉, 우리는 자신이 동의하는 기사에 더 많이 노출될 뿐만 아니라, 뉴스 출처들 사이에 공통점이 거의 없는 탓에, 어쩌다 다른 견해가 보이더라도 아무렇지 않게 무시하거나 그저 미친 소리를 할 뿐이라고 생각하며 '원래의 생각'으로 되돌아갈 수 있다. 당연하게도 이러한 미디어 공간과 '반향실 효과'는 생각의 시장이 지향하는 이상적 목표를 상당 부분 저해하는 요인으로 작용한다. 그리고 이는 사람들이 타인과 대화를 시작하기 위한 출발점을 점점 발견할 수 없게 됨을 의미한다. 결과적으로, 우리는 생각들을 객관적으로 가늠할 수 없게 되었으며, 깊이 있는 선택과 투자를 하기 전에 믿을 만한 모든 선택지를 제대로 고려해 볼 수 없게 되었다. 물론 반향실 효과는 사람들이 참여할 커뮤니티나 구독할 신문사를 선택하는 것을 통해 예전부터 존재해 왔다. 그러나 인터넷으로 인해 이 문제는 더욱 악화하고 있다.

  미디어가 인터넷상에서 작동하는 방식은 우리 두뇌에도 묘한 영향을 미친다. 오늘날 우리가 집중할 수 있는 시간이 점점 짧아지고 있다는 주장이 자주 제기되고 있다. 하지만 이러한 주장이 정말로 사실인지, 아니면 우리가 현재 하는 일의 성격이 그저 단시간 내에 폭발적인 집중력을 필요로 하기에 그런 것인지는 연구마다 다르다. 그러나 집중할 수 있는 시간의 길이만 문제인 것은 아니다. 이론적으로는 우리의 집중력을 돕기 위해 고안되었다고 하는 기술 중에는 오히려 정반대의 효과를 내는 것들도 있다. 예를 들어, 때때로 아무 생각 없이 TV 리모콘을 쥐고 있으면 채널이 자동으로 돌아가는 것만 같은 이상한 착각이 든다. 소셜 미디어 스크롤도 비슷하다. 나는 피곤하거나 지루할 때, 또는 삶이 우울하다는 느낌이 들 때면 자주 멍한 상태로 스크롤하고는 한다. 그럴 때 내 눈앞을 스치듯 지나가는 콘텐츠를 내가 모두 소화하고 있다고는 말할 수 없을 것이다. 검색에는 확실히 중독적인 무언가가 있어서, 더 많이 찾게 만드는 경향이 있다. 작가인 지아 톨렌티노Jia Tolentino의 지적에 따르면, 이런 식의 소셜 미디어 사용은 일반적으로 '간헐적 강화Intermittent reinforcement', 즉 마침내 좋은 것을 찾았을 때 발생하는 우연적인 도파민 폭발에 반응하고자 하는 심리적 경향에서 비롯된다. "핵심은 소셜 미디어가 대부분 만족스럽지 못하다는 사실이다. 그것이 바로 순간적으로 밀려드는 자극, 듣기 좋은 말, 또는 분노 같은 덧없는 희열이나 얻고자 하는 바람 속에서 우리가 스크롤을 멈추지 못하는 이유이다".[28] 그리고 이는, 우리가 보고 있는 것을 현명하게 소비하도록 이끌어 줄 신중하고 차분한 심리 상태와는 거리가 멀다.

디지털 미디어의 급부상으로 인해 우리는 언제 어느 때나 뉴스를 접할 수 있게 되었다. 이제 뉴스는 손만 뻗으면 닿을 수 있는 우리의 스마트폰 화면 위에 등장한다. 그 결과 온갖 이상한 일들이 빌어시게 되었다. 오늘날 세상에서는 가장 최근에 일어난 일이 가장 중요한 일처럼 보이고, 우리가 어디서 어떤 뉴스를 소비하는지에 과도하게 촉각을 곤두세우는 경향이 생겼으며, 이런 세상에서 우리는 24시간 실시간으로 방송되는 뉴스를 따라잡느라 때로 완전히 녹초가 되곤 한다. 전 세계 평균 스크린 타임Screen time[29]은 하루에 약 6시간에서 7시간이며, 이중 상당 부분이 클릭하고, 스크롤하고, 체크하고, 우리의 두뇌를 수익 창출 행동에 부합하도록 만드는 데 쓰인다.[30] 그리고 그중에는 열린 생각을 위한 진정으로 자유롭고 공개적인 토론으로 볼 만한 어떤 것도 없다.

---

28 Jia Tolentino (2020), Trick Mirror: Reflections on Self-Delusion, Random House Trade Paperbacks.
29 컴퓨터, TV, 게임기, 스마트폰과 같이 화면을 보는 전자 기기를 사용하는 시간을 뜻한다. 옮긴이.
30 Datareportal (2024), 'Digital around the World', DataReportal, 12 July.

또한 미디어의 대부분이 소셜 미디어에서 소비된다는 사실은 우리 중 많은 이들이 자신의 입장을 모두에게 표명해야 한다는 압박감을 느낀다는 것을 의미한다. 어쨌거나, 소셜 미디어상에서 우리는 자신이 읽은 것과 그것에 대한 자신의 생각을 다시 올리거나, 페이지를 열 때마다 무언가를 채워 넣도록 요청받는다. 또한 우리는 겉보기에 생각이 자유롭게 거래되는 시장처럼 보이는 공간에 (심지어 '생산자'로서) 적극적으로 참여하고, 자신만의 '핫 테이크Hot take'[31]를 상품으로 만들어 올리도록 독려받는다. 하지만 가장 인기 있는 핫 테이크는 다른 사람의 분노를 자극할 의도로 만들어진 어리석은 농담이거나 '영양가 없는 포스팅'인 경우가 많다. 우리는 반드시 우리가 최고라고 생각하는 포스팅만을 만들어내는 것도 아니며, 또 그렇게 할 만한 능력도 동기도 없다. 이는 어쩌면 우리가 버즈피드Buzzfeed의 창립자 조나 페레티Jonah Peretti가 '전염성 미디어Contagious media'로 명명한 시대에 살고 있기 때문일 수도 있다. 그에 따르면, 우리는 소셜 미디어에서 "모든 친구와 즉시 공유하고 싶어 하고, 직접 소비하는 과정뿐 아니라 그것을 전달하는 사회적 과정에서도 즐거움을 느낀다."[32] 결국 우리는 모두 과거였다면 더 깊이 생각했을 문제에 대해, 화끈한 가십거리처럼 이리저리 퍼 나르기 재밌을 법한 이야기들을 쓰도록 재촉받는다.

소셜 미디어가 민주적인 의사소통을 위한 완전히 개방적이고, 평등하며, 수평적인 공간이라거나 실제로 그런 공간이 될 수 있다는 주장은, 그것이 실제로는 보다 광범위하게 작동하도록 만들어진 현실이라는 사실을 대부분 간과한다. 불평등은 상호 작용 네트워크 속에 이미 내재해 있

---

31 단순히 사람들의 관심을 끌려는 목적으로 하는, 사실과는 거리가 먼 논평을 뜻한다. 옮긴이.
32 Jonah Peretti (2007), 'Notes on Contagious Media', Structures of Participation in Digital Culture, New York: Social Science Research Council.

어서 불가피한 현상으로 보인다. 이것이 바로 일반인이 트위터상에서 약 200명의 팔로워를 누고 있는 데 반해, 케이티 페리Katy Perry는 1억 명 이상의 팔로워를 보유하고 있는 이유이다. 온라인에서건 아니면 오프라인에서건, 어떤 사람은 다른 사람보다 더 인기가 많다. 그리고 디지털이든 아니든, 네트워크는 일을 확산시키는 경향이 있으므로, 이러한 인기도 차이는 시간이 지남에 따라 더욱 증가한다. 하지만 우리가 특히 암울한 현실을 살고 있다는 사실에는 의심의 여지가 없다. 소셜 미디어처럼 구조화된 온라인 네트워크는 특정한 유형의 불평등을 악화시키며, 종종 그곳에서의 인기는 현실 세계보다 훨씬 더 충격적인 방식으로 구매되고 조작될 수 있다. 요약하자면, 온라인 세상은 최고의 생각이 마침내 승리할 수 있는 '대등한 경기장'이 전혀 아니라는 것이다. 물론 어쩌다 무명 인사의 트윗이 입소문을 탈 수도 있기는 하지만, 우리가 수신받는 메시지는 힘 있는 유명 인사의 것이 대부분이다.

  오늘날의 세상은 마치 우리가 생각의 교환을 위한 열린 시장에 있는 것처럼 느끼게 만드는 기술을 가지고 있다. 하지만 사실상 기술도, 그리고 우리의 두뇌도 그런 식으로는 작동하지 않는다. 따라서 이러한 착각은 모든 일을 더 어렵게 만들 뿐이다.

05
직접 겪지 않으면 생각은 변하지 않는다

기술과 시장이 우리의 사고를 왜곡하는 것인지, 아니면 애초에 우리의 두뇌가 객관적으로 사고하기엔 미흡한 것인지는 알 수 없다. 또한 우리가 정말로 정치사상을 물건을 고르는 것과 같은 방식으로 선별할 수 있는지, 또는 그럴 수 있기를 바라야만 하는지조차 확실치 않다. 우선, 우리는 모두 이미 상당히 많은 양의 선입견을 지니고 정치적인 고려를 시작한다. 그리고 이는 정치 이론가들을 괴롭힌 동시에 그들에게 영감을 준 문제이기도 하다. 더 나은 정치적 판단에 도달할 방법을 모색하던 철학자 존 롤스John Rawls는, 우리가 생각을 시작할 때 우리는 마치 '무지의 장막Veil of ignorance' 뒤에 있는 것처럼 굴어야 한다고 제안했다. 즉, 우리의 현 사회적 자아나 지위를 잠시나마 잊은 채 사고할 수 있다면, 우리는 새로운 사회 질서에서 자신이 어떤 위치를 점하게 될지 모르므로 모두가 채택할 법한 사회적 방안을 고안해 낼 수 있다.[33] 롤스의 주장대로라면, 이러한 방법으로 우리는 편견과 사리사욕에서 벗어나 사회를 위한 최고의 판단을 내릴 수 있을 것이다.

하지만 (롤스에게는 미안하게도) 현실의 인간은 결코 그렇게 하지도 않고 또 그렇게 할 수도 없다. 정치 이론 사상가들은 정치적 사고가 그 성격상 '상황 제약적'이라고 지적해 왔다. 우리는 늘 우리가 있는 바로 그곳에서 생각을 시작한다. 이는 '다양성과 포용성Diversity and Inclusion' 훈련을 할 때면 어김없이 등장하는 계급, 인종, 젠더, 연령 등 '명시적인' 사회적 기준들만 봐도 알 수 있다. 우리는 사회의 특정 부분에 속하며, '좋음'에 대한 우리의 관념도 마찬가지이다. 예를 들어, 한 사회에서는 절망적일 정도로 억압적인 것이, 다른 사회에서는 그저 공동체를 중시하는 사고의 발현일 수도 있다. '생각의 시장'에 대해서도, 우리가 지금 구매하고 있는 생각을 '구매하는' 이유는, 그저 가족이 항상 그것을 구매했고 그래서 다른 생각들은 이상해 보이기 때문일 수도 있다.

물론 어떤 사회적 위치는 다른 사회적 위치보다 더 나은 '입지'에 있다는 사실을 부정하는 것은 아니다. 페미니스트 '관점' 이론가들이 주장하듯이, 특히 억압을 직접적으로 경험하고 맞서 싸우려는 사람들은 시스템의 작동 방식을 이해하기에 가장 좋은 위치에 있다. 일반적으로 여성은 가부장제의 본질을, 흑인은 인종 차별적 억압의 본질을 가장 잘 이해할 수 있는 위치에 있다. 하지만 여기서 핵심은 '할 수 있는'이다. 그리고 그러한 정치적 '관점'은 항상 열심히 노력한 결과 얻어지는 성취물이다. 그리고 그러한 노력은 대부분 다른 사람들과 함께 적극적인 활동에 참여하는 과정에서 이루어진다. 그러므로 좋은 정치적 신념이란, 그저 생각 쇼핑을 즐기던 중에 옳은 소리처럼 들려 선택하는 무엇이 아니다. 왜

33　John Rawls (1999), A Theory of Justice, rev. edn, Belknap Press of Harvard University Press.

냐하면 좋은 정치적 신념은 집단적 노력을 통해 구축되고, 새겨지고, 정제된, 우리의 노동과 삶의 결과물이기 때문이다.

이 모든 것은 '생각의 시장'이라는 은유가 정치를 사고하는 우리의 방식에 관여하는 순간, 정치가 얼마나 빈곤해지고 기이해지는지를 강조한다. 실제로 데이비드 그레이버David Graeber가 그의 책《민주주의 프로젝트 The Democracy Project》에서 지적하듯이, 우리는 오랫동안 정치적 사고를 실제보다 훨씬 더 무미건조하고 단조로운 활동으로만 생각해 왔다. 그리고 정치에 대한 이런 식의 이해는 특정 집단의 사람들만이 정치에 적합하다는 생각으로 이어져 왔다. 아리스토텔레스Aristotle에서 시작된 서구적 전통 속에서, 많은 정치 이론가들은 상당한 재산을 가진 사람(일반적으로 자유로운 남성)만이 완전한 합리성을 행사할 수 있다고 말했다. 오직 그들만이 사리사욕으로부터 충분히 멀어질 수 있으며, 따라서 전체의 행복을 위한 선택을 할 수 있다고 생각했기 때문이다.[34] 달리 말해 이 논리대로라면, 생각의 시장에서 가장 현명한 소비자는 돈이 많은 소비자이다. 확실히 부자들은 정치인들이 조금 더 많은 것을 약속한다 해도 그들이 내미는 특가 상품을 덥석 사고 싶은 충동구매의 유혹에 빠지지 않을 사람들이기 때문이다. 하지만 이러한 주장의 문제는, 역사적으로 본다면 바로 그 부자들이 정치인들의 제안에 유혹당해서 다른 모두를 위한 좋은 의사 결정자가 되지 못한 경우가 대부분이었다는 사실이다.

이 은유에는 또 다른 문제도 존재한다. 그레이버에 따르면, "이 전통에서 합리적이라는 것은 명령을 내릴 수 있는 능력과 밀접한 관계가 있다. 즉, 어떤 상황에서 떨어져 나와 초연한 상태로 그 상황을 평가하고 계산해 본 다음, 다른 사람들에게 무엇을 해야 할지를 말해 줄 수 있는 그런

---

34 David Graeber (2013), The Democracy Project: A History, a Crisis, a Movement, Spiegel & Grau.

능력 말이다".³⁵ 그렇다면 합리적이라는 것은 마치 오케스트라단 앞에 선 지휘자처럼 사람들을 통제하는 힘이고, 상황을 외부에서 바라보는 능력과 같다는 것인데, 반면에 정치사상은 그 내부에서 가장 잘 판단할 수 있는 어떤 것이다.

사실상 많은 점에서 우리가 생각을 가진 것이 아니라, 생각이 우리를 가지고 있다. 생각은 상품이 아니다. 정확히 말하면, 상품과 크게 다르다고 말하는 것이 가장 적절할 것이다. 생각은 우리가 외부에서 평가하고 검열할 수 있는 실체도 아니고, 우리 삶의 안팎에서 거래할 수 있는 어떤 것도 아니다. 실제로 우리는 생각을 지배하지 못한다. 대개는 생각이 우리를 변화시킨다. 우리 대부분은 우리의 삶을 지배하는 매우 중요한 생각들, 예컨대 공정성과 같은 개념들에 관한 한 그 의미를 잘 알고 있다. 우리의 정치적 판단과 얽히는 경향이 있는 이러한 유형의 개념들은 그저 합리적이기만 한 것들이 아니다. 그것들은 오직 우리가 매일매일의 삶 속에서 그러한 개념을 경험하고 있기 때문에 우리에게 이해될 수 있다. 예를 들어, 낭만적인 사랑이나 부모의 사랑이 어떤 의미를 지니는지 한번 생각해 보자. 그러한 사랑은 그것을 경험하지 않는 한 이해할 수 없다. 또는, 우리는 정말로 어려움을 겪어본 적이 있을 때만 우울감이 무엇을 뜻하는지, 혹은 인내심이 무엇을 요구하는지를 알 수 있다. 자신의 근무 시간을 자신이 통제할 수 없다는 것, 성희롱을 당한다는 것, 정치적 폭력의 표적이 된다는 것이 무엇을 의미하는지를 우리가 설명하려고 할 때도 마찬가지이다. '내부에서 바라보는 것'으로 인해 편견이 생겨날 수도 있다. 하지만 많은 정치적 문제들의 경우 '외부에서 바라보는 것'만으로는 이해를 얻기에 상당히 멀리 있다.

---

35   Ibid.

어쩌면 일반적으로 다른 생각을 이해하기 위해서는 그것을 경험해야 한다는 사실이, 사람들이 그들의 기존 생각을 바꾸려는 시도에 크게 저항하는 또 다른 이유일지도 모른다. 많은 연구에 따르면, 다른 견해를 지지하는 일련의 논거들에 직면할 때 사람들은 종종 '반발 심리Reactance'를 경험한다. 즉, 사람들은 자신의 자유로운 행동을 제약하려는 위협을 만날 때면 불쾌한 심리 상태가 된다. 달리 말하자면, 반발 심리는 다른 누군가가 우리를 제약하거나 통제하려 들 때, 혹은 우리의 생각을 우리가 세상을 경험하는 방식으로부터 떼어 놓으려고 시도할 때, 또는 우리가 스스로 자신의 생각을 제한하려 한다는 느낌이 들 때 생겨나는 일종의 심리적 알레르기 반응이다. 저널리스트 데이비드 맥레이니David McRaney가 이 주제에 대한 자신의 뛰어난 연구를 요약하며 지적하듯이, "반발 심리는 모든 설득이 본질적으로 자기 설득인 이유 중 하나이다. 사람들이 생각을 바꾸는 이유는, 일반적으로 자신의 생각을 바꾸려 드는 타인의 어떠한 시도(그들은 이를 강압적이라고 느낀다)도 회피하는 대신, 자신의 이해관계나 기준에 부합한다고 인식되는 자기 나름의 이유에 따라 자신의 견해를 스스로 변화시켰기 때문이다".[36] 달리 말해, 우리는 타인이 쉽게 아무거나 새겨 넣을 수 있는 펼쳐진 백지가 아니다. 우리는 어떤 사상의 실체를 직접 마주함으로써 경험한다. 하지만 새로운 사상이 '타인'이 제시하는 그럴듯한 이유와 함께 다가올 경우 그것에 저항한다. 우리는 자신의 자율성을 지키고, 우리가 이미 깊이 체험한 바에 따라 생각하고 싶어 하는 존재이기 때문이다.

이 모든 이유로, 정치적 사고방식은 상품을 구매할 때의 사고방식과는 다르며, 그 유형조차도 비슷하지 않다. '생각의 시장'은 너무나 자주 '선

---

36 David McRaney (2022), How Minds Change: The Surprising Science of Belief, Opinion, and Persuasion, Penguin.

한 의도'의 상징이 되곤 한다. 하지만 실제로 시장을 가득 메우고 있는 것은 상대적으로 편협한 소비자들이다. 이들은 자신이 처한 위치에서 생각을 시작하며, 자신의 생각을 바꾸려 드는 어떠한 시도도 싫어하고, 자신의 쇼핑 카트를 그저 같은 물건으로 채우고 또 채울 뿐이다. 즉, 우리는 중립적인 상태에서 생각을 '선택'하지 않는다.

1950년대에 시장의 옹호자로 유명했던 자유주의 경제학자들조차도 사람들이 예컨대 전자레인지를 사듯 사상을 소비할 수 있을 것이라는 생각에는 동의하지 않았다. 그들은, 정치에 관한 한, 사람들은 그들의 문화, 소속 집단, 개인의 편견과 나름의 이해관계에 너무나 많은 영향을 받기 때문에, '최고'의 사상(그들은 자신들의 사상이 최고의 사상이라고 생각했다)을 알아볼 수 없다고 생각했다. 《파이낸셜 타임스Financial Times》는 시장을 지지하기 위해 창간된 신문이지만, 해당 신문의 칼럼니스트인 스티븐 부시Stephen Bush도 '생각의 시장'이 제대로 기능하지 못한다는 데 동의한다. "이것과 관련하여 무수히 많은 문제가 존재한다. 가장 큰 문제는, 우리가 가진 모든 자료가 시사하듯이, 사람들이 상품을 구매하는 것과 같은 방식으로 사상을 취급하지는 않는다는 것이다. 사람들이 시장에서 찾는 것은 단지 기존의 생각을 정당화해 줄 정보이다."[37] 따라서 부시는 '표현의 자유'란 다름 아닌 '반대할 자유'일 뿐이라고 말한다. 실제로 '올바른' 사상으로 생각을 바꾸는 사람만 봐도 알 수 있듯이, 사람들은 어떤 정책이 시행되고 그들이 실제로 체험해 보고 난 이후에야, 오직 그러고 나서만 자신의 견해를 바꿀 가능성이 있다.

여기서 가장 흥미로운 질문은, '생각의 시장' 또는 '상업으로서의 정치'가 대체 왜 그렇게도 빈약한 모델인가가 아니라, 그 모델이 대중의 이해

---

[37] Stephen Bush (2023), 'There is No Such Thing as a "Marketplace of Ideas"', Financial Times, 2 January.

속에서 어떻게 이토록 한결같이 지속되어 올 수 있었는가일 것이다. 이 신화가 호소력과 지속력을 지니는 한 가지 이유는 '생각의 시장'이, 많은 중간 계급 구성원들이 그들의 삶을, 특히 몸이 아니라 머리를 더 많이 쓰는 그들의 일을 괜찮은 것으로 느끼도록 해 주는 정치적 이상과 부합하기 때문인 듯하다. 사실 그들의 노동은 대개 지루하고, 조직에 얽매여 있으며, 과도한 감독을 받고, 동기 부여가 부족하다. 하지만 생각을 단순히 만들어 내는 지적인 작업이 정치적으로 가장 강력한 일이라고 믿게 되는 순간, 노트북 위로 등을 구부린 채 앉아 있는 우리 같은 사람들에게는 특별한 문화적 가치와 지위가 부여된다. 기능적인 면에서 '생각의 시장'이라는 관념은 우리가 늘 하는 종류의 일을 통해 정치, 그리고 세상에 의미 있는 기여를 하고 있다고 (사실이든 아니든) 믿는 데 도움이 될 수 있다. 실제로 '생각의 시장'이 매우 기능적이라는 신화는 우리의 직업적 열망과도 대부분 맞아떨어진다. 모든 스타트업의 창업 스토리는 기발한 아이디어에서 시작되는 게 아닌가? 모든 베스트셀러 역시 좋은 아이디어를 진지로 하지 않나? 불평등 증가로 인해 서구 전반에 걸쳐 중간 계급이 많은 측면에서 쇠퇴하고 있음에도 불구하고, 성공을 바라보는 중간 계급의 이상은 비록 그것을 달성할 수 없게 되었다 하더라도 그 주변을 여전히 맴돌게 한다. 달리 말해, 우리가 '생각의 시장'이라는 관념에서 벗어나기란 어렵다. 왜냐하면 그러기 위해 우리는 우리가 공통적으로 가지고 있는 중간 계급의 이상, 즉 사회뿐 아니라 우리 자신에게도 가치 있고 바람직한 것은 무엇인가에 대한 이상을 포기해야 하기 때문이다.

사상만으로는 충분치 않다는 주장을 자유주의자들이 받아들이기는 힘들다. 그러한 주장은 '자유 언론'이 '자유 사회'를 가져온다는 그들의 가장 내밀한 직관과 상당 부분 충돌하기 때문이다. 그것은 또한 보수주의자들도 걱정하게 만든다. 보수주의자들은 가족, 교회, 교육과 같은 사적인, 또는 내부적 공간들이, 사람들이 제대로 사고하는 데 불충분한 도움을 주고 있는 건 아닐까 하고 불안해한다. 많은 좌파 성향의 사람은 이 모든 이야기에 낙담한다. 왜냐하면, 그들은 만약 존재하는 억압을 자신들이 충분히 설명하기만 한다면 억압을 전복할 수 있을 정도로 사람들에게 강한 동기를 부여할 것이라는 희망(또는 긴가민가하는 바람)을 품고 있기 때문이다. 그리고 정치적 신념의 논리와 시장의 논리가 전혀 다르다는 사실을 깨닫는다면, 자본주의를 옹호하는 사람들이 자주 제기하곤 하는 "민주주의와 자본주의는 상호 보완 관계에 있으므로 손잡고 함께 가야 한다"라는 주장마저 모두 재고하지 않을 수 없다. 개중에는 '생각의 시장'이 정치 영역에서 제대로 작동한다는 것을 부정한다면 그것 자체로 지적인 삶, 또는 심지어 과학에 대한 공격이라고 우려하는 사람들도 있다.

그러나 과학은 세상에 대한 여러 가지 진술 중에서 오직 검증된 사실만을 포함한다. 반면에, 정치에는 더욱 다루기 힘든 형태의 주장들, 예컨대 무엇이 옳고, 선하고, 정당하고, 바람직한가에 관한 주장들이 포함된다. 여기서 우리가 정치를 과학적으로 사고해서는 안 된다고 주장하는 것은 결코 아니다. 또, 우리가 새롭게 지적인 사상을 만들어 내거나 받아들일 수는 없다는 의미도 아니다. 다만 정치사상은 우리의 소속감과 행위 주체성에 깊이 관련되어 있어서, 사상을 단순히 추상적으로 고려하는 것만으로는 좀처럼 근본적인 생각의 변화를 가져올 수 없다.

그렇다고 시장을 통한 생각의 교환이라는 관념에 아무런 가치도 없다는 뜻은 아니다. '생각의 시장'이라는 관념은 우리에게 바람직하거나 정치적 위기에 처한 어떤 것을 위한 적절한 은유로 기능할 수도 있다. 어쨌거나, 다른 모든 조건이 동일하다면 검열에 저항하는 것은 좋은 일이다.

그리고 일반적으로 시장은, 적어도 이론적으로는, 누구나 무엇이든 가지고 나와서 사거나 팔 수 있는 열린 광장을 연상시킨다. 또한 시장이 모든 참여자가 자신에게 이익이 되는 무언가를 추구하는, 대개는 평화로운 장소라는 점도 의미심장하다. 그리고 이는 생각의 교환이 폭력 없이, 때로는 모두에게 이익이 되는 방향으로 이뤄질 수 있는 공론장에 대한 열망이 우리 안에 있음을 시사한다. 그러한 공론장이야말로 현재 우리 시대의 시장(진짜 시장이건 은유적 시장이건 간에)이 추구하는 근사한 목표일 것이다. 내 친구이자 정치 이론가인 샤이 아그몬Shai Agmon이 말하듯이, 사상을 거래하는 자유로운 '시장'은 '마찰 없는Frictionless 경쟁'에 대한 은유이다.[38] 그곳에서는 다른 사상을 그저 공격하는 것이 아니라, 그 자체로 장점을 가진 사상이 승리한다. 사상이 항상 그런 식으로 경쟁하는 것은, 또 항상 그런 식으로 승리하는 것은 아니지만, 디지털 감옥과 사회적 신뢰 붕괴의 시대에 사람들이 상호 공격 모드로 전환하지 않으면서도 서로의 생각을 경쟁할 수 있는 공간을 구축하려는 시도는 여전히 멋지다. 달리 말해, 시장은 담론에 참여하기로 선택한 사람들에게 준수해야 할 행동 목표, 즉 검열 없는 비교적 평화로운 생각의 교환을 제시할 수 있을 때 크게 유용할 수 있다.

이처럼 생각의 교환을 위한 열린 광장과 다양한 관점의 생성이라는 은유에서의 '시장'은, 적절한 지원과 인프라가 뒷받침된다면 제한적이긴 해도 여전히 유익하다. 그리고 그러한 이유 때문에라도 (또한 검열은 성가시고 도덕적으로 불쾌하다는 이유 때문에라도) 우리는 '시장'이 계속해서 은유로서 기능할 수 있도록 해야 한다. 이따금 사람들이 특정한 정치적 이슈에 대해 자신의 신념과 정체성을 아직 확고히 하지 못한 경우

---

38 Shai Agmon (2022), 'Two Concepts of Competition', Ethics.

들도 있다. 그리고 그런 경우라면, 그들을 설득하는 일이 가능할 수도 있다. 예를 들어, 나는 기후 변화와 빈번한 자연재해로 인해 주택 손해 보험 가입이 점점 어려워지는 상황이 그러한 경우 중 하나가 아닐까 생각한다. '우파' 성향의 사람이든 '좌파' 성향의 사람이든 간에, 그들의 전통적인 정치 소속 단체들은 아직도 그 문제에 대해 적절한 대응책을 내지 못하고 있기 때문이다. 어쨌거나, '생각의 시장'은 드물게 정책 입안자들이 시도할 수 있는 정말로 새로운 아이디어를 제공하기도 하고, 때로는 심지어 새로운 사회 운동으로 이어지는 생각의 교환에 기여할 수도 있다. 하지만 일반적인 정치 변화의 메커니즘이라는 측면에서 본다면, 단순히 생각을 만들어 내고 그 생각을 소비자 '시장'으로 퍼뜨리는 일은 그다지 효과적이지 않다. 오히려 이따금 역효과를 낳기도 하는데, 이에는 상당한 이유가 있다.

'생각의 시장'이라는 은유는, 그것이 법에 등장하게 되면서 부지불식간 대중의 의식 속으로 침투한 것과 비슷한 방식으로, 정치와 정치적 사고, 그리고 의사소통에 숨겨진 권력관계를 은폐한다. 긴 역사의 흐름 속에서 우리가 쟁취해 온 많은 것은 새로운 사상에 노출된 덕일 뿐만 아니라, 여러 세대에 걸친 무시무시한 사회적 투쟁 덕분이기도 했다. 물론 그 싸움에는 선전을 통한 설득도 포함되어 있었지만, 항의, 시위, 사유 재산의 파괴, 그리고 피임약을 비롯한 신기술의 활용 같은 노력도 포함되어 있었다. 달리 말해, 이러한 변화는 '생각의 시장' 자체만으로는 결코 일어날 수 없었다. 반면에 최고의 사상은 반드시 승리하기 마련이라는 관념은 무수히 많은 다른 잘못들을 은폐할 수 있다. 즉, 권력자들에게는 정당성을 제공하고, 더 정의로운 세상을 원하는 사람들의 주의는 다른 곳으로 분산시킬 수도 있다.

따라서 우리는 공적인 삶 전체를 '시장'에 비유하는 은유를 거부하고,

정치를 다른 방식으로 이해해야 한다. 이를 위해서 우리는 먼저 잘못된 정치적 이상을 극복해야 한다. 또한 현재 우리의 문화적 감수성 깊이 스며든 자유주의 신화를 거부해야 한다. 정치에 대해 말하는 것과 정치에 실제로 참여하는 것이 같은 일이라고 생각하는 것도 그만두어야 한다. 모든 증거가 보여 주듯이, 서로에게 자신의 생각을 제시하는 것만으로는 거의 아무런 변화도 가져올 수 없기 때문이다. 오히려 정치를 한다는 것은, 이 책에서 곧 보여 주겠지만, 새로운 행동을 통해 새롭게 대인관계를 구축하는 것을 의미한다. 언젠가는 우리가 정치에 대해 지금과 다른 문화적 감수성을 가지게 되기를, 나는 희망한다. 어떤 생각을 그저 듣는 것만으로도, 삶이나 관계를 변화시킬 필요 없이, 개인적으로 시장에 가서 그 생각을 '구매'할 수도 있다는 생각은 우리가 MALM, JSOW, HARM을 시장에서 직접 구매할 수 있을 것이라는 생각만큼이나 기이하고 허무맹랑해 보인다. 우리는 모두가 직면하고 있는 가장 중요한 문제들을 결정하기에 앞서 정치에 대해 다르게 생각할 수 있어야 하고, 또 반드시 그래야 할 것이다.

2장
토론의 함정

06
토론을 잘한다고 선거에서 이기는 건 아니다

대서양 양쪽에서, 지난 몇 년 사이 흥미로운 현상이 나타나고 있다. 정치인들의 토론 참여 포기가 이어지고 있다는 것이다. 물론 그런 현상이 최근 들어 처음 나타난 것은 아니다. 하지만 '토론 포기'에 관해서는, 어쩌면 조 바이든Joe Biden 전 대통령이 도널드 트럼프 대통령과 토론을 벌이며 상당히 노쇠한 모습을 보여 준 직후, 미국 대통령 후보에서 사임한 장면을 제일 먼저 떠올릴지도 모른다. 그 고통스러운 순간은 우리에게 좌우, 중도를 막론하고 전국의, 심지어 전 세계의 정치인들이 현저히 토론을 기피하게 됐다는 메시지를 전한 것 같다. 그 후 트럼프는 그 어떤 공화당 대통령 후보 경선 토론에도 참여하지 않겠다고 했으며, 그의 경쟁자인 민주당 후보 니키 헤일리Nikki Haley도 그랬다. 그리고 곧 모든 TV 토론이 취소되었다. 미국 내 중도 우파 싱크 탱크인 브루킹스 연구소Brookings Institution의 보고에 따르면, 2010년과 2020년 사이에 치러진 미국

상원 의원 선출 경쟁에서 토론 횟수가 급격히 감소했다고 한다.[39] 한편, 대서양 건너 영국의 정치 무대에서도 토론 취소는 조금도 낯설지 않다. 2022년 9월에 있었던 영국의 보수당 대표 경선에서, 선두 주자였던 리즈 트러스Liz Truss와 리시 수낵Rishi Sunak을 비롯한 후보자들은 경선 막판에 별다른 설명도 없이 토론 참여를 취소했다.

토론을 거부하는 것은, 말하자면, 보기 좋지 않다. 이는 자기 생각에 자신감이 없거나 압박감 속에서 자기 뜻을 펼치지 못할 사람이라는 걸 보여 주는 것일 수도 있다. 그럼에도 오늘날의 정치인들은 과거라면 '자멸'이고 '신성모독'이라고 여겨졌을 수도 있을 방식으로 토론을 외면하는 중이다. 그렇다면 문제는, 대체 왜들 그러냐는 것이다. 그리고 그 이유를 이해하려면 우리는 대체 왜 정치인들이 토론할 것이라고 우리가 기대하는지부터 질문해야만 한다. 어쨌거나 정치인들이 서로를 공격하기보다는 자신의 생각을 대중에 제시하는 것을 중요시하는 세상이 있을지도 모른다. 혹은 토론 옹호자들은 토론이 가혹할수록 거짓 주장과 정책, 사상을 논박하는 데 도움이 되며, 덕분에 우리는 우리가 무엇을 믿어야 하는지 결정할 수 있다고 주장한다. 이런 점에서 토론은 서로 다른 사상이 맞붙어 싸우는 레슬링 경기와도 같다.

지난 반세기 동안 토론은 이러한 민주주의적 이상을 전달하거나, 적어도 민주주의적 이상에 강력한 영향력을 행사하는 것처럼 보였다. 미국에서 현대적 정치 토론의 역사는 아마도 1960년 9월, 존 F. 케네디John F. Kennedy와 리처드 닉슨Richard Nixon 사이에 벌어졌던 TV 토론과 함께 시작됐다고 할 수 있을 것이다. 일반적으로 이 토론에 대한 분석은 닉슨의 상태가 좋아 보이지 않았다는 사실(그는 건강 문제로 체중이 많이 줄어

---

39 Colby Galliher (2022), 'The Worrying Decline of the Senate Candidate Debate', Brookings, 10 October.

있었고, 메이크업이 제대로 돼 있지 않았으며, 대체로 방송에 적합한 모습이 아니었다)이 어떻게 케네디에게 예상치 못한 승리를 안겨주는 요인으로 작용했는지에 초점이 맞추어져 있다. 당시에 이러한 TV 토론은 엄청난 설득력을 지닌 것으로 보였다. 전체 유권자의 절반이 TV에서 본 것의 영향을 받았다고 말했으며, 유권자의 6%는 TV 토론이 그들의 선택에서 결정적 요인으로 작용했다고 말했다.[40]

그 후, 선거에서 승리하려는 정치인이라면 으레 텔레비전 생방송에 나와 토론을 벌여야 한다는 대중의 기대감이 증가했다. TV 토론은 미국에서 하나의 표준적인 필수 과정이 되었다. 버지니아 대학교University of Virginia 정치학 센터장인 래리 사바토Larry Sabato는 향수에 젖어 다음과 같이 말한다. "나는 네 차례에 걸친 케네디 대 닉슨의 토론을 전부 시청했다. 토론 시간이 되면 어디를 가든 쥐 죽은 듯이 조용했다. 모든 사람이 TV를 시청하고 있었다. 실제로 7천만 명이 넘는 사람이 토론을 시청했고, 그해 유권자 수도 7천만 명이었다."[41] TV 토론은 서서히 전 세계로 퍼져 나갔다. 독일과 캐나다는 1960년대에, 프랑스는 1970년대에 TV 토론을 받아 들였다. 멕시코에서는 1990년대에 첫 TV 토론이 실시되었으며, 기이하게 들릴지도 모르지만 아마도 의회 토론이라는 오랜 전통 때문인지, 영국에서는 2010년에서야 비로소 첫 TV 토론이 실시되었다. 이제 TV 토론은 주요 민주주의 국가 대부분에서 하나의 전통으로 자리매김했다.

토론이 점점 더 많아짐에 따라, 토론이 정말 중요하고 토론으로 사람들의 생각이 바뀐다는 암묵적 가정 또한 커졌다. 그래서 2019년, 연구자

---

40 Andrew Glass (2017), Kennedy and Nixon Hold First Televised Debate, Sept. 26, 1960, Politico, 26 September.

41 David Smith (2022), 'The End of the Debate: Republicans and the Midterms', Guardian, 18 September.

카롤린 르 페넥Caroline le Pennec과 뱅상 퐁스Vincent Pons는 1952년부터 2017년까지 미국, 캐나다, 뉴질랜드, 유럽에서 실시된 31건의 선거와 관련하여 개최된 56번의 TV 토론의 효과를 분석했다.[42] 연구는 사람들이 그들의 최종 선택을 언제 결정하는지를 알아보고, TV 토론이 부동층 유권자의 마음을 변화시키는 살펴보기 위해, 매일 거의 10만 명에 달하는 응답자를 추적했다. 퐁스와 르 페넥은 두 문제에 관한 토론의 어떠한 효과도 발견하지 못했다. 퐁스는 "나는 깜짝 놀랐다"라고 인정하면서 다음과 같이 말했다. "TV 토론을 지켜보는 사람들의 숫자, 그리고 모든 미디어가 토론에 관심을 기울인다는 점을 고려할 때, 토론이 중요하다고 생각하는 것은 당연했다". 2012년에 기자인 딜런 매튜스Dylan Matthews는 정치 과학자들이 수행한 여러 연구를 기반으로, 토론이 선거 결과에 영향을 미치는지에 관한 분석 기사를 《워싱턴 포스트Washington Post》에 기고했다. 그는, "결국 토론이 최종 투표에 미치는 영향력은 미미하며, 대부분 그 효과는 전혀 없다. 게다가 토론의 영향력은 미디어의 후속 보도, 후보자의 호감도, 그리고 유권자가 TV 화면 한 귀퉁이에서는 워싱턴 내셔널스의 야구 경기를 시청하고 있는지처럼, 후보자가 전혀 통제할 수 없는 요인들에 영향을 받아 나타나기도 했다"라고 지적한다.[43] 닉슨 대 케네디 토론은 우리를 혼란스럽게 했다. 어쩌면 그것은 처음 하는 시도였기에, 그 후 대부분의 토론보다 더 영향력이 있었거나, 아니면 영향력이 있는 것처럼 보였던 건지도 모른다. 아마도 사람들은 토론이 자신들의 생각을 엄청나게 변화시킨다고 과대평가해 왔던 것일 수도 있다. 하지만 이유가 뭐든 간에, 토론은 더 이상 사람들의 생각을 변화시키지 못하는 것으로

---

42 Caroline Le Pennec and Vincent Pons (2019), How Do Campaigns Shape Vote Choice? Multi Country Evidence from 62 Elections and 56 TV Debates, National Bureau of Economic Research.

43 Dylan Matthews (2012), 'What Political Scientists Know about Debates', Washington Post, 3 October.

보인다.

사실상 바이든의 참담했던 토론 결과에도 불구하고, 민주당과 공화당 유권자의 선호도가 크게 달라지진 않았던 것 같다. 그렇다면 거의 대부분의 토론이 사람들의 생각을 바꾸지 못하는 이유는 무엇인가? 우리는 심리학 연구에서 몇 가지 그럴만한 이유를 발견할 수 있다. 첫째, 우리는 심리적으로 일관된 상태를 갈망한다. '자아 감각Sense of self'의 경우 특히 그러한데, 우리는 자신의 생각을 변화시킬 수도 있는 새로운 사상을 접할 때 자주 고통스러운 인지 부조화를 경험한다. 우리는 새로운 사상에 대해 잠깐 생각해 볼 수는 있다. 하지만 그런 새로운 사상이 우리의 일상 행동(교회 가기, 출근하기, 연비가 나쁜 차 몰기, 기존의 친구 집단과 어울리기)과 모순된다면, 자신의 신념에 생긴 모순이 이러저러한 방식으로(보통은 뭐가 됐건 자신의 생활 방식에 맞추고, 자신이 속한 사회의 관점을 따르는 방식으로) 해결되기 전까지 우리는 극심한 심리적 고통을 겪는다. 즉, 우리가 토론을 시청하든 아니면 우리와 다른 관점에서 작성된 기사를 읽든 간에, 우리는 그 논거와 논증을 한편으로 치워 버리면서 빠르게 합리화 작업에 돌입한다. 또한 우리는 자신의 신념과 충돌하는 기사들은 불신하는 데 반해, 자신의 견해에 우호적인 기사들은 선택적으로 신뢰할 가능성이 더 크다. 그리고 이것이 바로 심리학자들이 '확증 편향'이라는 용어로 부르는 현상이다. 따라서 토론은 진리를 추구하는 과정이라기보다는 우리 자신의 논거를 찾기 위한 과정에 가깝다. 우리는 이러한 점을 고려하면서 토론이 진정한 정치의 한 형태이긴 한 건지 진지하게 질문해 봐야 한다.

토론은 다른 심리적 측면에서도 우리의 발목을 잡을 가능성이 크다. 대부분의 '토론'과 '후속 기사'들은 논의 중인 쟁점의 한 가지만을 부각함으로써 정책의 모호함과 복잡성을 무너뜨리는 효과가 있다. 반면 사람들이 그 미묘한 차이와 모순을 파악하는 어려운 일을 하는 데는 아무런 도움이 되지 못한다. 수많은 심리학 연구가 보여 주듯이, 사람들은 모호함과 긴박한 의사 결정에 압도당할 때 복잡성을 회피하려는 내재적인 경향이 있으며, 불확실성이 주는 불편함을 계속 겪느니 차라리 그들의 생각을 인위적으로라도 결정해 버리려 한다. 그러므로 사람들 간의 의견 불일치는 고통에 대해 거의 중독적으로 일어난다. 이 모든 점을 고려할 때, 사람들이 새로운 사상을 수용하도록 설득하는 데 있어, 토론이 얼마나 비효율적이고 심지어 역효과를 일으키는 방식일 수 있는지를 상상하기란 어렵지 않다.

그렇다면, 대통령 후보 토론만이 아니더라도 토론은 함정이 될 수 있다. 작가이자 고전학자인 도나 저커버그Donna Zuckerberg는(마크 저커버그의 여동생이기도 하다!) 오늘날 그리스와 로마의 고전이 오남용되는 것은 극우와 관련이 있다는 자신의 주장을 두고 토론을 요구하면서, 자신을 쫓아다니며 괴롭히는 남성들이 있음을 한 사설에서 언급한 적이 있었다. 저커버그는 이 남성들이 원하는 것은 생각의 진정한 교환과는 거리가 멀며, 그럴 마음은 아예 가지고 있지도 않다고 지적한다. 그녀는 "나랑 한번 토론해 보자"라는 요구를 꽤 많이 들어 왔다면서 다음과 같이 말했다:

> 이 남성들이 요청하는 토론은 대화가 아니다. 사람들이 서로의 생각을 편견 없이 이해하고자 할 때 시도하는 그런 대화 말이다. 진정한 대화에는 '승자'가 없다. 그러나 내가 만약 어떤 토론에 나가서 화를 내거나 당황한다면 나는 감정적이고 비이성적으로 행동했으니 진 것과 다름없다. 농담이나 비꼬는 말을 한다면 무례하고 잘난 척한 것이니 역시 토론에서 진 게 된다. 만약 내가 잠시 주장을 무르고 상대방의 주장을 생각하기라도 하면 나는 타협적

이고 유약한 사람처럼 보일 것이다. 유일한 승리의 수는 아예 토론을 벌이지 않는 것뿐이다.[44]

저널리스트 마일스 클리Miles Klee는 이러한 행동으로 이득을 보는 사람들을 '나랑 한번 토론해 보자Debate me 형 인간'이라고 부른다. 그러면서 당신이 만약 토론하기를 거절한다면, 이 또한 패배를 인정하는 것으로 간주된다고 지적한다(적어도 당신이 시간을 낭비할 일은 없어지겠지만).[45] 이 경우 '토론'은 종종 정치적 연극을 한판 벌이자는 요구로 사용되며, 그 자체로 공격성을 표출하는 한 가지 방식이 된다.[46]

앞서 말한 대로 생각의 시장이 '마찰 없는' 경쟁을 지향한다면, 토론은 '마찰로 가득Friction-full'하다. 토론 참여자들은 서로를 겨냥한다. 실제로 정치에 관한 한 우리의 문화 속에는 싸움과 전쟁의 은유가 넘쳐난다. 사람들은 서로를 '정조준하고', '강타하며', '반격을 가한다'. 이어서 '근거지를 탈취하고', '대열을 깨기'도 한다. 이는 전쟁의 논리와 같으며, 그런 면에서 대개 전쟁만큼이나 무익해 보인다.

일부 평론가들은 정치인들이 토론을 기피하는 현상 자체가 토론이 효과적이라는 사실을 입증한다고 주장한다. 캐나다 정치인 제이슨 케니Jason Kenney의 고문을 역임하다 지금은 온라인 토론 플랫폼 인텔리전스 스퀘어드Intelligence Squared의 회장인 데이비드 나이트 레그David Knight Legg는,

---

44　Donna Zuckerberg (2019), 'What's Wrong with Online "Debate Me" Culture', Washington Post, 29 August.

45　Miles Klee (2024), 'Debate Me, Dudes: Ben Shapiro vs. Alexandria Ocasio-Cortez', Mel Magazine, 13 October.

46　극우 남성들이 자신과 토론하자고 요구하는 것은 일종의 과시용 오락거리처럼 보인다. 예를 들어, 유명한 노동조합 파괴자 데이브 포트노이(Dave Portnoy)는 알렉산드리아 오카시오코르테스가 그의 관행을 비판했을 때 자신과 토론하자고 요구했으며, 벤 샤피로(Ben Shapiro)는 그녀에게 1만 달러를 줄 테니 그 토론에 응하라고 종용하기도 했다(샤피로 자신은 정작 토론을 요구받자 거절했다).

정치는 말로 설득되지 않는다　67

《폴리티코Politico》에 실린 한 사설에서 토론이 법적으로 의무화되어야 한다고 주장했다.[47] 그러면서 우리는 토론 덕분에 후보자들 간의 자산 격차와 상관없이 게임의 장을 평준화할 수 있으며, 지지자들을 향한 메시지를 따로 구분할 수도 있고, 후보자가 구축해 온 이미지를 분쇄할 수도 있다고 설명했다. 오해하지 말기를 바란다. 나 역시도 토론 의무화와 같은 간단한 조치가 이처럼 심대한 효과를 가져온다면 이보다 좋은 일은 없을 거라 생각한다. 하지만 앞서 언급한 사회 과학 연구들이 보여 주듯이, 역사적으로 토론이 선거 결과를 바꾸지는 못했던 것 같다.

토론은 후보자들의 승리에 도움이 되지 않는 듯하다. 게다가, 토론이 만약 선거에 어떤 영향을 미친다고 한다면 그것은 사람들이 자신의 '진영'에서 지지하던 후보를 싫어하게 만드는 데 영향을 미칠 뿐이다. 예를 들어, 트러스와 수낵이 2022년 마지막 토론 참여를 정중히 거절했을 때, 영국의 TV 채널《스카이 뉴스Sky News》는 "보수당 하원 의원들은 토론으로 인해 보수당 이미지가 손상되고 당 내부의 불일치와 균열이 드러날까 봐 우려하는 것으로 보인다"라는 논평을 냈다.[48] 이 분석은 정치인들이 토론에 참여할 때 자신이 어떤 위험을 짊어져야 한다고 느끼는지를 잘 보여 준다. 정치인들은 토론을 부동층이나 반대 진영 유권자들을 자기편으로 끌어들일 기회로 보지 않는다. 반면, 토론을 통해 자신의 어리석은 모습이 노출된다면 이미 자신을 지지하기로 마음먹은 자기 진영 유권자들이 자신에 대한 지지 의사를 철회하게 만들 수도 있는 위험 요소로 생각한다. 토론을 잘하면 지지층이 자신에게 투표하도록 동기를 부여할 수도 있다(부동층을 설득할 수 있다는 말은 아니다!). 하지만 토론

---

47 David Knight Legg (2022), 'Debates Are Dangerous: Time to Legislate Them', Politico, 10 June.

48 Peter Walker (2022), 'Rishi Sunak and Liz Truss Set to Miss Third Tory Leadership Debate', Guardian, 18 July.

을 잘 못하면 지지자들의 투표 동기가 사라지게 만들 수도 있다. 그렇다면, 일부 정치인들이 토론의 결과를 두려워하는 것도 당연한 일이다. 그러나 그것은 토론이 선거에서 승리를 가져다주기에 효과적이기 때문이 아니라, 토론이 기존 지지층의 지지에 악영향만을 미칠 수도 있기 때문이다.

이러한 위험은 매우 현실적이다. 정치인 대부분은 말을 많이 할수록 호감도가 낮아지는 경향이 있기 때문이다. 리즈 트러스가 텔레비전과 라디오에서 빈번하게 소개되기 시작하자, 소속 정당인 보수당원들 사이에서 그녀의 인기가 크게 하락했다. 여론 조사에 따르면, 한 달도 지나지 않아 보수당 유권자들은 그녀를 (다른 무엇보다도) 원칙, 능력, 신뢰도, 호감도, 소통 면에서 떨어지는 인물로 평가했다. 그녀를 유능하다고 평가하는 유권자의 비율은 55%에서 35%로 떨어졌으며, 호감 가는 인물이라고 보는 유권자의 비율은 52%에서 31%로 하락했다.[49] 트러스가 많은 사람에게 예외적으로 호감을 주지 못하는 정치인일 수도 있다. 하지만 말을 많이 하면 할수록 호감도가 낮아지는 경향은 다른 정치인들에게도 그대로 적용된다. 예를 들어, 두 번의 대통령 임기 동안 오바마의 지지율은 76%에서 37%로 내리막을 걸었다.[50] 모든 미국 대통령이 취임 직후 지지율 하락을 경험한다. 대중의 눈에 많이 띄는 정치인일수록 호감도는 하락한다. 한 공화당 고문은 《워싱턴 포스트》에 보통 자신은 고객에게 토론은 시간 낭비이니 건너뛰라고 조언한다며 거리낌 없이 말했다. "토론을 하느니 차라리 소셜 미디어 라이브 방송을 하고 모금을 하라.

49　Toby Helm (2022), 'The More Tory Voters See of Liz Truss, the Less They Like Her, Polls Show', Guardian, 3 September.

50　Roper Center for Public Opinion Research (2024), 'Presidential Approval Highs & Lows', Cornell University.

아니면 집마다 문을 두드리고 다녀도 좋다."[51]

　이런 점을 염두에 둔다면, 토론을 안 하겠다고 도망 다니는 사람들이 모두 겁쟁이는 아닐 것이다. 어쩌면 그들은 다른 진영의 지지층에게 말을 거는 것보다 자신의 지지층을 자극하는 게 더 중요하다는 인식하에 전략적으로 행동하고 있는 것인지도 모른다(애석하게도 이는 사실인 듯하다). 그들은 토론이 더 나은 정치적 결과에 도달하는 효과적인 방법이 아니라는 사실을 이미 잘 알고 있다. 토론은 사람들의 생각을 바꾸지 못하며, 부동층 유권자의 마음을 움직이지도 못한다. 확실히, 트럼프를 비롯한 다른 모든 '토론 회피자'들이 토론에 참여하지 않는 부분적인 이유는, 토론으로는 사람들의 생각이 바뀌지 않기 때문이다. 그리고 토론이 아니었다면 그들에게 투표했을 사람들에게 자신의 약점을 드러낼지도 모를 뿐 아니라, 토론 자체가 정치적 자본과 시간의 낭비라는 믿음 때문이다.

51　Karin Brulliard (2024), 'Empty Chairs at Candidate Debates a Sign of These Very Partisan Times', Washington Post, 12 August.

07
토론은 목소리 큰 사람이 이긴다

토론의 쇠퇴를 개탄하는 대신에, 우리는 이를 좋은 정치적 대화란 무엇인가에 대한 우리의 가정을 재고할 수 있는 기회로 만들어야 한다. 하지만 이는 결코 쉬운 일이 아니다. 비록 정치인들이 토론을 외면하고 있지만, 토론은 우리의 사고방식 자체에 이미 깊이 뿌리내리고 있기 때문이다.

우리는 토론이 넘쳐나는 사회에 살고 있다. 정치적 갈등이나 불일치가 있을 때면 늘 공식적 혹은 비공식적 토론에 부쳐진다. 분명 토론의 형식에는 맞지 않는 쟁점임에도 불구하고, 어느새 그 문제를 '토론'하고 있기도 하다. 어떤 유명인을 좋아해야 하는지, 어떤 제품을 사야 하는지, 피자에 파인애플을 토핑으로 올려도 되는지, 인터넷상의 드레스 색깔 논쟁[52]이라든지, 외계인이 존재하는지 아닌지를 둘러싼, 토론을 가장한 미디어상의 논쟁들도 있다. 다소 바보스러운 논쟁이라도, 토론이라는 형식에 부적절함에도, 토론을 고집하는 사이에 쟁점이 정치적 쟁점으로 확대되기도 한다. 주택 가격이 시장에서 오르거나 내리는 것을 두고, 또는 어떤 소수 집단이 독특한 방식으로 자신들의 삶을 살고 싶어 하는 것을 두고, 또는 유명 인사의 기이한 행동을 두고 우리의 미디어는 토론을 벌일 뿐 아니라, 쟁점을 프레이밍해서 양측이 대립하도록 만들 방법을 찾아낸다. 언어학자 데보라 태넌Deborah Tannen은 현재 서구 사회가, 특히 미국 사회가 '논쟁 문화Argument culture'에 사로잡혀 있다고 생각한다:

> 논쟁 문화는 우리가 '적대적인 사고 프레임Adversarial frame of mind'을 가지고 세상 속 사람들에게 접근하도록 부추긴다. 그것은 대립이야말로 무언가를 성취하는 가장 좋은 방식이라는 가정에 근거한다. 따라서 어떤 쟁점을 논의하는 가장 좋은 방법은 그것을 토론에 부치는 것이며, 뉴스를 보도하는 가장 좋은 방법 역시 가장 극단적이고 양극화된 견해들을 '양편'으로 제시하는 것이다. 분쟁을 해결하는 가장 좋은 방법은 한쪽이 다른 쪽과 대립하는 소송이며, 논평을 시작하는 가장 좋은 방법도 누군가를 공격하는 것이다.[53]

토론 문화(또는 논쟁 문화)는 우리가 정치에 참여한다는 것을, 사실상, 언제든지 강하고 공격적인 주장을 즉각적으로 피력할 수 있음을 뜻하는 것으로 만들었다. 하지만 이는 심지어 정치인이라 하더라도 하기 어려운 일이다. 정치적 쟁점은 엄청나게 많고, 그 쟁점들은 하나하나가 너무도 복잡할 수 있기 때문이다. 그러니 기자가 묻는 말에 즉시 답하지 못하는

---

[52] 인터넷에 올라온 드레스 사진 속 드레스 색깔에 대해 '흰 바탕에 금빛 줄무늬'라는 의견과 '파란 바탕에 검은색 줄무늬'라는 의견이 갈린 사건으로, 같은 사진을 두고 사람마다 다르게 색을 인식한다는 사실이 화제가 되었다. 옮긴이.

[53] Deborah Tannen (1999), The Argument Culture: Stopping America's War of Words, Ballantine Books.

일이 생기기라도 한다면 얼마나 원통하겠는가! 최근에는 아마도 소셜 미디어의 사용으로 누군가의 정치적 견해가 불시에 기사화되는 탓에, 마치 이러한 종류의 감시가 우리 모두에게도 이뤄지는 것처럼 느껴진다. 그러다 보니, 우리도 모든 정치적 쟁점에 대해 의견을 이미 가지고 있어야 할 것만 같은 기분이 든다.

나는 우리 문화의 이 기묘한 측면을 자주 생각한다. 직업상 이러한 문화에서 자유롭지 못할 때가 많기 때문이다. 글로벌 단체나 학교에서 일할 때도, 나는 저널리스트와 전문가들로부터 중요한 정치적 쟁점에 대해 의견을 말해 달라는 요청을 자주 받곤 했다. 그 결과, 나는 명시적이든 암묵적이든 토론의 형식을 취하는 대중적인 라디오 방송과 팟캐스트에 출연할 기회가 많았다. 어쩌면 토론 형식의 가장 나쁜 측면이라고 해 봐야, 사람들이 세상을 흑백논리로 보도록 갈등과 대립을 인위적으로 과장하는 정도일 것이다. 나는 미디어 토론을 준비할 때면, 다른 전문가 패널의 의견에서 동의하지 않는 부분을 주로 찾아 달라고 요청받는 것이 흔한 일임을 확인할 수 있었다. 하지만 그렇게 하기 어려울 때가 많았다. 전문가들은 대개의 쟁점에 대해 대체로 같은 의견인 경우가 많았지만, 방송 제작자와 시청자가 듣고 싶어 하는 것이 무엇인지를 알고 있는 탓에 어떤 과장된 입장이라도 선택하지 않을 수 없다는 압박감을 느껴야 했다. 너무나 자주, 토론은 현실을 고통스러울 정도로 단순화하고 압축한다.

갈등이 주도하는 토론 형식이 어느 날 우연히 생겨난 것은 아니다. 토론은 갈등에 관심을 기울이는 우리의 심리적 경향을 이용하여 시청자 수와 시청률을 끌어올린다. 많은 연구가 시사하듯이, 우리의 뇌는 부정적인 정보에 즉각적으로 집중한다. 이러한 까닭에 우리는 하나의 볼거리로서 토론에 끌린다. 우리는 갈등과 드라마를 지켜보는 일을 즐기지만,

그러나 그것이 우리의 개인적 신념에 영향을 미치는 경우는 좀처럼 없다. 오하이오 주립 대학교The Ohio State University의 티파니 이토Tiffany Ito 박사 연구팀이 실시한 연구 결과에 따르면, 이러한 현상은 동영상, 사진, 문서를 막론하고 어떠한 미디어 형태에서도 동일하게 나타났다.[54] 두뇌의 전기 활동이 긍정적인 미디어에는 온건한 반응을 보이는 것과 달리, 부정적인 미디어에는 훨씬 더 강렬하게 반응한다는 사실은 부정적인 정보가 우리의 생각에 훨씬 더 큰 영향을 미친다는 것을 시사한다. 6개 대륙 17개 국가에서 이뤄진 또 다른 연구에 따르면, 특히 사람들이 미디어 뉴스를 소비할 때 이와 동일한 현상이 나타난다고 한다.[55] 우리는 사람들 간의 갈등을, 그것이 정치에서, 사무실에서, 드라마에서, 축구 경기에서 일어나든 상관없이, 자극적인 신호로 받아들이는 경향이 있다. 정치적 문제를 양편이 첨예하게 대립하다가 마침내 한 편이 승리하는 '토론'으로 프레이밍하는 것은, 시청자의 관심을 사로잡고 유지할 수 있는 좋은 (때로는 비열한) 방법이다.

토론이 불러일으키는 갈등은 그저 대중의 관심을 끌기 위한 것만은 아니다. 토론에는 실제로 훨씬 더 낡은 형태의 정치적 갈등을 대체하는 효과가 있다. 사실상, 솔직해지자면, 인간사 대부분에서 정치는 곧 전쟁하는 일과 같았다. 현대 민주주의의 탄생이 보여 주듯 사상 간의 전쟁이었을 뿐 아니라, 생명과 신체, 강간과 약탈, 굶주림을 두고 벌이는 전쟁이기도 했다. 평화로웠던 시기조차 정치의 많은 부분은 늘 전쟁과 관련이 있었다. 계급 구조는 전쟁의 위협에 맞서는 과정에서 자리 잡았으며, 국

---

54 T. A. Ito, J. T. Larsen, N. K. Smith and J. T. Cacioppo (1998), 'Negative Information Weighs More Heavily on the Brain: The Negativity Bias in Evaluative Categorizations', Journal of Personality and Social Psychology.

55 P. Fournier, S. Soroka and L. Nir (2020), 'Negativity Biases and Political Ideology: A Comparative Test across 17 Countries', American Political Science Review.

가 간 동맹으로 전쟁을 예방해 왔고, 정부는 전쟁을 막는 능력으로 정당성을 획득해 왔다. 어쩌면 그랬기 때문에 오늘날 정치적 담론의 많은 부분이 암묵적으로 전쟁과 비슷하게 작동하는 것인지도 모른다. '전쟁으로서의 정치'의 목적은 피 흘리지 않고 이기는 것이며, 사상의 힘으로 이기는 것이다. 위르겐 하버마스는 이를, "이상적인 형태의 정치적 담론이란 피 흘리지 않는 방식으로 전쟁을 대체하는 것이 그 본질이며, 그러한 정치에서 승리는 무력에 기초하지 않은 더 나은 논증의 힘으로 얻어진다"라는 말로 멋지게 요약했다.[56] 그는 당신이 그저 타인을 설득하는 것에 그치지 않고, 논증으로 그들의 견해를 무력화시켜 패배시킴으로써, 왜 당신의 견해가 더 나을 뿐 아니라 그들의 견해가 잘못되었는지를 강력하게 보여 주어야 한다고 강조한다.

우리의 정치 문화 대부분은 이러한 정치 모델에 암묵적으로 근거한다. 많은 토론이 형편없는 각색과 구성 속에서 진행되지만, 방송을 통해 송출되는 이 공개적 대립의 순간들이야말로 정치적 담론의 진실이 드러나는 순간으로 여겨진다. 미디어 뉴스의 사설란들은 늘 한발 늦은 토론들로 넘쳐 나며, 소셜 미디어 피드에는 '핫 테이크'와 '저격 기사Takedown'가 난무한다. 그리고 넓게 보면, 이 논쟁들 모두 한쪽이 다른 쪽에 대해 승리를 거두어야 한다는 호전적인 정치 모델과 같은 궤도에 있다. 특정 쟁점에 대해서는 '토론의 여지를 남겨두어야 한다'고 요구하기도 한다. 하지만 이런 요구는 토론이 결국 진실을 밝혀줄 거라는 (실은 잘못된) 가정을 시사한다. 갈등에 자극받은 우리의 마음은 처음에는 그러한 갈등에 세심한 주의를 기울일 수도 있을 것이다. 하지만 정치를 이기거나 지는 식의 갈등으로 받아들이는 것은 시간이 지날수록 그 미묘한 차이를

56　Jürgen Habermas (1975), Legitimation Crisis, Beacon Press.

알 수 없게 만들고, 결국 우리가 우리 시대의 절박한 문제들에 대해 심각할 정도로 둔감해지게 만든다.

내가 사는 영국에서는 일주일에 한 번씩 '총리와의 대담Prime Minister's Question Time'으로 불리는 TV 토론 프로그램이 의정 활동의 하나로 방송을 탄다. 하지만 실제로는, 토론에서 이기는 데 '능숙하다'는 평가를 받아 온 총리들조차도 그 시간을 몹시 싫어하는 것으로 알려져 있다. 토니 블레어Tony Blair는 그의 총리 재임 시절 이를 일컬어 "가장 신경이 곤두서고, 혼란스럽고, 초조한 시간이자, 복통이 생길 정도로 두려움이 밀려와 용기를 쥐어 짜내야 하는 시간"이라고 하면서, 이러한 유형의 토론을 "온갖 비이성적인 감정적, 정치적인 것들의 집합소"라고 평가했다(대담 주기를 일주일에 2번에서 1번으로 줄인 사람도 블레어였다). 그러면서 그는 "토론을 피할 수만 있다면 차라리 마취 없이 이빨에 30분간 구멍을 뚫는 쪽을 선택하는 게 더 나을 것"이라고도 했다. 리시 수낵은 일주일 내내 토론 준비만 하는 팀을 가동하는 동시에 수요일 아침마다 리허설을 열었는데, 그럴 때면 운 없는 보좌관 한 명이 야당 노동당 대표 키어 스타머Keir Starmerd의 역할을 맡곤 했다.[57] 만약 내가 이 토론이 정치인들에게 책임을 추궁하는 자리였다는 걸 알았더라면 어쩌면 조금은 사악한 즐거움을 느꼈을지도 모른다. 하지만 그러한 토론이 실제로는 정치에 거의 어떠한 영향도 미치지 못했음을 알기에, 내게는 늘 그것이 과연 국민의 시간과 돈을 제대로 쓰고 있는 것인지 의문이 남았다.

최악의 경우는, 토론이 민주주의 제도가 실제로 효과적으로 기능하는 데 필수적인 시민의 지속적인 정치 참여를 대체하는 것이다. 2019년, 에마뉘엘 마크롱Emmanuel Macron 프랑스 대통령은 국가가 재정적으로 (자신

---

57 Simon Jenkins (2024), 'Keir Starmer's Prime Minister's Questions: A Lesson in Politics', Guardian, 25 July.

이 보기에) 책임지고 실현할 수 있는 경제 개혁 방안을 논의하기 위해서는 프랑스 시민이 참여하는 대화가 필요하다며, '대토론Grand Débat'의 개최를 선언했다. 비판자들은 대토론이 풀뿌리 저항 시위 단체, '노란 조끼Gilets jaunes'의 요구를 무마하려는 시도에 불과하다고 주장했는데, 노란 조끼는 정부의 안과 반대되는 재정 개혁과 국민 투표를 비롯한 직접 민주주의의 확대를 요구해 왔다.[58]

물론 마크롱은 노란 조끼가 요구했던 것 같은 그러한 직접 민주주의를 제공할 생각이 없었다. 그리고 대토론은 말 그대로 그의 방식대로 진행되었다. 실제로 토론 진행을 담당하기로 했던 '공정 위원회Impartial committee'가 임금 관련 질문을 둘러싼 다툼으로 대토론 초반에 사임하면서, 정부가 토론 절차 전체를 관장했기 때문이다. 우여곡절에도 불구하고 대토론은 두 달 넘게 진행되었다. 마을 회관 회의, 모바일 창구, 온라인 건의함, 그리고 추첨을 통한 시민 의회Citizens' assemblie의 구성과 4번에 걸친 이해 당사자 회의가 있었다. 모든 일은 '투명성', '다원주의', '포용성', '평등', '중립'과 '존중'의 가치에 따라 이뤄지도록 했다. 극성스러운 정치 이론가였던 나는 결과가 대체 어떻게 나올지 무척 궁금했다. 하지만 많은 토론이 그렇듯, 대토론의 목소리도 프랑스 국민을 대표한다고 보기는 힘들었다. 한 싱크 탱크가 지적했듯이, 대토론 참여자의 65%는 고학력자였고, 75%는 주택 소유자였다. 그리고 이는 프랑스의 전국 평균을 우회하는 수치였다. 더 놀라운 것은 참여자의 2/3 이상이 50세 이상이었으며, 25세 이하는 5%에 불과했다는 점이다. 그리고 대부분의 실제 회의는 도심지에서 개최되었으며, 많은 논의가 민간 기업 소유의 플랫폼에서 열렸다. 인프라, 설계, 그리고 결과 모두 부실했다. 더욱이, 어떤

58　Hugh Schofield (2019), 'Gilets Jaunes: Will Macron's Grand Debate Tackle French Crisis?', BBC News, 12 March.

결론에 도달하거나 문서화 되는 경우도 좀처럼 찾아보기 힘들었다. 독립적인 중재자도 충분치 않았으며, 시민 의회조차 출석이 제대로 이루어지지 않았다.[59]

또한 싱크 탱크는, "심의 민주주의Deliberative democracy[60] 전문가들에 따르면, 토론이 성공적이기 위해서는 정보에 기반해 상세한 견해를 제시할 수 있을 만큼의 충분한 시간이 시민들에게 주어져야 하고, 토론의 결론이 제도화로 이어질 것이라는 확신을 주어야만 한다. 그러나 대토론은 이러한 조건 중 어느 것도 충족시키지 못했다"라고 지적한다.[61] 토론에서 지지받은 개혁 조치들 대부분은 즉각적으로 이루어지지 않았으며, 국민의 대부분은 그러한 일련의 과정을 불만스러워했다.

그 뒤로 여러 해가 지났지만 거의 아무것도 바뀌지 않았다. 어떤 점에서는 '대토론'처럼 피상적이긴 하지만 야심 찬 프로젝트를 응원하고 싶은 유혹이 들 때도 있다. 하지만 책임 소재를 밝힐 수 있는 어떠한 장치도 없고, 적절한 인프라도 없으며, 무엇보다 사람들이 정치적 문제를 토론할 때 일어나는 일부 심리적인 문제들을 해소할만한 어떠한 방법도 없는 상황에서, 대토론 같은 어떤 것이 긍정적인 효과를 발휘할 수 있을지는 불분명하다. 대신 대토론은 마크롱의 인기를 잠시나마 단기적으로 높이기는 했다(마크롱이 대토론을 차기 선거 캠페인에 이용한 거라고 비판하는 사람들도 있었다). 이는 그저, 특히 대규모적이고 특히 프랑스적인 한 가지 사례일 뿐이다. 하지만 일반적인 현상이기도 하다. 즉, '토론'은 그 존재만으로도 사태를 미화하며, 실제로 정책의 책임 소재를 밝히는

---

59 Renaud Thillaye (2019), 'Is Macron's Grand Débat a Democratic Dawn for France?' Carnegie Europe, 26 April.

60 직접이나 간접 투표와는 별개로, 시민들의 실제적인 심의가 선행되어야 한다는 민주주의이다. 실제적 심의란, 이를테면 부나 학력과 같은 불평등을 충분히 고려하는 정치적 심의를 뜻한다. 옮긴이.

61 Ibid.

문제나 정치적 진전을 위한 인프라 구축의 문제는 여전히 해결되지 않은 상태임에도 불구하고, 민주적이고 자유로우며 공정한 논의가 일어나는 것처럼 보이게 만든다. 하지만 근본적으로 권력 투쟁은 늘 그랬듯이 토론과 무관하다.

정치적 사고를 토론으로, 그리고 '전쟁으로서의 정치'로 모델화하는 관행은 미디어를 넘어 훨씬 더 깊숙한 곳까지 영향을 미친다. 우리는 어린 시절 학교에 다니기 시작하면서부터 글쓰기를 통해 이러한 관행을 주입받는다. 아마 당신도 중학교에서 권위 있는 주장 하나를 선택해서 그것을 방어하는 한편, 다른 견해들은 분석해서 꺾어 버리라고 배웠을 것이다. 물론 이러한 글쓰기 연습 과정에서 우리 대부분은 아직 자기만의 견해를 제대로 정립하지 못한 상태였으므로, 방어할 주장을 인위적으로 선택했을 것이다. 그리고 앞 장에서 살펴본 인지 부조화 연구들이 틀리지 않았다면, 당신은 자신이 찬성하는 주장을 결국 완전히 믿게 되거나 적어도 더 믿게 되었을 것이다(흥미롭게도, 이는 한 번의 연습조차도 사람들에게 반대 주장을 옹호해 보도록 요청하는 것이 그들의 생각을 변화시킬 방법이 될 수도 있음을 시사한다). 간단히 말해, 어쩌면 우리는 다른 주장은 틀렸으므로 이 주장이 옳다는 소리를 낼 때 다른 누가 아닌 자신의 생각을 바꿀 가능성이 더 커지는 것일지도 모른다. 토론의 기능은 전선을 더욱 선명하게 그어서 사람들이 한쪽을 선택하지 않을 수 없도록 만드는 것이다. 그러나 이는 어떤 쟁점을 명확하게 사고하거나 자신의 견해를 발전시키는 일과는 전혀 다르다.

나는 이 특수한 사고 훈련을 교육 과정 속에서 수백 번도 더 반복해 오면서도 그때마다 불편한 느낌이 들었다. 선생님과 교수님들은 내게 주장을 훨씬 더 선명하게 만들어 보라고, 보다 확고한 입장을 취하고 내 입장에 반하는 논증들을 찾아 반박해 보라고 늘 요구하셨다. 즉, 내가 아직 갖지 못한 견해를 어떻게든 인위적으로 형성하기를 요구했다. 한편 나는 좀 모호하고 불확실한 생각이라 히더라도, 그러한 논증들을 포용하는 사고 구조가 어딘가에는 존재할지도 모른다는 느낌이 들었다(경험상 그런 사고 구조는 존재하지만, 일반적으로 교육되지는 않는다). 뿐만 아니라 나는 보통의 논쟁에서와는 다르게 덜 공격적인 형태의 분석이 이루어지기를 바랐다(이 또한 존재한다. 하지만 그것 역시 일반적으로 교육되지는 않는다). 교실에서는 많은 무의미한 논쟁이 자주 벌어지곤 했다. 지금도 가끔 생각나는 한 세미나 강의에서, (엄청나게 친절했지만 엄청나게 소심했던) 교수님은 우리에게 헤겔의 《정신 현상학Phenomenology of Spirit》에서 '가족' 장을 읽고 논쟁해 보라고 하셨다. 그 강의실에는 나를 포함해 여학생이 단 둘뿐이었다. 그래서 가능하다면 헤겔의 가족 개념에 대해 여성주의적 반론을 제기하는 것이 나의 몫이라고 생각했다(헤겔은 명백히 여성과 남성에게 가정 내에서 서로 다른 역할을 부여한다). 그 순간 거침없이 말을 마구 내뱉는 한 독일 학생이 내 말을 가로채더니, 가족 개념에 대한 욕구 불만은 21세기에 들어서나 나타난 현상이라고 지적했다. 나는 19세기 지식인이었던 (그리고 내가 개인적으로 연구하고 있었던 역사적 인물이기도 했던) 루 안드레아스살로메Lou Andreas-Salomé도 나와 같은 생각이었다고 지적하는 것으로 응수했다. 그러자 그 독일인 학생은 살로메가 유명해진 이유는 단지 이름난 남성들과 염문을 뿌렸기 때문이라고 말했으며, 나는 그가 여성 비하 논리에 취해 맹목적인 태도를 보이고 있다고 비난했다. 충분히 짐작되겠지만, 그때부터 토론은 더 시끄러워지고 덜 생산적인 것이 되었다. 그날의 일화는 살면서 겪은 특히나 터무니없는 말다툼에 불과했지만, 나는 몇 년이 지난 지금까지도 그 모든 대화를 상세히 기억한다. 비록 그다지 좌절감을 느끼거나 하지는 않지만, 내가 받은 교육의 대부분이 그 논쟁과 크게 다르지 않다고 생각하기 때문이다. 나는 나와 다른 생각에서 서로 중복되거나, 생산적인 비교가 가능하거나, 이해할 수 있거나, 아니면 미묘하게 다른 부분들을 발견하기보다는, 차이만을 강화할 방법을 찾아내라고 끊임없이 요구받았다.

물론 이 중 어떠한 것도 바람직한 의사소통이나 대화에서라면 보여줄 만한 모습은 아니다. 하지만 토론의 이러한 호전적 성격이 불편하다고 느끼는 사람조차도 고등 교육 과정으로 올라갈수록 끊임없이 논쟁하도록 훈련받는다. 나는 성실한 학생이었고, 각주 다는 것을 좋아했으며, 추가 학점을 얻기 위한 어떤 활동도 마다하지 않았다. 하지만 내가 배운 모든 흥미로운 것들을 한 데 응축시켜 다른 관점을 공격하기 위한 무기로 만드는 과정만큼은 견딜 수 없었다. 더 큰 목소리로 시끄럽게 떠들어 대려고만 하는 사람들이 있는 교실에서, 나는 헤겔이 유발했던 격분뿐 아니라 토론 자체를 회피하게 되었다. 지금도 내 안에는 토론이 강압의 한 형태라는 의구심이 있다.

계급, 인종, 젠더의 영역에서 나보다 더 주변적인 많은 사람에게 이 문제는 훨씬 더 심각하게 다가온다. 대체 이상적인 '토론'에 참여할 수 있는 사람이 있기는 한가? 교실에서 (그리고 법정, 방송국 스튜디오, 의회 등에서) 토론의 정답은 보통 우리가 이미 들어 온 것일 가능성이 크다. 이런 점에서 토론은 실제로 전쟁과도 같지만, 특히 그 해로운 점이 닮았다. 이미 유리한 위치를 선점한 사람이 그 전략적 이점을 계속해서 축적해 나갈 것이기 때문이다. 공적 무대에서도, 이미 권력을 쥐고 있는 사람들이 토론을 준비하는 탓에 반대자들은 협소한 공간만을 제공받는 방식으로 현상이 유지되는 경우가 대부분이다.

논쟁과 토론에서 흔히 따라 나오는 공격성 때문에 나는 충분히 할 수 있었음에도 충분히 생각하지 못했고, 제대로 이해하거나 배우지도 못했다. 결코 나만 그런 것이 아니었다. 우리가 더 많은 사람이 충분히 정치를 생각하기를 진정으로 바란다면, 어쩌면 우리는 토론과는 완전히 다른 형식을 찾아야 할 것이다.

08
정치인들이 중도를 프레이밍하는 방법

'전쟁으로서의 정치'와 토론은 그것이 문제를 일으키는 것과 정확히 같은 이유에서 사람들에게 매력적이다. 그것은 우리에게 상상력을 불러일으키지만, 실제 보면 우리를 이긴길힌다. 토론자는 회의장에서나 국회에서, 또는 방송사 리포터에게 말한다. "제 반대자들을 좀 보십시오. 그들이 얼마나 약하고 잘못되었는지, 얼마나 비윤리적이고 위선적인지, 또 얼마나 우스꽝스러워 보이는지를 한번 보시란 말입니다!". 그러면 구경꾼들은 반대자들이 면박을 당해 콧대가 꺾이는 모습을 지켜보며 즐거워한다. 대개의 경우, 토론 편집 영상을 소셜 미디어에 공유하는 사람이 말을 걸고 있는 대상은 다른 견해를 가진 사람들이 아니라, 스스로가 얼마나 정당한지 알고 싶어 하는 사람들이다. 편집 영상의 어떠한 부분도 그들이 자신의 견해를 바꾸어야 하는 건 아닌지 의심하도록 놔두지 않는다. 대개는 자신이 옳다는 (그리고 '다른 쪽'을 비웃는) 은밀하고 독선적인 즐거움만을 줄 뿐이다. 이러한 경향은 사람들이 실제로 자신의 견해와 반대되는 주장을 찾아보긴 하지만, 그렇게 하는 이유는 그 주장을 풀어 헤치기 위해서라는 점과도 일치한다.

하지만 그들이 부득이하게 토론 전체를 지켜보지 않을 수 없을 때라 하더라도, 토론 자체가 잘못 프레이밍되어 있다면 더 나은 사고방식을 위한 '싸움'은 애저녁에 끝난 일이다. '프레이밍하는 질문들Framing questions'에 대한 연구로 오랫동안 유명세를 누려온 인지 이론가, 조지 레이코프 George Lakoff는 "만약 우리가 어떤 쟁점에 대해 특정한 프레임을 사용한다면 청자들이 해당 쟁점을 다른 어떤 방식으로도 보기 어렵게 만들 수 있다"라고 경고한다.[62] 예를 들어, 부시 행정부 시대에는 진보적인 정치인들조차도 '세금 감면Tax relief'이라는 단어를 사용함으로써, 세금이란 사람들이 감면받을 수 있어야 하는 주된 부담의 하나라는 생각을 강화했다. 이런 의미에서, '세금 감면'을 둘러싼 논의는 "사회적 자원을 어떻게 분배해야만 하는가"와 같은 질문을 공평하거나 중도적인 관점에서 제기하는 것과는 거리가 멀었다. 부자들에게 세금을 더 많이 부과하는 것이 '공평'한지 아닌지의 논의는 공공의 '투자 분담 문제The matter of shared investment'로 더 잘 이해될 수 있음에도, '부당한 부담의 문제The matter of undue burden'로 프레이밍되었다. 마찬가지로, "학자금을 상환해야만 하는가"를 질문하는 것이 무엇보다 중요해지면서, 애초에 "국가는 왜 고등 교육에 자금을 지원하지 않나"라는 질문이 외면받기도 한다. 작가인 숀 페이Shon Faye의 지적처럼, 소수의 트랜스젠더 수영 선수 또는 수감 중이거나 가정 폭력을 피해 쉼터에 머무는 희귀한 트랜스젠더 사례에 대해서는 무수한 관심과 함께 엄청난 양의 글이 써지지만, 정작 대부분의 트랜스젠더는 고용, 건

---

[62] Bonnie A. Powell (2003), 'Framing the Issues: UC Berkeley Professor George Lakoff Tells How Conservatives Use Language to Dominate Politics', UC Berkeley News, 27 October.

강 보험, 주거와 같은 온갖 시급한 문제들에 봉착하고 있다.[63] 결국, 우리가 참여하는 많은 '평범한' 토론은 우리가 대안적인 해결책에 접근하거나 쟁점을 바라보는 우리의 관점을 폭넓게 유지하는 데 도움이 되도록 설계되어 있지 않다. 오히려 똑같은 갈등을 지겹도록 반복하며 '결론이 나지 않는 상태'를 유지할 뿐이다.

최근 필수 의약품의 가격 책정 방식을 둘러싸고 이뤄진 논의만 보더라도, 프레임 설정이라는 문제가 우리에게 치명적일 수 있음을 알 수 있다. 미국의 환자 중 인슐린을 살 여력이 없는 사람들은 죽을 수밖에 없다. 또, 네덜란드에서 주로 쓰이는 항암 치료제의 하나인 '키트루다Keytruda'는 정부가 개발 보조금을 지원한 것임에도 불구하고 정부가 사들이기에는 너무 비싸다. 비슷한 사정으로, 영국의 국민 의료 보험National Health Service, NHS은 낭포성 섬유증 치료제 오르캄비Orkambi를 사들일 돈이 없다. 의약품 정책 전문가 멀리사 바버Melissa Barber가 지적하듯이, 약품 가격을 규제할지 말지 여부와, 규제한다면 어떻게 규제할지를 둘러싼 토론은 늘 "의약품 산업을 죽여야 하는가" 아니면 "필수 의약품을 살 여력이 없는 환자들을 죽여야 하는가"의 문제로 프레이밍 된다.[64] 이처럼 전혀 도움 되지 않는 잘못된 이분법으로 우리가 빠져들게 된 이유는, 해당 쟁점을 마치 양편이 벌이는 '토론'으로 끊임없이 프레이밍해 왔기 때문이다.

필수 의약품의 가격 책정 방식에 대한 '토론'은, 지금까지 그래 왔듯 여전히 산업 혁신과 가난한 사람들을 대립시키는 방식으로 이뤄지고 있다. 그러나 바버의 지적처럼, "혁신을 위해서라면 얼마간의 사람이 죽어도 어쩔 수 없다"라는 것은 이 복잡하고 중요한 문제를 프레이밍하는 한

---

63 Shon Faye (2021), The Transgender Issue: An Argument for Justice, Allen Lane.
64 Melissa Barber (2024), Personal interview.

가지 추잡하고 미친 방식일 뿐이다. 대신에 바버는 "애초에 의약품을 살 여력이 되지 않는 사람을 죽게 내버려 두는 대가로 연구 개발비를 충당할 수 있다는 생각 자체가 끔찍하다"라는 것이 이 문제에 대한 '올바른 프레임'이라고 믿는다.[65]

실제로 의약품의 '적정 가격'을 옹호하는 이들은 이런 식으로 논의를 재프레이밍하기를 시도한다. 하지만 현재로서는 토론의 형식 자체가 양측이 서로 논박할 것을 요구하므로, 의약품 산업의 혁신이 본질적으로 가난한 사람들의 의약품 접근성과 상충하지 않는다는 사실을 사람들에게 이해시키기란 어렵다. 지금은 이것이 별문제 아닌 듯 보일지도 모른다. 하지만 의약품 가격이 계속해서 상승한다면 끝까지 외면하기는 쉽지 않을 것이다.

토론은 대부분 소수의 청중만을 위해 준비된다는 것 또한 사실이다. 기자인 토머스 베어슬라인Thomas Baerthlein은 "유럽에는 기능적인 공론장이 존재하지 않는다"라고 말한 바 있다. "만일 그런 것이 하나라도 있었다면 적어도 유로화의 위기와 그리스 경제 위기가 발발했을 때 그리스와 독일의 정치인, 경제학자, 일반 시민들은 재정 긴축에 대한 그들의 견해 차이를 양국의 국민이 지켜보는 가운데 TV 토론과 같은 공동 플랫폼에서 논의할 수 있었을지도 모른다".[66] 때때로 사람들은 내게 토론이 좀 더 폭넓게 이루어지기를 희망한다고 말한다. 어떤 문제에 대한 다양한 견해를 받아들이며, 정말로 집단적인 문제 해결에 집중하는 그런 토론 말이다. 듣기 좋은 소리다. 하지만 그러기 위해 문제를 재포장하고 청중을 재편하기까지는 많은 노력이 든다. 게다가, 당신이 모든 문제를 토

---

65 Ibid.
66 Thomas Baerthlein (2016), 'Brexit Lessons: We Need European Media for a European Public Sphere', Open Democracy, 4 July.

론으로 해결할 수 있을 즈음이면, 필시 당신의 손에는 전적으로 또 다른 문제가 쥐여 있을 것이다. 달리 말해, 토론에는 끝이 없다.

토론을 준비하는 과정에서 고민할 가치도 없는 문제의 중요성이 인위적으로 부풀려지기도 한다. 실제로 일부 정치 이론가들은 일련의 고도로 기획된 '토론들'로 인해 브렉시트Brexit가 영국 대중의 마음속에 하나의 쟁점으로 각인되었다고 주장해 왔다. 특히 비판적인 학자 중 한 명인 레이먼드 게스Raymond Geuss는 2019년 다음과 같이 말했다:

> 10년 전만 해도, 한 줌의 광신도를 제외하면 누구도 EU와의 관계를 논의하는 것에 정말 조금의 관심조차 없었다. EU와의 관계는 논의 거리가 아니었고, 그렇다고 해서 더 나빠질 문제도 아니었다. 이 주제에 대한 흥미를 불러일으킨 것은 몇몇 신문사 소유주들(대부분은 영국에 거주하지도 않는다), 부유한 대처주의자Thatcherites들[67] 중 살아남은 일부, 그리고 정치적 운을 노리는 한 무리의 기회주의자들이 지난 4년간 토론이랍시고 지껄여 온 헛소리들이었다.[68]

사람들이 브렉시트에 대해 어떻게 생각하든지 간에, 원래는 전혀 중요하지 않았던 쟁점을 정당화하고 대중화하기 위한 목적으로 담론이 만들어지기도 하는 법이다. 그리고 이는 이론적 의미를 지닌 문제에 사람들의 관심을 끌 수도 있음을 의미한다. 하지만 동시에 사람들을 잘못된 문제에 집착하게 할 수도 있음을 의미하기도 한다.

---

67 마가렛 대처가 총리 시절 근로자들의 잦은 파업, 과도한 복지, 정부 재정 악화 등, 소위 '영국병'이라고 불리는 경제 문제를 해결하기 위해 도입한 시장 경제 중심의 경제 개혁을 지지하는 사람들을 뜻한다. 옮긴이.

68 Raymond Geuss (2019), 'A Republic of Discussion: Habermas at Ninety', The Point Magazine, 18 June.

브렉시트는 토론이 어떤 쟁점을 어떻게 실제보다 더 '팽팽한' 쟁점처럼 보이도록 만들 수 있는지를 보여 주는 한 가지 좋은 사례이다. 전직 《BBC》 뉴스 앵커였던 에밀리 메이틀리스Emily Maitlis의 말을 빌리면, "뉴스 제작자들이 브렉시트에 우려를 표하는 경제학자 60명을 찾아내는 데 5분이 걸린 반면, 브렉시트를 지지하는 목소리 하나를 찾아내는 데 5시간이 걸렸다고 해 보자. 하지만 방송에 들어갈 즈음이면 우리는 각각의 의견에 패널을 한 명씩만 남긴다. 절대 대등하지 않지만 그렇게 했다".[69] 비슷한 맥락에서, 과학적 합의가 이미 널리 퍼져 있음에도 다소 악의적인 신념에 의해 기후 변화 문제에 대한 '토론' 자리가 여전히 마련되고 있다. 과학 전문 작가이자 학자인 벤 골드에이커Ben Goldacre는 《나는 기후에 대한 당신의 생각을 바꿀 수 있다I Can Change Your Mind about Climate》라는 오스트레일리아 TV 쇼에 나와 달라는 요청을 받자, "거기 나가서 기후 변화를 토론하느니 차라리 문틈에 고추가 끼는 고통을 참겠다"라고 말했다. 골드에이커에 따르면, 이러한 쇼들은 무조건적인 쌍방향적 토론을 통해 빈약한 과학적 논거를 지닌 사람(오스트레일리아 보수당 하원 의원)이라 할지라도 과학자들만큼이나 타당해 보이도록 만든다:

> 당신(기후 변화 부정론자)은 언제나 승리할 것이다. 당신이 자기 입맛에 맞는 데이터만 골라 왔다고 한들 내게는 그 결함을 지적할 시간이 모자랄 것이고, 신뢰할 수 없는 과학을 들고나왔다 한들 그것을 지적하기에도 시간이 모자랄 것이다. 당신은 이미 합의가 끝난 쟁점을 가져올 수도 있고, 들어 본 적도 없는 쟁점을 하나 만들어 올 수도 있다. 다음 주 화요일이면 당신조차도

---

69 Emily Maitlis (2022), 'When an Agent of the Tory Party Decides the BBC's "Bias", It's a Huge Problem', Guardian, 25 August.

생각할 마음이 사라질 그런 쟁점 말이다.[70]

토론은 대등하지 않은 양측을 대등한 것처럼 보이게 만들 수도 있고, '중도(또는 인위적으로 설정된 양극단 사이에 있는 입장)'에 머무는 것을 상식이나 확실한 해결책인 것처럼 (그렇지 않을 때조차) 보이게 만들 수도 있다. 이는 결과적으로 쟁점에 대한 중도적 입장이 온갖 사악한 방식으로 이용될 수도 있음을 의미한다. 작가인 에런 우에르타스Aaron Huertas는 정치에서 '반동적 중도주의Reactionary centrism'의 추세가 나타나고 있다고 말하면서, 반동적 중도주의란 "자신을 정치적 중립이라고 말하지만 대개 우파 주장에 공감을 표하면서 좌파를 공격하는 사람들"이라고 설명한다.[71] 그리고 이러한 모습은 주로 좌파와 우파 모두의 견해에 거부감을 나타냄으로써 자신을 중립적이고 합리적인 '심판자'라고 칭하는 전문가들 사이에서 나타난다.

만약 우리가 토론 자리에 참석한다면, 모든 점에서 상충하는 두 가지 입장에서 '중간적'인 입장을 선택해 자신의 것으로 만들기는 어려울 것이다. 예를 들어, 석유 가스 회사 임원의 입장과 기후 변화 활동가의 입장 사이 어딘가에 해당하는 견해를 취하는 것이 합리적인 절충안일 수는 없다. 실제로 기후 변화 부정론자(Climate denier, 요즘에는 일반적으로 '지연론자Delayer'라고 불린다)들의 주장은 너무 노골적이라, 중도적인 타협안조차도 지구상의 모든 생명체를 위험에 빠뜨릴 정도가 될 수 있다. 다시 말해, 토론은 복잡한 권력 역학을 자주 모호하게 하며, 우리가 항상 골디락스Goldilocks처럼 '옳은' 것에 도달할 수 있는 것도 아니다.[72] 어

---

70 'I Can Change Your Mind on Climate', The Science Show, radio programme transcript, ABC Radio National, 21 April 2012.

71 Aaron Huertas (2021), 'We Need to Talk about Reactionary Centrists', www.aaronhuertas.com.

쩌면 기후 위기를 해결하는 유일하게 합리적인 대응책은 사회의 거의 모든 영역에서 근본적이고 총체적인 변화를 만들어 내는 것일 수 있다. 이 관점에 따른다면, 기후 변화가 실재하는지 또는 심각한지 아닌지를 두고, 혹은 기후 변화 대응 비용이 감당 가능한지 아닌지를 두고 '토론하는 것'은 그 자체로 현실을 왜곡하는 것이다. 토론은 정치에서 실제로 통용되어서는 안 되는 견해들을 정당화한다는 점에서 해로울 수도 있다. 예컨대 '인종 과학Race science'과 같은 사악한 것을 두고 토론한다는 것은, 인종주의자들을 위해 연단을 설치하고 그들의 주장을 퍼뜨리는 한편, 극단주의를 정상화하는 것을 뜻한다. 비슷한 맥락에서, 우리가 '중간' 정도의 인권을 누려야 한다는 것도 바람직하지 못하다.

게다가 토론과 '전쟁으로서의 정치'는, 사람들이 정치에 대해 사고할 때 개방적인 태도를 지녀야 하며 상상력을 발휘해야 한다는 것의 의미를 왜곡한다. 정치를 전쟁과 같다고 이해하는 것은, 정치가 모두를 납득시킬 수 있는 단 하나의 논거에 의해 마침내 한쪽이 승리할 수 있는 쟁점을 다루는 영역이 아니라는 사실을 은폐한다. 많은 정치적 갈등이 해소되기 어려운 이유는 바로 그러한 갈등 속에 진정 양립 불가능한 인간의 이해관계가 포함되어 있기 때문이다. 그리고 현실적으로 이러한 이해관계의 상충은 '일방적 타협'이나 오직 '권력'을 통해서만 해결될 수 있다.

이것이 바로 일부 이론가들이 정치가 합의에 도달하는 과정을 '투쟁'으로 보는 이유이기도 하다. 이에 따르면 정치는 옳은 것을 위한 투쟁이 아닌, '권력'을 위한 투쟁이다. 예를 들어, 나는 평화로운 작은 마을에서

---

72 영국 전래 동화인 《골디락스와 곰 세 마리Goldilocks and the Three Bears》에서 유래된 비유로, 주인공 소녀의 이름이 골디락스인 것과 소녀가 곰이 끓인 뜨거운 수프, 차가운 수프, 그리고 적당한 수프 중, 적당한 것을 선택하고 기뻐한 것에서 착안한 중간을 옹호하는 표현이다. 옮긴이.

살고 싶어 하며, 당신은 언젠가 어디에나 고속 철도망이 깔리게 되기를 바란다고 가정해 보자. 만약 철도가 내가 사는 마을을 관통해야 할 필요가 생긴다면, 두 바람을 화해시키기는 불가능할 수 있다. 그러니 상대편과 아무리 많은 논쟁을 벌인다 한들 그들을 회유할 수는 없으며, 누구의 견해가 '옳은'지를 명확하게 밝힐 수도 없다. 우리는 논리만으로는 서로를 이길 수 없다. 우리는 그저 상충할 뿐이다. '정치 투쟁 이론Theory of Agonistic politics'의 지지자들은 정치적 다툼 대부분을 이러한 방식으로 바라본다. 계급의 이해관계에 관한 한 특히 그렇다. 직원들에게 더 많은 임금을 주는 것은 기업을 운영하는 사람에게는 명백히 득이 되지 않는다. 또한, 임대료를 낮추는 것도 집주인에게는 전혀 득이 되지 않는다. 아무리 많은 토론 과정을 거친다고 해도 가장 온건한 형태의 타협, 그 이상의 결과는 나오지 않을 것이다. 그러므로 권력에의 '투쟁'이 필요하며, 단두대에서 파업에 이르는 역사는 모두 이러한 투쟁의 역사이다. 이러한 경우들에서, 우리가 동의하지 않는 사람들이 반드시 틀린 것만은 아니다. 그들은 (단순히) 우리의 '적'일 뿐이다. 달리 말해, 그들이 우리가 원하는 것과는 다른 것을 원하는 이유는 그들이 '틀렸고' 우리가 '옳기' 때문이 아니다. 사회 속에서 집단들은 얼마든지 절대적으로 대립하는 이해관계를 지닐 수도 있다.

물론 정치 투쟁의 논리에도 문제가 발생할 소지는 있다. 투쟁의 논리에 지나치게 의존하다 보면, 실제로 더 나은 타협점이나 새로운 해결책이 있을지도 모른다는 사실을 간과하게 된다. 또한 '전쟁으로서의 정치' 모델에서와 마찬가지로, 그러한 논리는 특정 쟁점에 대한 우리의 사고방식을 제약하여 협력과 혁신, 체계적 변화 또는 타협에 이르는 상상력을 우리가 발휘하기 어렵게 만든다. 하지만 그것이 사람들이 원하는 모델이자 가장 정확한 모델이라는 점도 문제가 되기는 마찬가지다.

많은 정치적 문제에서 한쪽이 다른 쪽을 논리로 이길 수 있다고 생각하는 것 자체가 무익한 상상일지도 모른다. 현실 정치의 작동 방식을 보면, 대부분이 은유로서의 전쟁이 아닌 실제 전쟁과 훨씬 더 비슷한 모습을 하고 있다. 우리는 논리와 반박이 아닌 힘의 과시로 상대방을 패배시킨다. 토론에 훨씬 더 냉소적인 사람들은 토론은 결국 우리가 권력 투쟁에서 벗어난 것처럼 보이게 할 뿐만 아니라, 마치 당신이 얼마나 많은 사람을 당신 쪽으로 끌어들일 수 있는가가 문제인 것처럼 보이게 한다고 말한다. 결과적으로, 토론은 사람들을 '현상 유지Status quo'에 집중하도록 만든다.

09
우리가 토론으로 할 수 있는 일

　지금까지 살면서 꼭 이기기를 바란 적이 있는 토론이 있는가? 내가 시민 단체를 위한 강좌에서 동료인 맥스 헤이븐Max Haiven과 함께 강의를 할 때면 우리는 늘 이런 질문을 던지곤 한다. 그러면 강의실 안의 모든 사람이 보통 바로 답변을 내놓는다. 가장 많이 나오는 대답은 거의 프로이트적인 심리적 이유에서 골머리를 앓아 온 가족 구성원과의 토론이다. 때로는 전처나 전남편, 또는 학창 시절 친구나 선생님, 혹은 멘토와의 토론을 언급하는 경우도 있다. 어떤 점에서 거의 모든 사람은, 그들이 토론하고 싶어 하는 바로 그 사람이 언젠가 자신의 말을 그저 들어 주기라도 한다면, 결국 자신이 그의 마음을 바꿀 수 있을 것이라는 희망을 하나같이 가지고 있었다.
　토론이라는 정치적 이상의 배후에서, 이따금 나는 정말로 좋은 대화 한 번이면 모든 것이 바로잡힐 수 있다는 뿌리 깊은 환상이 자리 잡고 있음을 얼핏얼핏 발견하게 된다. 특히 나보다 더 괴짜 같고 더 학자 같은 워크숍 참가자들이나 친구들 사이에서 그 환상을 자세히 볼 수 있는데, 이는 그들이 자신의 능력에 대해 지닌 어떤 확신에 근거한다. 예를 들어, '나는 정말로 사람을 설득하는 데 능해. 그러니 제대로 접근하기만 한다면 내가 이 문제를 해결할 수 있을 거야'라는 식으로 말이다. 하지만 그런 일이 일어날 것 같지는 않다. 정치적 변화는 그런 식으로 일어나지 않으며, 십중팔구 우리의 삶에서도 그런 일은 일어나지 않는다.

우리는 강좌에서 우리가 감정적으로 설득하고 싶은 사람들(정말 잘못됐다고 느끼는 삼촌이나, 나와 의견이 안 맞는 어릴 적 친구들 등)을 설득하려는 시도에서 벗어나야 한다고 말한다. 대신에 설득하고 싶다면, '설득 가능한' 사람을 찾아야 한다. 예를 들어, '동맹 스펙트럼Spectrum of allies'이라는 개념은 사람들을 특정 쟁점에 따라 범주화한다. 동맹 스펙트럼에는 '적극적 동맹', '소극적 동맹', '중립적인 사람', 그리고 '소극적 반대자'와 '적극적 반대자'가 존재한다.[73] 어떤 설득이 가능하려면, 대개는 설득 대상이 (동기 부여와 정보 제공이 먹히는) '소극적 동맹'이나 '중립적인 사람'의 범주에 속해야 한다. 이따금 우리는 '반대자'를 설득하느라 애를 쓰지만, 대부분의 설득은 동맹 스펙트럼상에서 설득 가능한 사람들을 우리 쪽으로 약간 더 끌어당기는 것에 불과하다.

사실 나는, '생각의 시장'이 효과적인 정치 모델이 되지 못한다고 주장할 때와 마찬가지로, 토론을 공격하는 것에도 양가적인 감정을 느낀다. 나는 토론을 비판할 때 인지 부조화를 느낀다. 점점 비민주적으로 되어가고 있는 이 시대에, 여전히 민주적인 형식을 취하고 있는 제한적 공적 담론에 오히려 역효과를 낳지는 않을까 걱정된다. 하지만 다른 한편으로

73　George Lakey (n.d.), 'Spectrum of Allies', The Commons Social Change Library.

는, 우리가 그러한 단점들을 인식하지 못한다면 보다 더 강력하고 실현 가능한 형태의 민주적 삶을 영영 살지 못할 수도 있다는 느낌도 든다.

그래서 토론이 할 수도 있는 역할을, 비록 제한적이라 하더라도, 아예 무시하고 싶지는 않다. 토론과 '전쟁으로서의 정치'에는 몇 가지 장점이 있다. 우선, 의견의 불일치를 다루는 수단으로서의 토론은 글자 그대로의 전쟁보다 바람직하다. 토론은 사람들에게 폭력이 아닌 논의에 참여하도록 독려함으로써, 토론에 참여하는 사람들이 모호할 수도 있는 문제에 대해 적어도 하나의 입장을 취하도록 강제한다. 또한 토론에서 갈등이 고조되면 그동안 숨겨져 왔던 문제들이 드러날 수도 있다. 이는 적어도 토론에 두 가지 이점이 있음을 보여 준다. 물론 토론으로 인해 사람들의 견해가 인위적으로 강경해지기도 하지만, 명료한 입장 표명이 정치적 미덕인 것도 사실이다.

그리고 당연한 얘기지만, 토론과 '전쟁으로서의 정치'를 거부한다고 해서 포괄적인 논증 자체를 거부하는 것은 아니다. 논쟁은 호전적이지 않을 수도 있고, 상상력을 풍부하게 할 수도 있다. 가능한 많은 선택지를 만들어 낸다거나, 어떤 쟁점을 완전히 새롭게 프레이밍할 수도 있다. 또한 논거를 대고 정치적 주장을 제시하는 것이 항상 설득을 위한 것일 필요도 없다. 정치에 관한 인용문 중에서 내가 가장 좋아하는 하나는, 독일의 물리학자이자 풍자가 게오르크 크리스토프 리히텐베르크Georg Christoph Lichtenberg의 사후 출판 비망록에 나오는 다음과 같은 문구이다:

> 1764년, 나는 반대자들을 책에 인쇄된 논거들로 설득할 수 있을 거라는 믿음을 포기하기로 했다. 그러므로 내가 펜을 집어 든 이유는, 그저 그들을 짜증 나게 하는 동시에 우리 쪽 사람들에게는 힘과 용기를 북돋아 주기 위해서, 그리고 그들이 우리를 설득하는 데 실패했음을 알리기 위해서이다.[74]

어쩌면 리히텐베르크는 오늘날에 이르러 선거가 생각을 변화시키기보다는 투표수를 늘리는데 더 관심이 많다는 걸 알게 되더라도 놀라지 않을 것이다. 강경한 주장을 펼친다면 비록 당신에게 동의하지 않는 누군가를 설득할 수는 없을지언정, 당신과 의견을 같이하는 사람들에게는 여전히 큰 도움이 될 수 있다. 이는 특히 소수자 집단에 유효한데, 그들은 그들의 신념을 분명히 표현할 수 있을 때 힘을 얻기 때문이다.

토론이 일어날 때 실제로(이론과는 대조적으로) 어떤 일이 발생하는지 살펴보자고 역설함으로써, 나는 정치적 쟁점을 다루는 실용적 접근법을 제안하고자 한다. 우리는 이상적인 이론을 가지고 정치에 접근해서는 안 된다. 이상적이고 공명정대한 결과에서 시작해서 거꾸로 단계를 밟아 가는 그런 이론 말이다. 그런 이론을 따를 때 우리는 이상적 결과로 나아가는 존재하지도 않는 경로를 상상한다. 반면 우리는 지금의 세상을 있는 그대로 받아들이고 이해해야 하며, 이러한 현실에서 우리가 무엇을 해야 하는지 숙고해야만 한다. 따라서 만약 토론이 가설이 아닌 현실을 쟁점화할 수 있다면, 토론의 형식이 우리의 삶을 개선하는 데 도움이 될지, 그 가능성을 따져 볼 수도 있을 것이다. 기후 변화에서부터 개인의 자유와 공정한 경제에 이르기까지, 인간이 직면한 가장 시급한 문제들을 감안한다면 우리는 시간을 허투루 쓸 수 없다. 우리는 현실을 진지하게 받아들이는 것부터 시작해서 지금보다 더 나은 일을 해야 한다.

사실상 우리가 '토론'과 '생각의 시장'을 포기하기는 매우 어려울 것이다. 하지만 그렇게 할 때 우리는 새로운 정치를 발견할 수 있고, 또는 적

---

74 Georg C. Lichtenberg (2000), The Waste Books, New York Review of Books Classics.

어도 부분적으로나마 우리의 정치 감수성을 새롭게 형성할 수도 있을 것이다. 이 책의 나머지 부분에서 나는 '토론'이나 '생각의 시장'보다 효과적으로 정치를 변화시킬 수단에 대해 자세히 설명할 것이다. 정치는 곧 전쟁이라거나 혹은 시장과 같다는 관념을 넘어서기 위해서는, 과연 정치가 전쟁도 시장도 아닌 다른 어떤 유의미한 것일 수 있는지 계속해서 고민할 필요가 있다.

3장
정치적 행동의 심리

10
시위는 지지층의 결집만을 위한 것이다

2024년 5월 초, 나는 3만 명의 사람들과 함께 베를린 대로를 행진하고 있었다. 더 정확히 말하면, 나는 가까이에서 시끄럽게 울려 퍼지는 드럼 소리 너머로 친구들에게 고함치는 중이었다. "여기서 팔라펠Falafel[75] 먹으려면 어디로 나가야 해?".

당시, 나는 동료인 맥스와 함께 '메이데이 무브먼트 안티-아카데미(May Day Movement Anti-Academy, 그렇다, MDMA가 바로 우리 단체의 이름이다)'를 운영하고 있었다. 메이데이 즈음 며칠 동안 우리는 약 25명이 참여하는 시민 강좌를 개설해서 행동주의 심리학을 공부하는 중이었다. 하지만 5월 1일, 국제 노동자의 날 당일의 베를린은 좌파 시위로 하루 종일 거의 모든 가게가 문을 닫았고, 햇살이 눈부시게 빛나는

---

[75] 병아리콩과 누에콩을 쪄서 잘게 다진 다음, 양파나 고수 등을 넣고 둥글게 모양을 내어 기름에 튀겨 낸 아랍풍 중동 음식이다. 옮긴이.

공원에서는 피크닉이 한창이었으며, 밤새도록 클럽과 거리에서 축제가 이어졌다. 그날만큼은 우리도 강좌를 열지 않았다. 대신 우리는 참가자들과 함께 밖으로 나가 대규모 행진에 합류했다.

지구상에서 엄청나게 다양한 시위대가 정기적으로 모이는 장소가 있다면 그곳은 아마도 베를린일 것이다. 당연히 그날 그곳에도 대규모 친팔레스타인 시위대가 있었고, 바스크 분리주의자들Basque separatists[76], 강경 마르크스주의자들, 주류 노조 운동가들, 급진주의 페미니스트들도 있었다. 그리고 '아일랜드 민족주의 블록Irish Bloc[77]' 시위대도 있었는데, 나는 그러지 않아야 했음에도 거기서 그들을 본 순간 깜짝 놀라고 말았다. 또, 머리부터 발끝까지 까만 옷을 입은 두 사람이 한 건물 옥상에 나타나 폭죽을 쏘며 파업 참여를 독려하는 거대한 현수막을 펼치는 바람에 행진이 잠시 중단되기도 했다. 막간 음악 공연도 있었고, 목줄을 맨 개들도 있었다. 아이들을 자전거에 붙들어 매고 행진에 나선 가족들도 보았다. 시위에 반대하는 사람들이 거리에 길게 줄지어 늘어서 있기도 했지만, 대부분의 구경 인파는 시위를 받아들이고 있었다.

나는 그곳에 있어서 기뻤지만, 한편으로는 조금 불편한 마음이 들기도 했다. 나는 몇 가지 이유에서 시위에 참여한다. 사실 내가 살면서 시위에 참여했던 진짜 이유는 주로 (예를 들자면) 아프리카계 미국인과 트랜스젠더들에게 지지를 보여 주기 위해서였다. 하지만 겉으로는 그런 식의 지지를 표출하긴 했지만, 나는 시위의 정치적 효과를 늘 의심했다. '우리는 정말로 사람들이 우리 얘기에 귀를 기울인다고 생각하는 걸까?' 하

---

[76] 스페인 북부와 프랑스 남동부에 걸쳐 위치한 바스크 지역의 독립을 주장하는 과격 분리주의자 집단이다. 옮긴이.

[77] 독립국인 남아일랜드와 영국령인 북아일랜드의 통일을 지지하는 집단으로, '하나의 민족 하나의 국민'을 이념으로 한다. 옮긴이.

는 의문이 들곤 했다. 그러면서 늘 약간은 어색한 기분이 되었다.

내 경험상, 시위에는 거북한 구석이 있다. 시위는 시끄럽고, 무질서하며, 참여자들 간의 미묘한 차이를 자주 간과한다(이는 좀처럼 나타내지 않는 내 소심한 면을 치고 들어와 대개는 나를 힘들게 한다). 어쩌면 시위는 본질적으로 파괴적이고 무질서하다고 말하는 것이 맞을지도 모른다. 거의 누구든 시위에 참여할 수 있고, 시위에서는 무슨 말이든 할 수 있다. 그것이 바로 시위의 핵심이며 마법이다. 하지만 동시에 시위는 피곤하고, 불안을 유발하며, 가끔은 정말 질질 끌기도 한다(메가폰을 확 뺏어서 던져 버리고 싶었던 적이 한두 번이 아니다). 온갖 단체가 함께 있는 모습은 확실히 조화로울 때도 있었지만, 불협화음도 많았다. 그리고 맥스와 나는 마침내 이 불협화음을 내는 혼돈의 상태에서 벗어날 수 있었다. 헤르만플라츠 역 앞에서 기가 막힌 팔라펠을 만드는 가게를 벌써 찾아낸 친구들 몇몇과 우연히 마주친 덕분이었다. 끝내주는 타이밍이었다. 나중에 알게 된 사실이지만, 그 직후 경찰의 강력한 단속이 있었다.

이 넓게 펴져 있고 다양한, 대체로 평화적이지만 때로 폭력적이기도 한 대규모 시위를 어떻게 이해할 수 있을까? 실제로 시위는 독일 정부, 혹은 몇몇 주요 정책 결정자들에게 영향을 미쳤을까? 시위로 누군가의 생각이 바뀌었을까? 시위는 설득을 위한 수단이 되었을까? 아마도 그렇지 않을 것이다. 하지만 그렇다고 해서 시위에 아무런 의미가 없다고 말하려는 것은 아니다.

표면적으로, 시위는 당면한 정치 쟁점에 대한 일종의 의사 표현인 것처럼 보인다. 정부 또는 권력자들을 겨냥해 어떤 요구를 하는 것처럼 보이기도 한다. 하지만 연구에 따르면, 시위가 빈번하게 또는 대규모로 일어난다고 하더라도 반드시 정부 정책에 영향을 미치는 것은 아니다.[78] 이런 결과가 나타나는 부분적인 원인은 쉽게 말해, 정부가 전체 국민이 아니라 일부 국민의 필요에 반응하는 경향이 있기 때문이다. 예를 들어, 미국의 공공 정책은 통계적으로 볼 때 좀처럼 여론과 일치하지 않는 대신에, 정당에 기부하는 부자들의 견해와 관심사를 그대로 반영하고 있다. 심지어 미국인 '하위' 90%의 의견은 정치 쟁점에 대한 의회의 입장에 아무런 영향을 미치지 못한다는 연구 결과도 있다. 상위 10%(그리고 정치 기부자들, 로비스트들)만이 의원들의 표결에 영향을 미치는 것으로 나타났다.[79] 그러므로 정부의 이러한 여론 무시 경향을 감안한다면, 시위가 정책에 어떠한 영향도 미치지 못한다고 해도 놀랄 일은 아니다. 정치인 중에는 이 사실을 인정하면서 대중의 우려는 정책과 무관하다고 말하는 데에 일말의 거리낌이 없는 사람도 많다. 아마도 가장 유명한 사례는 조지 부시George W. Bush일 것이다. 그는 전 세계적으로 수백만 명의 사람들이 참여한 이라크 전쟁 반대 시위에 대해, 만일 자신이 그러한 시위에 흔들린다면 "그것이야말로 '특정 소수 집단Focus group'이 정부 정책을 좌지우지하도록 내버려 두는 것"이라고 말했다.[80] 어쩌면 그는 정부가 시위대의 요구에 취약하지 않다는 점을 힘의 징표인 양 보여 주고 싶었는지도 모른다. 그리고 이는 시위가 오히려 불리한 결과를 낳을 수도 있음을 의미한다. 실제로, 내가 아는 기후 위기 대응 활동가 중에는 그들이 펼친 활동의 결과로 경찰이 시위대에 더 강경한 전략을 구사할까 봐 걱정하는 사람도 있었다.

많은 정책 입안자는 시위를 그저 그들이 처리해야 할 업무에 따르는

---

78 Belinda Archibong (2022), 'Do Protests Matter at All for Shifting Government Policy around Economic Redistribution?' ProMarket, 16 May.

79 Martin Gilens (2012), Affluence and Influence: Economic Inequality and Political Power in America, Princeton University Press.

80 PBS NewsHour (2003), 'Bush: War Remains "Last Resort" Despite Protests', 18 February.

잡음에 불과하다고 생각한다. 정치인들이 시위에 귀를 기울일 때는 그것이 위협적이라고 느껴질 때뿐이다. 사실상 정부나 군부 또는 대기업이 시위대의 말을 따라야 할 특별한 이유가 있는 것은 아니다. 단순히 많은 사람이 모여 자신을 비난한다는 것이, 실제로 자신이 경로를 수정해야 할 근거가 되는 것도 아니다. 만일 그래야 한다면 처음부터 그 경로를 선택하지도 않았을 것이다.

시위가 전혀 효과가 없다면 위협이 효과를 발휘할 수도 있다. 예를 들어, 원하는 바를 얻지 못할 경우 일이 진행되지 못하게 방해하겠다거나, 근로 또는 업무를 중단하겠다거나, 아니면 전혀 다른 방식으로 투표권을 행사하겠다는 등의 위협을 가할 수 있다. 하지만 대부분의 시위가 비효과적인 이유는 그것이 확실한 위협이 되지 않고 또 그런 위협을 가할 수도 없기 때문이다. 시위 참여자들은 권력자들에게 영향을 미칠 정도의 힘을 가지지 못하거나, 처음부터 정부를 지지하지 않았던 사람들이다. 조지 W. 부시가 이라크 전쟁 반대 시위대를 두려워하지 않았던 이유 또한, 십중팔구 시위대의 대부분이 처음부터 그에게 표를 던지지 않았던 사람들이었기 때문일 것이다.

시위는 대중의 신념에도 거의 영향을 미치지 못한다. 아니, 본질적으로 전혀 영향을 미치지 못한다. 앞 장에서 등장했던 뱅상 퐁스는 시위가 여론에 어떤 영향을 미치는지에 대한 복잡한 통계 분석도 실시했다. 2017년부터 2022년까지, 이민, 기후 변화, 총기 규제와 인종 차별을 비롯한 다양한 주제를 두고 미국 전역에서 벌어진 14번의 시위를 조사했다.[81] 그들은 격렬한 시위가 일어난 적이 있었던 지역에 사는 인구 집단과 그렇지 않은 지역에 거주하는 비슷한 조건의 인구 집단을 비교해서, 그들

---

81   Amory Gethin and Vincent Pons (2024), 'Social Movements and Public Opinion in the United States', National Bureau of Economic Research.

의 투표 성향과 온라인 활동 등을 살펴보았다. 매우 일시적이긴 했지만, 시위는 특정 주제에 대한 온라인 활동을 증가시켰다. 그러나 이러한 현상은 시위가 시작된 지 2주가 채 되기도 전에 사라졌다. 그리고 시위는 누군가의 장기적인 신념에 본질적으로 아무런 영향도 미치지 못한 것으로 나타났다. 인종 문제에 대한 민주당의 견해를 바꾼 것으로 평가받는 '흑인의 생명도 소중하다Black Lives Matter, BLM' 운동을 제외하면, 조사된 다른 모든 시위는 여론에 통계적으로 어떠한 유의미한 영향도 미치지 못했다(그리고 곧 살펴보겠지만, '흑인의 생명도 소중하다'에 대한 전국적 여론은 시간이 지나면서 양극화되었으며, 그로 인해 어떠한 눈에 띄는 진전도 일궈내지 못했다). 다른 많은 영역에서 그렇듯 여기서도 이처럼 혼재된 데이터가 나타나는 부분적인 이유는, 무엇보다 시위와 여론의 인과 관계가 복잡하게 얽혀 있기 때문에 시위의 영향을 측정하기가 어렵다는 사실에서 기인한다. 예를 들어, 미국에서 '흑인의 생명도 소중하다' 운동이 절정에 달하자 경찰 폭력에 대한 여론도 바뀌었다. 하지만 이러한 변화의 원인이 시위 때문인가, 아니면 시위를 유발한 경찰의 폭력 때문인가? 사회 과학 분야의 많은 문제가 그렇듯, 여기서도 답은 아마 몇 가지 요인들의 결합일 것이다. 그리고 시위의 영향력이 제한적인 또 다른 원인은, 시위가 전달하려는 메시지를 들을 준비가 되어 있는 '정당'에 이미 소속된 사람들의 경우에만(또는 적어도 그런 사람들 위주로만) 시위는 사람들의 생각을 바꿀 수 있는 것처럼 보인다는 사실이다. 예를 들어, 공화당원의 절반이 기후 변화에 대한 우려를 표명하지만, 연구들은 공화당원이 아닌 민주당원만이 기후 위기 대응 시위로 인해 자신의 견해를 바꾸었다는 결과를 보여 준다.[82]

---

82 D. Bugden (2020), 'Does Climate Protest Work? Partisanship, Protest, and Sentiment Pools', Socius: Sociological Research for a Dynamic World.

말하자면, 시위는 대개의 경우 시위대를 위한 동기 부여 장면만을 연출할 뿐이다. 실제로 우리는 시위를 광고 비슷한 것쯤으로 생각할 수 있을지도 모른다. 광고 역시 복잡한 인과 관계 속에서 불확실한 효과만을 발휘하는 또 다른 관행이다. 일반적으로 광고는 소비자들의 소비 패턴을 변화시키는 주요 요인이 아니다. 그리고 광고가 시장의 판도를 바꾸는 경우도 좀처럼 없다. 비슷하게 시위도 외부자의 생각이나 정부 정책을 바꾸는 데에는 극히 제한적인 역할만을 할 수 있을 뿐이다.

또한 시위로 일어난 여론의 변화가 계속해서 유지될 가능성이 있는지에 대한 의문도 존재한다. 연구가 시사하는 바에 따르면, 시위가 여론에 인상적인 영향을 미칠 때조차 그 효과는 지속되지 않는다. 2020년, 여론 조사가들은 미국에서 '흑인의 생명도 소중하다' 시위가 발생한 직후에, 미국에서 이 운동을 지지하는 사람들과 지지하지 않는 사람들의 비율 차이(순수 호감도 차이)가 10% 포인트 가량 상승했다고 지적하며 놀라워했다.[83] 그 수치에서 분석가들은 (단순히 흑인이 경찰의 체포 도중 사망했다는 사실이 아니라) 시위 자체가 여론을 바꾸고 있다는 증거를 보았다. 이는 다른 시위들의 영향과 비교할 때 이례적인 결과였다 하지만 시간이 흐르면서 그 수치는 흑인 운동을 지지하는 미국인보다 흑인 운동에 반대하는 미국인들이 더 많았던, 대략 2018년 수준으로 돌아갔다.

이러한 회귀 현상은 부분적으로 사회적 변화가 '빠르게' 일어나지 않는 상황에 대한 대중의 환멸감과 분명 관련이 있었던 것 같다. 또한 폭력적이거나 파괴적인 시위 집단에 대한 (때로 거짓이거나 항상 정치적 목적을 가진) 부정적인 수사적 표현도 한몫한 것일지도 모른다. 하지만 아마도 가장 확실한 설명은, 시위 자체가 시들시들해지면서 힘을 잃었다는

---

[83] Pew Research Center (2023), 'Support for the Black Lives Matter Movement Has Dropped Considerably from Its Peak in 2020', 14 June.

단순한 사실이다. 그리고 그렇게 되는 순간 여론도 힘을 잃기 십상이다. 결국 아주 성공적인 시위조차도 변화하는 여론의 흐름에 편승할 수 있을 뿐, 영구적으로 여론을 움직이지는 못하는 것 같다.

11
정치적 신념은 인지 부조화로 만들어진다

 반면 시위가 아주 강력한 심리적, 정신적 변화를 만들어 내는 특수한 장소가 하나 있다. 바로 시위 참여자 자신의 마음과 신념이다. 시위에 참여하는 사람들은 일반적으로 그들의 생각과 삶의 영역 곳곳에서 심오한 변화를 경험하게 된다. 이러한 심리적 경향을 설명하는 학술 자료는 이 결과를 일컬어, '사회 운동의 일대기적 충격Biographical impacts of social movements'이라고 한다. 일반적으로 이러한 충격은 만약 충격이 없었더라면 일대기적으로 비슷했을 두 집단을 비교하여 측정된다. 즉, 우연히 시위에 참여하게 된 집단(예컨대 시위가 근처에서 일어나는 바람에 참여한 집단)과, 별생각 없이 시위에 참여하지 않은 집단을 비교한다. 연구자들은 시위와 사회 운동에 참여하게 된 사람들에게서 광범위한 영향이 나타난다는 것을 반복적으로 발견했다. 시위 참여자들은 결혼을 미루는 경향이 있고, 더 많이 이혼하는 경향이 있다. 자녀 수가 더 적고, 고등 교육을 받을 가능성이 더 크며, 낮은 임금을 받더라도 사회적으로 이로운 직업을 선택할 가능성이 더 크다. 또한 약간 덜 종교적이기도 하다.

흥미롭게도, 시위와 사회 운동의 구성원이 된 사람은 비슷한 조건을 갖춘 통제 집단과 비교할 때 자존감이 더 크고 행복을 더 많이 느끼는 것으로 나타난다. 실제로, 시위가 정면 대결의 형태로 일어날수록, 또는 '정말로 중요한 무언가'로 비칠수록 그들의 행복감은 증가했다. 그리고 이는 사람들이 자신을 적극적이고 자율적인, '선한 행위자'로 인식할 때 일을 더 잘한다는 것을 보여 주는 결과와도 일치했다. 그리고 이러한 변화들은 수십 년이 지나도 유지되는 경향이 있다.[84] 따라서 BLM 시위는 약 5년 정도 여론을 주도해 왔지만, 시위 참여자들은 그들의 세계관이 영구적으로 바뀌는 경험을 한 것 같다(참고로, '흑인의 생명도 소중하다' 시위에는 1,500만에서 2,600만에 이르는 사람들이 참여했으며, 이는 역사적으로 가장 규모가 큰 시위 가운데 하나이다). 이것이 바로 시위의 신비로운 효과이다. 사회학자로 퓰리처상 최종 후보자로 선정되기도 했던 제이넵 투펙치Zeynep Tufekci는 이에 대해 다음과 같이 말했다. "시위가 효과적인 이유는 그것이 우연한 참여와 평생에 걸친 변화 사이에서 종종 초기 중독을 일으키는 약물Gateway drug과 같은 역할을 하기 때문이다."[85] 시위는 우연한 계기로 어떤 문제에 관심을 가진 사람들을 낚아채서 공개적으로 입장 표명을 하게 하고, 어떤 대의에 시간과 에너지를 쏟게 함으로써 결과적으로는 그들을 헌신적인 열성분자로 살아가도록 만드는 한편, 그 과정에서 얻어지는 사회적 네트워크로 그들을 무장시킨다.

---

84 S. Vestergren, J. Drury and E. H. Chiriac (2016), 'The Biographical Consequences of Protest and Activism: A Systematic Review and a New Typology', Social Movement Studies.

85 Zeynep Tufekci (2020), 'Do Protests Even Work?', The Atlantic, 24 June.

달리 말해, 시위는 세상을 바꾸지는 못하지만, 시위 참여자를 변화시킨다.

모르몬 교회(Mormon church, 정식 명칭은 '예수 그리스도 후기 성도 교회'이다) 선교사로 봉사하는 친구 중 몇몇이 내게 비밀 하나를 들려준 적이 있다. 수년간 수많은 사람에게 선교 활동을 해 왔지만, 자신이 만난 사람을 결국 세례받게 하는 일은 없었다는 것이었다. 하지만 모르몬 교회에서 선교 활동은 아마도 여전히 엄청나게 중요한 일일 것이다. 왜 그런가? 선교사는 주변의 모든 사람에게 자신의 독실한 신앙을 이야기하고 다니는 데 수년을 할애하며, 말 못 할 희생을 감수하기도 하기 때문이다. 그러므로 선교사로 활동한 적이 있는 교회 구성원은 계속 교회에 다니면서 자녀 역시 독실한 신앙인으로 양육할 가능성이 크다. 그리고 시위와 사회 운동에 참여하는 사람들도 필시 비슷한 효과를 경험할 것이다(여기에서도 인지 부조화가 개입하여 사람들의 신념을 행동과 일치하게 만든다).

고백하자면, 나 역시도 나 자신의 이런 분석에 짜증이 날 때가 있다. 나로서도, 시위가 미래 세대의 시위 참여자를 위한 개종 의례와 훈련소로 기능하기보다는, 더 많은 사람에게 보다 광범위한 영감을 준다고 얘기할 수 있다면 기쁠 것이다. 내게도 다른 사람의 생각을 변화시킬 수 있다는 말이 훨씬 더 매력적으로 들린다. 시위가 시위 참여자 양성소와 같다는 생각은 실제로 위험하다는 걱정도 든다. 시위에 반대하는 사람들이 시위에 참여하는 사람들을 향해 '시간이 너무 많아 주체할 수 없는 세상 물정 모르는 애송이들'이라고, '일자리나 알아봐야 할 괴짜들'이라고 비난하는 건 항상 있는 일이기 때문이다.

하지만 이 분석에는 심오한 무언가가 담겨 있다. 시위는 짧게 끝나지만, 인간의 삶은 시위만큼 짧지 않다. 군중은 흩어져도 일부는 남아 영구적인 변화를 경험하며, 세상을 위해 더 많은 일을 하도록, 또는 다른 사람에게 영향을 미칠 다른 방법을 찾도록 동기를 부여받는다. 달리 말하면, 시위는 우리를 새로운 유형의 정치 주체로 만든다.

그렇다면 왜 시위 참여자들은 변화하는가? 여기에는 몇 가지 다양한 이유가 있지만, 가장 심오한 이유 가운데 하나는 인간 심리에 대한 연구들이 일반적으로 제시하는 다음과 같은 발견과 관련이 있다. 연구들에 따르면, 우리의 경험과 행동은 우리의 신념을 변화시키며 때때로 우리는 그 사실을 알아차리지 못한다.

예를 들어, 사람들은 살면서 겪는 변화들에 그들의 신념을 빠르게 적응시킨다. 이러한 변화들이 그들이 '할 수 있는 것'과 '할 수 없는 것'에 대한 구분과 관련되는 경우라면 특히 그러하다. 샌프란시스코에서 플라스틱 생수병 금지 조치의 영향을 추적한 연구가 있다. 연구에 따르면, 조치가 시행되기 전에는 많은 사람이 플라스틱 생수병 금지 조치에 반대하는 입장이었다. 그러나 조치가 시행된 지 하루 만에 상당수의 사람이 플라스틱 생수병 금지 조치를 지지하게 된 것으로 나타났다.[86] 이 연구 결과가 흥미를 끄는 이유는, 새로운 생활 양식을 알게 된 덕분에 사람들의 생각이 바뀐 게 아니라, 앞으로 일어날 현실에 사람들이 심리적으로 적응한 덕분에 생각이 바뀐 것이라는 주장 때문이다.

어쩌면 사람들은 플라스틱 생수병 금지 조치를 좋아하지 않는 자신(신념)과 그럼에도 그것을 따라야만 하는 자신(행동) 사이에서 '인지 부조화'를 경험했을 수도 있다. 바로 이러한 인지적 곤란을 줄이기 위해 사람들은 그들의 신념을 바꿔 '이 금지 조치가 꼭 나쁜 것만은 아니야'라고 결론 내린 걸지도 모른다. 연구를 수행한 크리스틴 로린Kristin Laurin은

---

[86] Kristin Laurin (2018), 'Inaugurating Rationalization: Three Field Studies Find Increased Rationalization when Anticipated Realities Become Current', Psychological Science.

샌프란시스코의 플라스틱 생수병 금지 조치 외에도, 캐나다 온타리오주 사람들이 레스토랑의 야외 공간과 공원에서의 흡연을 금지하는 조치를 경험했을 때도 유사한 결과가 나타났다는 사실을 발견했다. 사람들은 '금지 조치'라는 것 자체를 좋아하지 않았다. 하지만 그러한 조치가 불가피하다는 사실을 알자마자 바로 조치에 찬성하게 되었다. 심지어 로런의 연구팀은 사람들이 흡연 금지령이 발효된 이후 자신의 과거 기억을 바꾸기까지도 했다는 사실을 알아냈다. 예컨대, 조치가 시행되고 나서 사람들은 이전에 자신이 공공장소에서 흡연했던 시간을 실제보다 훨씬 적게 기억했다. 필시 그런 기억의 왜곡이 있어야 흡연 금지령이 시행되기 전의 자신에 대해서도 더 나은 쪽으로 생각할 수 있기 때문이었을 것이다.[87] 주목할 만한 점은, 이러한 종류의 사고 변화가 시스템의 수동적 수용 그 이상을 의미한다는 사실이다. 사람들은 시스템상의 어떤 변화가 왜 좋은지에 대한 새로운 신념을 지니도록 자신을 맞춰 가는 일에 적극적으로 시간을 썼다. 결국 그들의 생각을 변화시킨 요인은 어떤 사상이 지닌 추상적 가치가 아니라 심리적 압박감이었다.

인지 부조화 연구에 따르면, 우리는 거의 항상 이런 식으로 행동한다. 그리고 열심히 적응해 나가다 보면 자신이 생활 양식을 어느 정도 통제하고 있는 것 같다는 기분이 들 수도 있다('나는 어쩔 수 없이 일하고 있는 게 아니야, 내가 보스니까 하는 거야!'). 그리고 대부분의 경우에서 인간 심리에 나타나는 이러한 이상한 현상은 대체로 무해하다.

사실 나는 플라스틱 생수병 없이 살아가는 법을 익혀야 한다거나 다른 사람에게서 멀찍이 떨어져 담배를 피워야 한다는 사안을 걱정해 본 적은 없는 것 같다. 하지만 자신의 신념을 자신이 해야 할 행동에 적응

---

[87] Ibid.

시키는 문제가 늘 그렇게 큰 문제는 아니라고 우리가 자신을 설득하는 것은 위험할 수 있다. 우리는 많은 사람이 무력한 상황에 직면했을 때 자신의 행위 주체성을 유지하기 위해 현상에 맞춰 그들의 신념을 적응시키는 것을 볼 수 있다. 실제로 덜 민주적인 체제에 살면서도 독재 정권의 지배를 옹호하는 사람들이 꾸준히 증가하는 모습을 지켜봐 온 사람들이라면, 이러한 인간 행동의 기이함을 바로 알아차릴지도 모른다.

자신을 현상에 적응시키는 심리가 지닌 무시무시한 가능성, 그리고 인간이 억압에 적응하는 문제는 '시스템 정당화 이론System Justification Theory' 분야의 연구를 촉진했으며, 로린의 연구 또한 그러한 연구의 하나이다. 이 이론의 기본 전제는, 정치 시스템의 피해자들이 그 시스템을 정당화하도록 동기 부여될 수 있으며, 이를 통해 그들이 경험하는 현실을 '공정'하고 '합법적'인, '정당'하고 '필요'한 것으로 믿게 된다는 것이다. 예를 들어, 우리가 세상에 부정적인 영향을 끼치는 회사에서 일하고 있다면 아마도 우리는 일을 하는 동안 그 사실을 인지하게 됨으로써 인지적 부조화를 경험하게 될 것이다. 그리고 이를 해결하기 위해 '자신이 이 일을 하지 않아도 어차피 다른 누군가가 할 것'이라거나, '적어도 지금은 시스템을 바꿔 가는 과정 중에 있다'라고 되뇔지도 모른다. 이 분야의 연구들이 시사하는 바에 따르면, 흥미롭게도 현실의 정치 및 경제 시스템에서 더 큰 피해를 입은 사람일수록 그 시스템을 정당화하기 위해 더 열심히 일하는 경우도 있다는 사실이다. 시스템 정당화 이론을 개척한 존 조스트John T. Jost는 다음과 같이 주장한다. "현실에서 가장 큰 불이익을 당하는 사람일수록 이데올로기적 부조화를 줄여야 할 심리적 필요가 가장 크며, 이에 따라 기존의 사회 시스템과 그 결과들을 지지하고, 방어하고, 정당화할 가능성이 가장 크다."[88] 실제로 피억압자로서 살아남기 위해 해야 할 행동은 더 어려우며, 더 많은 고통과 더 큰 노력을 요구받는다(노동력을 착취당하는 직장에 다닐 수도 있고, 편견에 찬 대우를 받을 수도 있으며, 어쩌면 앞으로도 삶은 나아지지 않을 것이라는 느낌을 받을 수도 있다). 따라서 그들이 정신적 일관성을 회복하기 위해서는 더 큰 이데올로기적 정당화가 필요하다:

> 저소득 라틴계 사람들은 고소득 라틴계 사람들보다 미국 정부를 더 많이 신뢰하였고, 미국 정부가 모두의 이익을 위해 움직인다고 더 많이 믿었다. 남부 출신의 가난한 아프리카계 미국인들은 북부 출신의 부유한 아프리카계 미국인들보다 능력주의 이데올로기를 받아들일 가능성이 더 컸다. 역설적이게도, 기존 시스템에서 가장 많은 고통을 받는 사람들이 시스템에 문제를 제기하고, 도전하고, 거부하거나 변화시킬 가능성이 가장 적었다.[89]

이 같은 조사 결과가 주장하는 바에 따르면, 아마도 우리 대부분은 이상과는 먼 세상을 헤쳐 나가고 있지만, 그럼에도 우리는 그 현실을 심리적으로 정당화한다. '나는 오늘도 일하러 갈 거다. 불만을 참고 일하는 것이야 말로 대단하기 때문이다.', '나는 이 교회의 신사다. 그러니 바깥세상과 단절되더라도 내가 있을 곳은 여기뿐이다' 등등. 이 모든 것은 우리가 자신의 신념이 신중한 생각 끝에 만들어진 것인지, 아니면 자신이 해야만 하는 행동들과 일치시키는 방식으로 신념을 발전시킨 건 아닌지 의심해야만 한다는 것을 의미한다.

솔직히 말해, 나는 이러한 분석이 불편할 수 있다는 것을 잘 알고 있

---

88 John T. Jost et al. (2003), 'Social Inequality and the Reduction of Ideological Dissonance on Behalf of the System: Evidence of Enhanced System Justification among the Disadvantaged', European Journal of Social Psychology.

89 Ibid.

다. 또, 억압당하는 사람이 정작 억압을 인식하고 있지 못하다는 식의 주장은 되려 피해자를 비난하는 것처럼 들릴 수 있다. 하지만 우리 대부분은 많은 여성이 가부장제에 분노하고 있으며, 많은 유색인이 인종 차별의 본질을 제대로 인식하고 있다는 사실을 잘 알고 있다. 분명, 불가피한 현실에 일치시키는 것은 사람들이 세상에 대한 신념을 형성하는 한 가지 방법일 뿐이다. 그리고 우리는 인간을 얕잡아 보지 않으면서도 이러한 사실을 받아들일 수 있다. 이러한 주장 중 어디에서도 인간이 어리석다고 말하지 않는다. 그저 우리는 모두 불합리한 세상에서 정신적 일관성을 유지해야 한다는 상당한 심리적 압박을 받고 있는 존재들임을 주장할 뿐이다.

교육이나 여행 같은 경험들이 (아마도 불확실하고 친숙하지 않은 것들을 덜 위협적으로 느끼게 함으로써) 자유주의와 진보주의 사상에 대한 친화성을 높일 수 있다는 사회학 논문의 주장에는 많은 증거가 제시된다. 한편, 전쟁이나 테러 공격 같은 무서운 경험들은 사람들을 더 보수적으로 만드는 경향이 있다. 또는 살면서 경험하게 되는 아주 우연적인 사건일지라도 우리의 정치적 입장을 변화시킬 수 있다. 예를 들어, 연구자들은 낙태를 원하는 여성들에게 어떤 일이 일어나는지를 살펴보기 위해, '거부 연구Turnaway study'라 불리는 조사를 진행했다. 조사 대상이 된 여성들의 일부는 원하던 낙태 수술을 의료상의, 또는 절차상의 이유로 받지 못했다(그들 중에는 자신이 깨닫지 못하는 사이에 임신 기간이 늘어나 더 이상 낙태 수술을 합법적으로 받을 수 없게 된 경우도 꽤 있었다). 계급, 연령 등의 다른 요인을 통제한 후, 연구자들은 낙태 수술을 거부당한 여성들과 원하는 시점에 낙태 수술을 받은 여성들을 비교하여 그들에게 어떤 일이 생기는지를 관찰했다. 분명 낙태 수술을 거부당하거나 받은 경험은 상당수 여성의 정치적 견해를 놀라운 방식으로 바꾸어 놓았다. 어쩌면 당신은 낙태 수술을 거부당한 여성들에게서 낙태권이 훨씬 더 중요해졌을 것으로 예상할지도 모른다. 그러나 실상은 달랐다. 연구에서 나타난 바에 따르면, 낙태 수술을 거부당한 여성들이 낙태 수술을 받은 여성들보다 낙태권을 지지하지 않게 될 가능성이 더 컸다(21% 대 9%). 반면에, 낙태 수술을 받은 여성들은 낙태 수술을 거부당한 여성들보다 낙태권을 지지하게 될 가능성이 더 컸다(33% 대 6%).[90] 달리 말해, 각각의 여성 집단은 실제로 자신에게 일어난 일을 찬성하게 될 가능성이 더 컸다. 즉, 그들은 무엇이 최선인가에 대한 그들의 신념을 실제로 그들이 경험한 사건과 일치시켰다.

낙태 외에도 생생한 경험이 사람들의 생각을 변화시키는 사례는 많다. 여러 연구가 시사하는 바에 따르면, 정치적 스펙트럼과 무관하게 기후 변화의 영향을 직접적 또는 (다른 사람으로부터 기후 변화의 불가피한 영향을 전해 듣는 것처럼) 간접적으로 경험한 사람들은 기후 변화가 심각한 현실의 문제라는 주장을 받아들일 가능성이 더 크다. 만약 우리가 이와 비슷한 일들이 우리의 삶 곳곳에서 얼마나 많이 일어나고 있는지를 생각한다면, 우리는 신념이 논쟁이 아닌 우리가 경험하는 우연적인 사건에 얼마나 큰 영향을 받는지를 알 수 있을 것이다. 결국 이러한 결과는 우리를 불편하게 만든다. 우리가 우리의 통제에서 벗어난 사건들에 의해 어떤 식으로 결정될 수 있는지 보여 주면서, 우리의 신념처럼 뿌리 깊은 것이라 해도 예외는 아니라고 말하기 때문이다.

그렇다고 우리가 전적으로 우연한 사건에 의해 결정되는 존재라고 말하는 것은 아니다. 실제로 우리의 삶에는 미처 깨닫고 있지 못한 많은 선택지가 항상 존재한다는 사실을 떠올리는 것이 좋을 것이다. 왜냐하

---

90 Diana Greene Foster (2021), The Turnaway Study: Ten Years, A Thousand Women, and The Consequences of Having or Being Denied an Abortion, Simon & Schuster.

면 우리의 신념은 상황이 불가피하다고 생각하는 바로 그 순간부터 변하기 시작하는 것으로 보이기 때문이다. 앞에서 언급한 로린의 연구 결과에 따르면, 사람들은 그들이 처한 상황을 불가피하게 느끼는 순간에 신념을 현실과 가장 잘 조화시키는 것으로 나타났다. 실제로 인간에게는 기본적으로 자신을 통제하려 하거나 설득하려 드는 시도에 부정적으로 반응하는 '반발 심리'가 있다. 따라서 우리의 신념은 현상이 아주 불가피한 것처럼 보일 때만 바뀌는 경향이 있다. 이를 정치적으로 본다면, 사람들이 현실의 정치를 불가피한 것으로 보는지 아닌지에 따라 많은 것이 결정된다는 것을 의미한다. 그런 점에서 우리가 가진 정치적 상상력의 크기, 그리고 다른 결과가 나타날 수도 있다는 희망은 엄청나게 중요하다.

요약하자면, 우리의 경험은 우리의 생각을 변화시킨다. 하지만 자신의 경험을 성찰할 수 있는 정신적 여력이 부족하다면, 우리가 신념을 상황에 무비판적으로 맞춰 나갈 가능성은 커진다. 확실히 우리는 잠시 멈춰서서 생각할 만큼의 시간도, 또 그럴 이유도 없을 정도로 과도하게 바쁘다. 그러다 보니 세상은 지금 있는 그대로의 모습인 것이 당연하다고 생각하며, 자신을 쉽게 세상에 맞추어 버리곤 한다. 하지만 언젠가 세상을 다른 식으로도 이해할 수 있다는 사실을 알게 된다면, 어쩌면 지금과는 다르게 행동하는 것을 택하게 될지도 모른다.

12
행동이 사고를 지배하는 방식

우리가 해야 할 행동이 우리의 신념을 변화시킨다는 사실은 '행동 유도성Affordance'이라는 또 다른 핵심적 개념을 시사한다. 행동 유도성이란, 특정 도구나 기술이 연상시키는 '행동 가능성Action-possibility'을 말한다. 쉽게 말해, 주어진 상황이나 기술 덕분에 사용자가 '할 수 있게 된' 어떤 것을 가리킨다. 예컨대, 오토바이 덕분에 우리는 혼자서도 빠르게 이동하고 여행할 수 있게 되었다. 그리고 자동차는 이와 같은 일을 더 많은 사람과 할 수 있게 해 준다. 이처럼 행동 가능성 개념은 주로 기술 연구에서 사용된다. 예를 들어, 전화를 사용할 때 가능한 대화 방식과 인스타그램Instagram에서 가능한 대화 방식이 전혀 다르다는 걸 생각해 보라.

사실, 기술의 행동 유도성은 인간의 사고 전체에 걸쳐 핵심적인 개념이다. 심리학의 연구에 따르면 인간의 기초적인 인지 단위의 많은 부분 또한 '행동 가능성'과 관련되어 있다고 한다. 예컨대 일반적인 인지 과학 이론들만 보더라도, 우리는 신체의 움직임과 감각의 수용이라는, 행동과 사고의 가장 기초적인 수준에서조차 둘이 긴밀하게 연관되어 있음을 알 수 있다. '체화된 인지 이른Theory of embodied cognition'은 우리의 신체가 우리가 하는 생각을 결정하는 장소라고 말한다(신체는 감정적 반응이 일어나는 장소이며, 그 감정이 우리의 생각을 형성한다). 이러한 관념은 '확장된 인지 이론Theory of extended cognition'과도 부합하는데, 이 이론에 따르면 사고는 두뇌와 신체뿐 아니라 우리가 사용하는 '도구들'을 통해서도 일어난다. 스마트폰이 대표적인 사례이다. 나는 내가 언젠가 해 본 적이 있는 어떤 생각을 기억해 내고 싶을 때면, 보통은 말 그대로 항상 내 손에 들려 있는 스마트폰의 기능을 이용해 그 단어를 검색한다. 이제는 더 이상 무언가를 기억해 내기 위해 머리를 쥐어짜거나 하지 않는다. 그러나 비단 즉시 이용할 수 있는 기술 장치만이 우리가 사고하는 방식을 모양 짓는 것은 아니다. 예컨대 법과 같은 일종의 기술도 우리를 대신해 우리의 생각을 만들어 낸다. 우리가 얼마나 많이 "나는 그럴 권리가 있어"라거나, "그는 확실히 자격을 갖추고 있다" 같은 말을 사용하는지 살펴보라. 즉, 우리는 우리의 신체를 통해서도 사고하지만, 우리가 '사회적으로 할 수 있는 일'에 의해서도 사고한다.

철학자 토마스 메칭거Thomas Metzinger가 지적하듯이, 행동 유도성은 뇌에 손상을 (이를테면 뇌졸중으로) 입은 사람들이 종종 '외계인 손 증후군Alien hand syndrome'을 경험하는 방식에서 더 뚜렷하게 드러난다. 이 증후군이 나타나면 그들의 손은 그들의 의지와 상관없이 가까이에 있는 물건을 꽉 움켜쥐거나 더 난해한 방식으로 움직인다. 노트에 글씨를 휘갈겨 쓰거나, 옷을 잡아당기거나, 때로는 그들의 목을 조르기도 한다. 이런 행동은 그들의 손에 깃든 무시무시한 악마가 하는 짓인가? 그렇지 않다. 메칭거는 이렇게 설명한다:

이러한 행동은 시각적으로 가까이에 있는 대상이 인지 심리학자들과 철학자들이 '행동 유도성'이라고 부르는 현상을 일으켜 나타난다. 즉, 인간의 두뇌가 눈에 보이는 대상을 그저 인식하는 것에 그치지 않고, 그것이 가능하게 하는 행동의 측면에서 인식한다고 볼 수 있다. 이를테면, '이 물건은 내가 움켜쥘 수 있는 것인가?', '이 물건은 내가 분해할 수 있는 것인가?', '이것은 내가 먹거나 마실 수 있는 것인가?' 같은 방식을 뜻한다.[91]

우리의 두뇌는 우리 주변에 있는 대상들의 행동 유도성을 계산하느라 늘 바쁘다. 물론 우리는 우리의 뇌가 이런 일을 하고 있다는 것을 의식하지는 못한다. 메칭거에 따르면, 우리는 뇌의 이러한 활동보다 더 큰 심리적(자아의식과 주변 인식과 같은) 작용이 주변에 있는 모든 대상의 행동 유도성을 의식하지 못하도록 억제하는 덕분에, 실제로 중요해 보이는 대상(실제로 우리에게 필요한 한 가지 대상)에만 집중할 수 있다. 이는 정말 대단한 일이다. 그렇지 않다면 우리는 주변의 온갖 불필요한 대상들을 의식적으로 걸러 내야 했을 것이기 때문이다. 즉, 우리는 행동 유도성을 의식적으로 경험하지 않으며, 대상의 행동 유도성에 따라 실제로 행동하는 경우도 드물다. 그럼에도, '행동 유도성'은 여전히 우리가 세상을 사는 방식을 결정하고 있다.

실제로 우리 대부분이 손의 물리적 움직임을 생각하지 않고도 타이핑할 수 있다는 사실은 우리의 두뇌가 움직임 수준의 '행동 유도성' 측면에서 암묵적으로 얼마나 잘 작동하는지를 보여 준다. 즉, 우리는 자신이 지금 타이핑하고 있는(하고 싶은) 단어와 문장을 의식적으로 사고할 수

91　Thomas Metzinger (2010), The Ego Tunnel: The Science of the Mind and the Myth of the Self, reprint edn, Basic Books.

도 있지만, 놀랍게도 그러한 의식적 활동 이면에서 우리의 몸은 이미 움직임 수준의 행동 언어를 표출하고 있다.

우리의 뇌는 어째서 이러한 방식으로 작동하는 걸까? 신경 과학의 '예측 처리 이론Theory of predictive processing'에 따르면, 우리의 두뇌는 에너지 대부분을 주변 세상에 대한 '예측 모델'을 만드는 데 사용한다. '예측 모델' 덕분에 우리는 예측된 위험을 피해 빠르게 행동할 수 있고, 또 예측된 기회를 즉시 포착할 수도 있다. 그리고 '행동 유도성 이론'이 맞다면, 이러한 '예측 모델'은 결국 우리가 할 수 있는 '행동 모델(예를 들어, '나는 의자에 앉을 수 있다', '의자에 앉게 될 것이다'를 계산하는)'일 것이다. 연구에 따르면, 흥미롭게도 이러한 '행동 유도성 기반 사고 모델'은 우리가 다른 사람과 상호 작용할 때도 작동하는 것처럼 보인다. 즉, 우리의 뇌는 우리 자신의 가능한 행동뿐 아니라, 다른 사람의 가능한 행동을 예측하는 데에도 시간을 들인다.[92] 따라서 이러한 예측은 사회적 동물인 우리에게 매우 유용하다. 우리는 의식적으로 사고하지 않고서도 상대방의 기분과 습관, 행동에 실시간으로 반응한다. 그리고 이러한 '행동 가능성'은 우리의 정치적 신념에도 분명 영향을 미칠 것이다.

오늘날 기술은 우리가 자신의 행동 능력과 가능성을 이해하는 방식을 근본적으로 바꾸어 놓았다. 이제 우리는 기술을 통해 (기술 회사들이 즐겨 말하듯이) 정말 놀라운 일들을 할 수 있다. 우리는 전 세계와 의사소통하고, 가상 캐릭터로 자신을 대신하며, 필요한 거의 모든 정보에 즉시 접근할 수 있다. 또한 우리는 우리와 뜻을 같이하는 사람들과 우리만의 세상을 만들 수도 있다. 우리는 전 애인을 소셜 미디어상에서 차단할 수도, 스토킹할 수도 있으며, 엉뚱한 곳에 빠져들어서는 하위문화 커뮤

---

92 Andy Clark (2015), Surfing Uncertainty: Prediction, Action, and The Embodied Mind, Oxford University Press.

니티에 가입하게 될 수도 있다. 하지만 이러한 행동 중 어떠한 것도 자연스럽게, 또는 우연히 일어난 것은 아니다. 그 행동들은 우리의 두뇌가 기술의 행동 유도성으로부터 얼마나 큰 영향을 받는지를 아주 잘 알고 있는 사람들에 의해 공들여 설계된 것들이다. 예컨대 사람들의 관심을 끌려면 배너를 어디에 두어야 할지 알기 위해 그들이 얼마나 많은 테스트를 하는지는 말할 필요도 없을 것이다. 소프트웨어와 웹 인터페이스 디자이너들은 어떤 행동이 하기 쉽게 보일수록 사람들이 그 행동을 할 가능성이 크다는 사실을 잘 알고 있다. 그들은 어떤 제품의 기능이 왜 뛰어난지를 설명하느라 시간을 낭비하지 않는다. 대신에, 어디에서 어떤 식으로 화면을 넘기고, 클릭하고, 입력해야 하는지를 보여 준다. 따라서 정치를 걱정하는 우리 같은 사람들은 좀처럼 행동 유도성의 힘을 고민하지 않는 반면에, 인간 행위를 설계하는 사람들은 이러한 행동 유도성이 사람들의 사고방식을 변화시키는 일에서 얼마나 강력한 힘(성공 가능성이 매우 크지만, 반드시 좋은 결과를 낳는 것은 아닌)을 발휘할 수 있는지를 잘 알고 있다.

행동 유도성이 우리의 생각을 구조화하는 방식은 '말'이 관련되면 훨씬 더 분명해진다. '설득'에 대한 연구들은 '행동 가능성'에 초점을 맞출수록 사람들을 더 쉽게 설득할 수 있다는 것을 보여 준다. 설득의 '정교화 가능성 모델Elaboration likelihood model'은 사람들이 그들의 견해를 바꾸거나 특정 행동을 하기로 결정할 수 있는지, 그리고 어떤 환경에서 그렇게 하는지를 설명하는 모델들 가운데서도 주목받고 있는 모델이다. 이 모델의 주장에 따르면, 사람들은 문제에 자신이 관련되어 있다는 인식과 '자기 효능감Self-efficacy' 모두를 필요로 한다.[93] 즉, 사람들은 직면한 문제와 관련하여 자신이 무언가를 할 수 있다는 느낌을 받을 때 그들의 생각을 바꿀지 말지를 고민하는 것 같다. 그렇다면 누군가에게 어떤 쟁점에 대해 '말한다'는 것은 설득을 위한 퍼즐의 한 조각일 뿐이다. 핵심 조각은, 그 사람이 문제에 대해 중요한 무언가를 '할 수 있는' 위치에 있다는 느낌을 주는 것이다. 우리가 할 수 있는 행동들이 있다는 것을 보여 줄수록, 상대의 관심과 심지어 상상력까지 사로잡을 가능성이 커진다. 또한 자신의 신념을 바꾸는 것이 그런 행동을 하는 것에 현실적으로 도움이 된다고 생각한다면, 상대는 수고를 무릅쓰고라도 자신의 생각을 바꿀 것이다.

이러한 맥락에서, 자본주의와 신자유주의 이데올로기가 사람들에게 그토록 매력적인 이유 중 하나는, 그러한 현실 관념들이 사람들에게 지금 즉시 할 수 있는 일련의 행동들, 특히 자기 효능감을 키우는 행동들을 제시하기 때문이라는 걸 짐작하기는 어렵지 않다. "지금 당장 열심히 일하라, 그러면 당신도 성공한 기업가가 될 수 있다!". 물론, 이들 이데올로기가 현실을 종종 은폐하고 있다는 것 또한 사실이다(딜리버리 기사가 된다는 것은 장시간의 노동과 저축이 불가능할 정도의 저임금을 감내해야 함을 의미할 수도 있다). 하지만 이러한 성공적인 관념들은 적어도 표면상으로는 사람들에게 '주체적 행위'에 대한 현실적이고 명확한 가능성을 제시하는 것처럼 보인다.

우리의 두뇌가 추구하는 궁극적 목표의 하나가 바로 이 '행동 가능성'이라고 한다면, 정치에서 이러한 점을 거의 이용하고 있지 않다는 사실에 깜짝 놀라게 된다. 핵심적이지만 모호한 구호 몇 개를 제외하면(예컨대, '다시 미국을 위대하게, MAGA'를 생각해 보라), 대부분의 평범한 정치적 수사는 행동 가능성에 초점을 맞추지 않는다. 또한 사람들에게 직면한 문제와 관련하여 의미 있는 뭔가를 할 수 있는 능력이 있다고도 좀

---

93 Richard Petty and P. Briñol (2011), 'The Elaboration Likelihood Model', Handbook of Theories of Social Psychology.

처럼 말해 주지 않는다. 물론 우리는 팬데믹, 전쟁, 권위주의로 얼룩진 특히 암울한 시대를 살고 있다. 그래서인지 우리의 행동 가능성을 강조하는 정치적 수사가 많지 않다는 사실을 이해할 수 없는 건 아니다. 그럼에도, 청취자의 행위 주체성을 무시하는 이러한 태도는 정치에 대한 실망을 조장하는 동시에 부추길 수도 있다. 우리의 두뇌가 행동 가능성에 이만큼이나 집착한다는 사실은, 어떠한 '달리 할 수 있는 행동'도 상상할 수 없는 지금의 정치적 상황이 어떻게 우리의 사고를 그토록 강력하게 지배하는지를 설명하는 데에 도움이 된다. 즉, 우리의 두뇌가 행동 가능성을 지향한다는 사실은, 우리가 미래를 지나치게 우울하거나 폐쇄적으로 볼수록 뇌의 정상적 기능이 저하될 수밖에 없음을 시사한다. 우리의 세상은 확실히 암담하지만, 세상이 원래 이렇다고 보는 것은 사람들을 계속해서 마비시킬 수 있다. 문화 이론가 마크 피셔Mark Fisher는 오늘날 우리가 사는 세상을 묘사하기 위해 '자본주의적 리얼리즘Capitalist realism'이라는 용어를 만들어 냈다. 오늘날의 세계에는 '자본주의는 유일하게 가능한 정치 경제적 체제이며, 자본주의를 대체할 그 무엇을 상상하는 것은 불가능하다'라는 인식이 광범위하게 퍼져 있다. 피셔는 자본주의 말고 다른 어떤 세상도 미래에 존재할 수 없다고 미리 못을 박는 이러한 인식은, 사람들이 그것을 수긍하는 것 외에 어떠한 행동도 할 수 없도록 만든다는 점에서 그 자체로 강력한 이데올로기라고 주장했다.[94] 그리고 더 많은 사람이 그렇게 믿을수록, 그 미래는 현실이 된다.

피셔의 연구는 나 역시도 이데올로기적 관념에 기초하는 정치적 논쟁을 회의적으로 보게 만들었다. 그것은 사람들의 정치 참여를 방해하고, 심지어는 역효과를 낳을 수도 있기 때문이다. '진리'를 둘러싼 추상적 논

94　Mark Fisher (2022), Capitalist Realism: Is There No Alternative?, John Hunt Publishing.

의(예컨대, 'x란 무엇인가?')에는 답이 존재하지 않는다. 사람들이 합의에 도달할 가능성도 적을 뿐만 아니라, 구체적인 쟁점을 제대로 끌어내지도 못하기 때문이다. 만약 우리가 어떠한 정치적 행동이라도 할 수 있는 세상을 만들고 싶다면, 다음과 같이 질문하는 게 심리적으로 훨씬 더 생산적이다. '사람들은 조금 덜 일할 수 있는가?', '사람들은 그들의 젠더를 선택하고 바꿀 수 있는가?', '사람들은 누구나 대학을 다닐 정도의 경제적 여건을 갖출 수 있는가?'.

나는 사람들이 이데올로기적 관념 앞에서 얼마나 서툴러지는지, 이따금 짜증이 나기도 한다. 하지만 우리의 '행동 불가능성'이 우리를 이러한 상황 속으로 몰아넣었다는 사실을 깨닫고 나면, 우리가 왜 그렇게 서툴 수밖에 없는지 어느 정도 이해가 간다. 물론, 심리학적 발견에서 정치적 결론으로 너무 빠르게 비약하지 않는 것이 중요하다. 나는 정치에서의 행동 유도성 연구를 열렬히 지지한다. 행동 유도성이 우리가 정치를 사고하는 방식에 어떤 영향을 미치는지를 이해하기 위해서는 지금보다 훨씬 더 많은 연구가 필요하다. 그럼에도 지금까지의 연구는 우리가 정치에 더 생산적으로 접근하기 위해서는 '말하기'보다 '행동'에 초점을 맞추어야 한다는 점을 시사한다.

13
누군가를 설득하려거든 먼저 행동하게 하라

가능한 행동에 대해 생각하게 하는 것만으로도 개인의 신념에 강한 영향을 준다면, 실제로 행동에 나서게 하는 것은 훨씬 더 강한 영향력을 발휘한다. 실제로 이러한 방식은 정치권 밖의 다양한 집단에서도 이미 자주 이용되어왔다. 입회자들을 대상으로 극단적이거나 당혹스러울 정도의 가입 조건을 요구하는, 남학생 사교 클럽이나 여학생 사교 클럽에서 일어나는 괴롭힘을 생각해 보자. 이들의 가입 조건 중 일부를 (연구 윤리 위원회가 허용하는 한도 안에서) 반복 실험한 연구 결과에 따르면, 입회식이 당혹스러울수록 입회식을 치른 사람이 클럽 활동에 더 많이 몰입하는 것으로 나타났다. 예를 들어, 한 토론 모임의 입회 조건으로 내밀한 성적인 이야기를 해야 했던 여성들은 그러한 조건이 필요 없었던 모임보다 해당 모임을 더 흥미로워했다. 심지어 입회식 이후 모임에서 토론이 진행된 적이 없었음에도 그랬다. 클럽에 가입하기 위해 자신이 뭔가 엄청나게 당혹스러운 일을 했다는 자신의 '인지 부조화 감각'을 조정하기 위해, 그들은 그런 일이 없었더라면 매겼을 가치보다 훨씬 더 높은 가치를 클럽에 부여했다(결국 그들은 "맞아, 당혹스러운 일이었어. 하지만 내가 그런 일을 했던 건 그럴만한 이유가 있어서야. 어쨌거나 엄청 좋은 클럽이잖아!"라고 말할 수 있게 되었다).[95] 클럽에 가입하기 위해 해야 했던 그 엄청난 노력이 불러일으키는 불쾌함을 해소하기 위해서라도, 우리는 그 일이 우리에게 정말로 중요한 선택이었다는 식으로 우리의 인식을 조정한다. 그리고 여기에서도, 다른 곳에서와 마찬가지로 우리의 행동이 우리의 생각을 변화시킨다. 그리고 일반적으로 우리는 자신의 생각에 그러한 변화가 일어나고 있음을 알아차리지 못한다.

사람들이 어쩌다 사이비 종교의 신자가 되는지를 설명하는 매우 적절하고 교훈적인 모델이 하나 있다. 더글러스 마셜Douglas A. Marshall이 제안한 '행동, 소속, 신념Behaviour, Belonging, Belief, 3B' 모델이라 불리는 것이 그것이다. 마셜의 이론에 의하면, 사이비 종교 집단에 처음 가입한 회원들은 집단적 행동에 참여하다가 집단에 소속감을 느끼게 되며, 이 문턱을 넘은 다음에야 해당 사이비 종교의 이념을 진심으로 믿게 된다. 여기에는 '행동의 오귀인Misattribution of behavior'[96], '행동의 정당화', '자기 지각Self-perception'[97]을 포함한 많은 심리적 이유가 있다.[98] 그리고 우리가 사이비 종교에 빠지게 되는 이러한 심리적 요인들은 바깥의 세상에서도 그대로 작동한다. 필시, 우리는 새로운 행동에 몰입하게 될 때마다 그 행동을 포괄하는 방

---

95 Joel Cooper (2007), Cognitive Dissonance: 50 Years of a Classic Theory, Sage.
96 자신이 경험하거나 관찰한 사건이나 행동의 원인을 잘못 귀인하는 것을 뜻한다. 옮긴이.
97 자신이 한 행동으로 자신을 인식하는 것을 뜻한다. 옮긴이.
98 Douglas A. Marshall (2002), 'Behavior, Belonging, and Belief: A Theory of Ritual Practice', Sociological Theory.

식으로 우리의 신념을 확장하며, 새로운 행동이 우리의 안전지대Comfort zone[99]를 벗어날수록 특히 더 그런 경향이 있다.

나는 시위가 이런 식의 회원 모집 과정과 비슷하다고 생각한다. 신입 회원은 피켓을 들고, 소리를 지르며, 도로를 막는 등의 새로운 행동에 몰입한다. 이러한 행동은 사람들을 설득하지 못할 것이다. 하지만 그러한 행동으로 인해 신입 회원이 이제 자신은 그 집단에 속하게 되었으며, 집단의 믿음에 동의한다고 느끼게 될 가능성은 매우 크다. 나는 요즘 일어나는 시위를 볼 때면, 시위가 정부에게 직접적인 압력을 가하거나 광범위한 대중을 설득하기 위한 한 가지 방법이라기보다는, 대개는 투펙치의 말대로 초기 중독에 이르게 하는 약물의 역할을 한다는 생각이 든다. 이는 불편한 진실이기도 하다. 시위의 본래 목적을 고려할 때, 이러한 현상은 내가 시위에 참여하는 사람들의 계기를 궁금해하게 만들었다. 이는 또한 나에게 시위가 시위 반대자들이 조직하는 반대 시위를 좌절시키는 데에도 시간을 쓰게 됐다는 생각이 들게 했다.

여하간 이는 우리가 정치에 대한 사람들의 생각을 변화시키려거든, 그들이 할 수 있는 행동에 대해 고민해야 할 뿐 아니라, 필요에 따라서 그들이 먼저 행동을 취하도록 만들기도 해야 한다는 것을 의미한다. 토론과 담론, 트윗과 논평, 더 나은 논거를 제시하는 일에 지나치게 열중하기보다는, 차라리 그들이 가장 시시한 행동이라도 하게 만드는 게 더 낫다. 예를 들어, 기후 변화의 중요성에 대한 사람들의 견해를 변화시키려거든, 기후 변화를 두고 논쟁을 벌이기보다는 사람들이 자신이 사는 집 지붕에 태양광 패널을 설치하도록 유도하는 게 더 효과적일 수 있다. 기후 위기 대응이라는 대의를 위해 자신이 무언가를 했다는 사실만으로도 사

---

99 우리가 심리적으로 안전감을 느끼는 범위를 뜻한다. 옮긴이.

람들이 환경주의 전체를 수용할 가능성은 커진다.

연구자들은 정치적 라이프 스타일의 표출이 보다 직접적인 정치 참여를 대체하는 효과가 있는지, 아니면 직접적인 정치 참여로 나아가는 '관문' 역할을 하는지 검증하려 노력해 왔다. 쉽게 말해, 만약 당신이 재활용을 열심히 한다면 기후 위기 시위에 참여할 가능성이 더 커지는가, 아니면 자신은 할 수 있는 일을 다 했다는 느낌이 드는가? 이를 '관문/도피Gateway/Getaway 논쟁'으로 부르기도 한다.[100] 그리고 연구자들 대부분은 라이프 스타일의 표출이 도피가 아닌 관문의 역할을 한다고 주장하는 듯하다. 이를테면, 재활용에 참여하는 사람들은 환경 운동에 머지않아 보다 적극적이 된다. 그리고 이를 인지 부조화 이론에 비추어 생각해 보면, 어쩌면 이러한 종류의 주변에서 할 수 있는 작은 행동들이야말로 진정 가치 있는 일인지도 모른다. 그것들은 작지만, 사람들의 생각을 변화시킬 수 있기 때문이다. 결국 우리는 새로운 신념에 따르는 방식으로 작은 행동을 할 때 (특히 이러한 행동들이 재밌거나 성공적이라면) 그 신념을 받아들일 가능성이 더 크다.

인지 과학이 제시하는 주장은 사회 과학이라는 또 다른 관점을 통해서도 입증될 수 있다.[101] 사회학자 피에르 부르디외Pierre Bourdieu는 '아비투스Habitus'의 중요성을 다음과 같이 설명한다. "아비투스란 같은 집단 또는 계급 구성원들에게 공통적인 지각, 개념, 행위의 내면화된 구조들과 체계들로 이루어진 주관적인, 그러나 개인적이지는 않은 하나의 시스템이다".[102] 즉, 아비투스는 같은 사회 계급 구성원들이 왜 모두 같은 방식

---

[100] J. De Moor and S. Verhaegen (2020), 'Gateway or Getaway? Testing the Link between Lifestyle Politics and Other Modes of Political Participation', European Political Science Review.

[101] 지금쯤이면 독자들도 이 책이 인지 과학에 기초를 둔 학습 설계뿐만 아니라, 지성사, 학제 간 연구, 정치 이론과 사회 과학을 포괄하고 있다는 사실을 알아차렸을지도 모르겠다.

[102] Pierre Bourdieu (1977), Outline of a Theory of Practice, Cambridge University Press.

으로 말을 하고, 같은 옷을 입고, 같은 대화를 나누도록 내면화되어 있는지, 또, 왜 비슷한 취미 활동과 라이프 스타일 또는 사회적 경험에 참여하는지를 설명해 준다. 아비투스 덕분에 우리는 자신이 소속된 사회가 제공하는 이점과 기회를 누릴 수 있다. 대학 교육을 받은 나와 친구들이 왜 어떤 종류의 옷은 입지만 어떤 종류의 옷은 입지 않는지, 왜 파티를 열고 마약을 즐기기보다 요가를 하는지에는 다 이유가 있다. 우리의 행동은 우리의 계급 위치, 그리고 그 계급 위치를 통해 우리가 얻을 수 있는 젊은 전문직들의 라이프 스타일과 이점에 부합한다. 실제로 우리 모두는 각자의 특정한 사회적 위치가 불러오는 '행동 유도성'에 반응하는 중이다. 그리고 결국에는 이러한 계급 행동 유도성에 따라 자신의 신념을 자신의 계급에 맞게 변화시키기 마련이다.

이러한 생각(즉, 계급 관념 그 자체의 힘이 아니라 우리가 살면서 겪게 되는 경험이 우리의 신념을 만들어 간다는 생각)은, 만약 당신이 나처럼 삶의 대부분을 학계에서 보낸 사람이라면 처음에는 받아들이기 힘들 것이다. 학계에는 관념이 진리를 담고 있는 한 그 자체로 정신을 지배할 수 있는 힘을 가진다는 암묵적인 신화가 존재한다. 하지만 나조차도 그 신화를 곱씹어 생각해 보면, 내 사고방식에 가장 심대한 영향을 미친 것은 사실상 관념이 아닌 내 생활 환경에서의 변화였음을 인정하지 않을 수 없다. 비록 입증되지는 않았지만, 다른 사람들의 경우를 생각해 볼 때도 마찬가지다. 대체로 사람들이 세상을 새로운 시선으로 보게 되는 이유는 자신의 생활에서 무언가가 바뀌었기 때문이다. 멀리 이사를 갔을 수도 있고, 부모가 되었을 수도 있으며, 술을 끊었을 수도 있다. 다만 정말로 좋은 책 한 권 덕분에 갑자기 각성해서 삶을 완전히 변화시키는 경우는 보통 존재하지 않는다. 심지어 당신이 정말로 좋은 책을 만나서 그런 일이 만에 하나 일어난다고 하더라도, 아마도 그건 지금 당신이 삶에서

하는 경험이 그 책과 맞아떨어졌기 때문이다. 사실 나는 지금 다음과 같은 가정을 하고 있는 셈이다. 즉, 만약 이 책이 독자인 당신에게 조금이라도 영향력을 발휘할 수 있다면, 그것은 21세기 현재를 살아가고 있는 당신의 일상이 내가 말하고 있는 것을 어느 정도 유의미하게 보여 주고 있기 때문이다. 그리고 그런 점에서 정치에 대한 당신의 사고방식을 '말하기'에서 '행동 기반'으로 변화시킬 이유가 되는 것은 결국 당신의 삶뿐이다.

14
시위가 거세다고 세상이 바뀌진 않는다

현대의 시위는 독특한 딜레마에 직면해 있다. 앞에서 말했듯이, 새로운 기술 덕분에 사람들이 모이는 일이 점점 더 쉬워지면서, 시위 참여자들에게 요구되는 일 또한 점점 더 줄어들고 있다. 이는 사람들이 정치 참여에 더 적은 노력을 들이게 함으로써, 결과적으로는 정치에 대한 흥미가 덜하게 되었음을 의미한다.

자이넵 투펙치Zeynep Tufekci는 수년 동안 대규모 시위 현장을 따라다니며 시위에서 일어나는 변화를 관찰했다.[103] 멕시코에서는 사파타주의자 Zapatistas[104] 들과 함께 살았고, 튀르키예 게지 공원 시위Gezi Park protests[105] 에서는 캠프에 참여했으며, 맨해튼 점령 시위[106] 에서는 시위대의 주둔지를

---

103 Zeynep Tufekci (2022), 'I Was Wrong about Why Protests Work', New York Times, 21 July.
104 멕시코 혁명 지도자 중 한 명인 에밀리아노 사파타의 사상 및 그 사상에 따르는 무장 운동을 뜻한다. 옮긴이.

방문했고, 2011년 이집트 타흐리르 광장Tahrir Square 시위[107]에서는 시위대를 조율하는 역할을 맡기도 했다. 이 시위들은 모두 소득 불평등과 민주주의의 훼손에 반대했고, 엄청난 규모의 군중이 참여했다. 시위 참여자들은 소셜 미디어와 인터넷을 통해 시위를 알게 되었다고 했다. 운동이 폭발적으로 확산하자, 시위 참여자들은 이루 말할 수 없을 정도로 큰 희망에 부풀었다. 그리고 실제로 이러한 시위들에는 시대를 정의하는 것처럼 느껴지는 무언가가 있었다. 과거의 시민 혁명에서처럼, 시위 참여자들은 그들의 시위를 인생에서 몇 안 되는 최고의 시절 중 하나로 묘사했다. 경찰에 의해 두들겨 맞고 최루 가스가 난무했을 때조차도 그랬다고 했다. 시위대 캠프는 그들이 현재라는 순간을 점령하게 될 더 나은 세상, 곧 미래의 한 단면처럼 보였다. 그곳에서는 음식과 의약품이 무료였으며, 생활필수품이 풍부했고, 누구나 서로에게 베풀 수 있었다. 당시 월가 점령 시위 캠프에 설치된 민중 도서관People's Libraries에서 사서로 일했던 맨디 헹크(Mandy Henk)는, 그들의 목표가 "미국인의 정신에 깊이 새겨져 있는, 그러나 이제는 잊힌 오래된 원칙에 기반하여 새롭고 더 나은 세상을 건설하는 것"이라고 설명했다.[108] 도서관은 "민중, 자원, 평등"을 상징한다고 말했다. 즉, 캠프는 시위 참여자들이 이후의 삶에서 희망하는 사회적 모형을 실험하는 장소였다.

하지만 캠프는 외부 세계를 변화시키는 데에는 그다지 효과적이지 못

---

105 2013년 5월 28일에 시작된 튀르키예의 반정부 시위이다. 처음에는 게지 공원 재개발에 반대하는 생태주의자들의 시위로 시작되었으나, 튀르키예 보안 방위 부대가 시위대를 공격하면서 광역적인 반정부 시위로 발전했다. 옮긴이.
106 2011년 9월 17일 뉴욕 맨해튼의 주코티 공원에서 시작된 월가 점령 시위로, '월가를 점령하라(Occupy Wall Street)'라는 구호로 유명하다. 옮긴이.
107 반독재 반정부 시위로, 이 시위를 계기로 이집트 혁명이 일어났다. 시위의 결과로 호스니 무바라크 대통령이 군부에 권력을 이양하고 대통령직에서 물러났다. 옮긴이.
108 American Libraries Magazine (2012), 'The Librarians of Occupy Wall Street', 21 January.

했다. 실제로, 그 운동들은 빠르게 확산된 만큼이나 거의 비슷한 속도로 빠르게 무너져 내렸다. 월 스트리트 점령 운동의 실제 월가 점령 기간은 겨우 59일에 불과했다. '아랍의 봄Arab Spring'[109] 또한 비교적 짧았으며, 이따금 권력자를 물리치는 데 성공했을 때조차 또 다른 독재 정권의 등장으로 이어졌다. 투펙치 역시 시위들이 최고조에 달했을 때는 시위 참여자들과 함께 열광했다. 하지만 수년간 시위를 추적한 끝에, 그는 과연 시위가 정말로 효과적인지에 대한 자신의 생각이 바뀌었다고 말한다. 이라크 전쟁 반대 시위 와중에 그녀와 동료들은 보수 정치인들뿐만 아니라 주류 언론들 사이에서도 무시무시한 집단 사고가 형성되고 있음을 알아차렸다. 마찬가지로, 전쟁에 반대하는 사람들 또한 그들 나름의 잘못된 집단 사고를 가지고 있었다. 예를 들어, 그들은 충분히 많은 사람이 모여 시위에 참여한다면 역사의 경로를 바꿀 수 있을 것이라는 확신을 가지고 있었다. 투펙치는 아마도 여기에는 모종의 희망이 작용했던 것 같다고 인정하면서, 다음과 같이 말했다. "나는 우리의 시위들(이라크 침략 반대, 불평등 심화 반대, 중동의 권위주의 체제 반대 시위 등)이 시위의 목적을 더 많이 달성하기를 정말로 간절히 원했다."[110]

그렇다. 투펙치는 이 시위들이 당대의 정치 쟁점을 조명하고 정부의 정당성에 도전하는 등, 여러 점에서 중요했다고 말한다. 하지만 기대에는 미치지 못했던 것 같다. 여기에는 정부의 잔인한 진압을 비롯해 많은 이유가 있을 것이다. 하지만 어쩌면 한 가지 아주 단순한 이유에서, 이상하게 들릴지도 모르지만, 시위 참여가 지나치게 쉬웠다는 점에서 그랬을

---

109 2010년 12월 이래로 중동과 북아프리카 지역에서 일어난 반정부 시위들을 일컫는다. 구체적으로는 알제리, 바레인, 이집트, 이란, 요르단, 리비아, 모로코, 튀니지, 예멘 등의 국가들에서 대규모 반정부 시위가 일어났다. 옮긴이.

110 Zeynep Tufekci (2022), 'I Was Wrong about Why Protests Work', New York Times, 21 July.

수도 있을 것 같다. 이 시위들은 '네트워크' 시위라 불린다. 온라인을 통해, 특히 사람들 간의 '느슨한 관계'를 통해 확산되었기 때문이다. 이러한 방식의 시위 가담이 가능했던 것은 소셜 미디어 덕분이었다. 소셜 미디어는 대중이 믿을 수 없을 정도로 쉽게, 평등한 방식으로 의사소통하는 것을 가능하게 만들었다. 하지만 바로 그 기술의 '행동 유도성'에는 다른 면도 존재한다. 즉, 사람들은 시위에 필요 이상으로 깊이 몰입할 필요가 없었다.

이처럼 급조된 대중 시위에는 중대한 결함들이 존재한다. 정부는 과거와 비교하면 시위 참여가 얼마나 쉬워졌는지 잘 알고 있다. 따라서 백만 명의 시민이 시위에 참여한다고 해도, 그것은 더 이상 국민이 불만에 가득 차 있다는 강력한 '신호'가 되지는 못한다. 이런 점에서 모든 시위는 공허할 수 있다. 이론가 닉 스르니체크Nick Srnicek와 알렉스 윌리엄스Alex Williams의 표현을 빌린다면, 시위는 일종의 '군중 정치Folk politics'가 될 수 있다. 그들은 시위가 그저 감정을 독선적으로 표출하는(그리고 소셜 미디어에 게시할 몇 장의 사진들을 얻는) 장소에 불과하다고 주장한다. 또 그들은, "시위는 사회를 변화시킬 수 있는 수단이라기보다는 그저 오락거리와 마약 같은 경험을 제공한다"라고 주장한다.[111] 시위 참여자들은 복잡한 정치 쟁점을 지나치게 단순한 말로 축소시켜 버리는 경향이 있으며, 많은 이들이 예컨대 노동조합의 파업처럼 실제로 권력의 레버를 밀어 움직인다는 것이 어떤 의미인지를 알지 못한다.

공공 정책학 교수 앨러스데어 로버츠Alasdair Roberts가 지적하듯이, 이러한 현상은 노동조합의 쇠퇴로 더욱 심화하고 있다. 노조가 반전 시위를 돕거나 시민들의 동맹 세력임을 자처했던 과거와 비교하면, 오늘날의 노

---

111 Nick Srnicek and Alex Williams (2015), Inventing the Future: Postcapitalism and a World without Work, Verso Books.

조는 무능력한 것이 사실이다. 로버츠는 그 결과로 시위의 위상이 점점 더 낮아지는 것일 수 있다고 주장한다. 예를 들어, 2008년 금융 위기 동안 유럽의 시위 빈도가 영국과 미국보다 높았는데, 이는 유럽에서 노조 참여 비율이 더 높았기 때문인 것으로 보인다. 실제로도 노동조합의 활동이 왕성할 때 시민들이 투표나 시위 같은 민주적 정치 참여에 동참할 가능성이 훨씬 큰 것으로 나타난다.[112]

결과적으로, 이 모든 이야기는 하나의 역설을 가리킨다. '행동 유도성'이 어떻게 사람들의 신념을 변화시키는가에 관한 심리학적, 사회학적 조사 연구를 바탕으로 판단한다면, 시위 참여에 드는 노력이 덜할수록, 그러한 참여가 사람들의 생각과 삶을 변화시킬 가능성은 더 낮아진다. 반면 변화에 필요한 것은 보다 장기적이고 마음에서 우러나오는 작은 행동들이며, 이는 대개의 경우 참여자들에게 '더 적게'가 아닌 '더 많은' 노력을 요구한다.

시위 반대자들은 시위 자체가 가짜이고 여론을 대표하지도 않는다고 암시하려는 듯이, '유급 시위Paid protest'와 '아스트로터핑Astroturfing'[113] 을 즐겨 말한다. 시위 참여자들에 대한 공격적 충동 이면에서, 어쩌면 그들도 요즘의 시위가 매우 급작스럽고 예상치 못하게 일어났다가 쉽게 흩어진다는 사실에서 당혹스러움을 느껴 그렇게 반응하는 것일지도 모른다. 하지만 이러한 현상이 정말로 '유급 고용' 때문인 것은 확실히 아닐 것이다. 일반적으로 시위대를 고용하는 것은 예산에 맞지 않기 때문이다. 반면, 오늘날의 시위에는 많은 것이 필요하지 않다.

---

[112] Alasdair Roberts (2017), The End of Protest: How Free-Market Capitalism Learned to Control Dissent, Cornell University Press.

[113] 시위 단체가 자신들의 메시지나 활동이 마치 일반 대중의 자발적인 활동인 것처럼 가장하여 여론을 조작하는 행위를 말한다. 인조 잔디 브랜드 이름인 '아스트로터프(AstroTurf)'에서 유래했다. 옮긴이.

하지만 물론 이러한 현상이 시위가 다시는 정치적으로, 효과적으로 작동할 수 없다는 것을 의미하지는 않는다. 사실 우리는 과거의 경험으로부터 언제 시위가 제대로 작동할 수 있는지를 이미 알고 있다. 즉, 시위 참여자들에게 더 많은 세세한 행동을 요구하는 것이다. 예컨대 1963년의 워싱턴 행진[114] 은 시위 참여자들에게 전부 샌드위치에서 마요네즈 소스를 빼라고 요구했다. 마요네즈가 더위로 상할지도 모른다고 걱정했기 때문이다.

이 장의 내용에 따르면, 우리는 '관문'의 중요성을 과소평가해서는 안 된다. 즉, 사소한 행동이 사람들을 새로운 신념과 직접적인 정치 참여로 이끈다. 넓게 보면 이러한 연구는 정치적 사고가 행동을 통해 만들어진다는 것을 보여 준다. 행동, '행동 유도성', 정치적 사고라는 개념들하에서 이 모든 연구를 연결해 보면, 사람들이 정치를 제대로 사고하기 위해, 그리고 다른 사람이 정치를 제대로 사고할 수 있도록 돕기 위해 정치가 갖추어야 할 가장 중요한 요소는 바로 '행동 유도성'이다.

이 모든 것이 보다 광범위한 우리의 정치 세계에 시사하는 바는 무엇인가? 간단히 말하면 다음과 같다. 사람들의 생각을 변화시키고 싶다면, 먼저 그들의 행동을 변화시켜야 한다.

정치에 관한 한 분명 우리는 '말하기'를 지나치게 중시해 온 데 반해, '행동'은 지나치게 경시해 왔다. 많은 사람이 민주주의를 자신의 생각을 자유롭게 표현할 수 있고 그에 따라 투표할 수 있는 제도라고 생각한다. 하지만, 민주주의에 대한 이러한 정의는 정치 참여에 대해 매우 수동적인 개념에 해당한다. 그리고 좀 더 생각해 보면, 다소 어리석어 보이기까

---

[114] '직업과 자유를 위한 워싱턴 행진(March on Washington for Jobs and Freedom)'이라고도 하며, 1963년 8월 28일 수요일 워싱턴 D.C에서 열렸다. 행진의 목적은 아프리카계 미국인들의 시민권과 경제적 권리를 옹호하는 것이었다. 행진에서 마틴 루터 킹 주니어가 그의 역사적인 연설, '내겐 꿈이 있습니다(I Have a Dream)'를 한 것으로 유명하다. 옮긴이.

지 하는 생각이다. 예컨대 친구 관계나 가족 관계에서, 토론에 의한 의사 결정이 대화의 주된 요소라고 말할 사람이 있는가? 분명 없을 것이다. 이 미시적인 수준에서, 우리 대부분은 가족 간의 사랑과 배려, 작은 행동이 모두 대화에 엉켜 있다는 사실을 잘 알고 있다. 이러한 사실에도 불구하고, 내가 보기에 정치가 무엇인지에 대한 우리의 집단 상식은 속 빈 강정처럼 되어 버린 것 같다. 우리는 다른 사람을 진정으로 설득할 방법도, 다른 사람의 관심사도, 다른 사람이 할 수 있는 행동에 대해서도 거의 알지 못한다.

민주주의에 대한 보다 견고한 정의 속에는, 투표와 표현의 자유뿐 아니라 다른 엄청나게 중요한 개념들도 포함된다. 이를테면 소수자의 권리 보호, 반대할 권리의 보호, 법 앞의 실질적인 평등, 사람들이 정치에 참여할 수 있는 현실적인 기회들, 그리고 (나를 포함한 일부 사람들이 주장하는) 상대적으로 평등한 사회 권력 구조의 재편 같은 것들이 그것이다. 나는 여기서 민주주의를 위한 단 하나의 정의를 제시하지는 않을 것이다. 그편이 우리가 원하는 민주주의를 생각하는 데 더 흥미롭기 때문이다. 다만, 민주주의에 대한 현재 우리 사회의 피상적인 이해로 돌아가 본다면, 우리 시대의 급변하는 '기술 행동 유도성'이 이러한 피상적인 이해에 일조했다는 것은 당연하다. 그 결과, 시위의 폭발적인 힘에 기대는 정치 참여는 더 이상 타당하지 않게 되었을 수도 있다.

나는 여태껏 현재 우리의 정치 문화가 타당하지 않은 것들을 낭만화하고 미화했다고 주장해 왔다. 이제는 작은 행동을 통해 서로의 변화를 응원해 주는 것이야말로 진정한 정치라고 생각하는 것이 더 생산적일 것이다. 물론 이는 어려운 일이다. 왜냐하면 행동은 어렵고, 적어도 말하기보다는 더 어렵기 때문이다. 하지만 함께 행동하는 일은 즐겁고, 토론이나 사상에 노출되는 것보다 우리를 다른 사람과 근본적으로 이어 줄 수 있으며, 때로는 우리 자신의 사고방식을 변화시키기도 한다. 다음으로는 우리 정치에서 과소평가되어 온 또 다른 근본적인 측면, 우리가 타인과 맺는 정치적 관계의 본질을 살펴보도록 하자.

4장
관계의 중요성

15
정치가 먼저인가 친구가 먼저인가

제2차 세계 대전이 끝난 후, 미군은 군대 내 인종 차별을 철폐하기로 결정했다. 이에 사회 과학 연구자들은 한 가지 질문을 제기했다. 서로에 대한 불신의 정도가 상당히 높은(일부는 증오하기도 하는) 두 집단이 가까운 거리에서 함께 근무하며 서로의 생명을 지키는 일을 하게 되면, 과연 어떤 일이 일어날 것인가? 저명한 사회학자 고든 올포트Gordon Allport는 아주 특정한 상황에 한하여 군대 내 인종 통합이 편견의 정도를 낮추는지를 측정하였다. 여기서 출발해 올포트는 마침내 '사회적 접촉 이론Social contact theory'으로도 불리는, '사회적 접촉 가설Social contact hypothesis'을 발전시켰고, 그의 책 《편견의 본질The Nature of Prejudice》을 저술할 수 있었다.[115] 이 책에서 그는 배타적인 집단 간 접촉에서 편견이 감소할 수 있을

---

[115] Gordon Allport, K. Clark and T. Pettigrew ([1954] 1979), The Nature of Prejudice, Basic Books.

핵심 조건들을 나열했다.

올포트의 가설을 바탕으로 지난 70여 년 동안 연구자들은 여러 집단이 섞여 있는 상황에서 편견의 감소 여부를 예측할 수 있게 해주는 네 가지 핵심 요소를 찾아냈다. 이 요소들은 다음과 같다. 하나, 집단 간 접촉 시 각 집단은 동등한 지위를 가져야 한다. 둘, 각 집단의 구성원은 정기적으로 협력해야 하고 공동의 목표를 가져야 한다. 셋, 구성원 사이에서 친밀한 관계 형성이 가능해야 한다. 넷, 집단 간 접촉은 반드시 제도를 통해 인정되어야 한다.

올포트는 수없이 많은 사례를 통해 제도화된 접촉이 흑인, 유대인, 가톨릭에 대한 편견과 그 밖의 성차별적 편견 또한 감소시킨다는 사실을 알게 되었다. 그의 뒤를 이은 연구자들도 간혹 약간씩 차이를 보이는 경우도 있었으나 올포트와 마찬가지로 무슬림, 노인, 게이와 같은 다양한 집단과의 의미 있는 접촉이 그들에 대한 편견을 줄이는 데 효과적인 영향을 미치고 있음을 발견했다. 거기에는 매우 흥미롭게도, '로봇'에 대한 연구도 있었다(그렇다. 당신이 휴머노이드 로봇을 의심하는 사람일지라도, 간호 로봇과 가까이 지내다 보면 로봇 전반에 대해 달리 생각하게 될 수도 있다는 내용이다).

이 네 가지 요소는 확실히 눈에 띄게 높은 기준을 제시한다. 집단 간 편견을 줄이는 것은 그저 그들이 같은 동네에 사는 것만으로는 충분하지 않다는 이야기다. 예를 들어, 같은 학교에 다니는 아이들 사이에서도 이러한 조건들은 충족되지 않을 가능성이 크다. 또한, 회사의 말단 직급에 유색 인종이 과도하게 몰려 있는 상태라면 조직 내 통합은 이루어지지 않는다.

조건이 잘못된 경우라면 사람들은 자신의 신념은 바꾸지 않은 상태에서 다른 집단의 구성원을 피상적으로만 좋아하게 될 수도 있다. 예컨대, '저 애는 괜찮아. 저 집단은 여전히 아니지만'이라고 생각할 수도 있다. 따라서 위의 4가지 조건에는 뭔가 특별한 것이 있어 보인다. 그것은 제도적 보장이 될 수도, 평등한 지위가 될 수도, 공동의 목표를 향한 장기적 협력이 될 수도 있다. 이러한 요소들이 전부 갖춰질 때 사람들은 '저 사람은 나머지 사람들과는 달라'라고 단정 짓지 않고, 나머지 사람들도 '괜찮다'라고 생각할 수 있다. 다만 네 가지 요소 중 어떤 요소가 편견의 감소에서 가장 큰 역할을 하는지에 대해서는 아직 명확하게 밝혀진 바가 없으므로, 계속해서 더 많은 연구가 진행되기를 바란다. 하지만 앞 장에서 설명한, 우리의 행동이 우리의 신념을 바꾸는 방식에 대해 나와 있는 모든 연구 결과를 고려해 보자면, 적어도 공동의 목표를 향해 협력하는 것이 요소들 가운데 하나라는 사실은 전혀 놀랄 만한 일이 아니다. 추측하건대, 사회적 접촉 이론은 서로 다른 신념을 지닌 두 사람이 평등한 입장에서 외부 세계의 도전에 함께 맞서 싸우면서 더 나은 관계를 형성할 수도 있음을 설명하는 것으로 보인다. 그리고 이러한 조건들이야말로 우리가 편견과 그 밖의 잘못된 사고방식을 극복하기 위해서 반드시 필요하지만 갖춰지기는 쉽지 않은 조건들이다.

소셜 미디어 플랫폼이 자신과는 다른 사람들을 동등한 지위에서 만날 수 있는 공간처럼 보인다고 해도, 트위터 같은 온라인 공간에서 그런 만남이 실제로 일어나는 경우는 거의 없다. 인터넷상에서 우리는 각자가 자신의 계정을 소유한 평등한 존재들로 보이지만, 당연하게도 어떤 사람은 다른 사람보다 팔로워 수가 많거나 더 많은 인기와 더 많은 돈을 가지고 있다. 게다가 인터넷에서 만난 사람들이 공동의 목표를 가지고 오랫동안 협력하는 경우는 매우 드물다. 또한, 대부분의 소셜 미디어 플랫폼은 집단 간 연결을 제도적으로 보장하는 일에 투자하는 시간이 적다. 따라서 사회적 접촉 이론은 왜 인터넷이 낙관론자들이 한때 기대했던 만큼 집단 간, 그리고 사람 간 편견을 줄이지 못했는지를 설명하는 것에 도움이 될 수 있다. 나는 개인적으로 기술이 사회 문제를 해결해 줄 것으로 낙관하는 편은 아니다. 하지만 편견을 줄일 조건들을 더 많이 만족시키는 소셜 미디어 플랫폼은 어떤 모습일지, 고민해 보는 것은 흥미로운 사고 실험이기도 하다.

우리와는 다른 사람에게 자신을 드러내는 일은, 특히 그가 우리와 동등한 존재이자 협력자이며 정당한 동맹자일 때, 즉 친구일 때 서로 간의 편견을 감소시킨다. 정치 이론에서는 거의 사용하지 않는 단어를 빌려 써 보자면, 이런 현상은 '귀엽다'. 심지어 감동적이기까지 하다. 이를 두고 마일스 휴스톤Miles Hewstone은 다음과 같이 말한다. "집단 간 우정은 아마도 집단 간 접촉의 가장 효과적인 한 가지 형태이며, 아주 광범위한 효과와 의미를 지닌다."[116]

그러나 이러한 연구 결과는, 비록 감동적이기는 해도, 우정이 정치적 관심사의 '바깥'이나 '위'나 '아래'에 있어야 한다는 우리의 상식에 도전한다. 우정에 대한 이같이 낭만적인 생각은 현재와 같이 우리 사회에 거대한 균열이 일어나고 있는 국면에서도 여전히 유지되고 있다. 이는 우정이 정치에 영향을 미치기보다는, 오히려 정치를 초월하는 것이 될 수도 있음을 암시한다. 내가 관심이 가는 것은 사람들이 서로가 지지하는 정당을 초월해 우정을 나눌 수 있음을 자랑하는 이야기이다. 아마도 미국에서 가장 유명한 이야기는 대법관 중에서 매우 보수적인 판사로 알려진 안토닌 스칼리아Antonin Scalia와, 매우 진보적인 판사로 알려진 루스 베이더 긴즈버그Ruth Bader Ginsburg 간의 우정일 것이다. 두 사람은 오페라에 대한 애정으로 인연을 맺었고, 그들의 관계는 가장 첨예한 이념적 차

---

[116] Miles Hewstone (2009), 'Living Apart, Living Together? The Role of Intergroup Contact in Social Integration', Proceedings of the British Academy.

이조차 초월하는 이상적인 우정의 본보기가 되었다. 심지어 스칼리아의 아들은 도널드 트럼프가 처음으로 대통령 선거에서 당선되기 직전에, 미국인들은 이러한 종류의 우정을 맺는 법을 배워야 한다고 주장하는 열정적인 기고문을 쓰기도 했다.[117] 물론 트럼프가 당선된 후, 많은 미국인은 이 우정이라는 이상이 정치와 전혀 무관하다는 사실을 알게 되었다(한 여론 조사에 따르면, 미국인의 13%가 트럼프의 대통령 당선으로 인해 친구 관계나 다른 친밀한 관계를 끊었다고 답했다[118]). 그리고 앞으로 4년 동안 더 많이 그럴 것이다. 그러나 '생각의 시장'이나 '토론'과 마찬가지로, '우정'에 대한 이러한 암묵적인 신화이자 이상은 정치 세계에서 우정이 실제로 무엇을 할 수 있고 의미하는지를 우리가 이해하기 더 어렵게 만든다.

연구에 따르면, 우리가 타인과 맺는 사회적 관계, 특히 우정은 상당 부분 우리가 세상에 대해 가지게 되는 믿음의 토대가 된다(특히, 다른 집단에 대한 편견이 이에 해당한다). 사회적 접촉 이론에서 가장 유명한 한 연구는, 주변에 게이나 레즈비언 친구가 단 한 명만 있어도 동성애와 동성 결혼에 대한 사람들의 생각이 바뀐다는 결과를 보여 주었다. 이 연구를 수행한 연구자 다니엘 델라포스타Daniel DellaPosta에 따르면, 동성애에 대한 미국 내 여론에 대규모의 지각 변동이 일어나는 데 결정적 역할을 한 것은 사실상 우정, 심지어 다소 거리감 있는 형태의 우정이었다:

우리가 단순한 지인 관계, 즉 이름을 알고 있고 길에서 마주치면 잠깐 멈춰

---

[117] Christopher Scalia (2020), 'My Father's Relationship with Justice Ginsburg: Best of Friends', American Enterprise Institute, 21 September.

[118] John Whitesides (2017), 'From Disputes to a Breakup: Wounds Still Raw After U.S. Election', Reuters, 7 February.

서 인사를 나눌 정도의 관계로 넘어가게 되면, 이때부터 '접촉 효과'가 나타난다.[119]

미국에서 동성애자 인권에 대한 여론의 변화는 다른 모든 시민의 권리 문제에 대한 여론의 변화와 견주어 볼 때 신기록을 경신할 만큼 확실히 빠른 속도로 이루어진 것 같다. 사회 과학자들과 심리학자들은 이러한 현상에 대해 개인의 성적 지향이 겉으로 드러나는 가시적인 정체성은 아니기 때문일 수 있다고 이론화한다. 사람들은 누군가를 먼저 자신의 동료이자 친구로 보게 되게 되고, 나중에 가서야 그들의 성적 지향을 놓고 자신이 가지고 있던 기존의 신념과 씨름하게 된다는 것이다. 앞선 장에서 살펴본 심리 현상인 '인지 부조화'로 돌아가 보면, 동성애에 대해 혐오적 견해를 가진 사람은 자신이 좋아하고 존경하는 사람이 게이라는 사실을 알게 될 때 자아의식에 심각한 혼란을 겪게 된다. 모순이 없는 일관된 세계관을 유지하기 위해서는 일반적으로 그 사람을 더 이상 좋아하지 않기로 하거나, 그게 아니라면 결국 동성애자들도 '괜찮다'라는 결정을 내려야 한다(물론 '이 사람은 괜찮다'라거나, '죄는 미워하되 죄인은 미워하지 말라고 했다'라는 식의 논리를 펼치는 사람도 있지만). 그리고 전반적으로 많은 사람이 자신이 아끼는 사람을 버리기보다는 동성애 혐오를 포기하는 것으로 보인다.

실제로 연구에서 매우 흥미로운 결과 중 하나는, 편견 감소의 효과가 나타나려면 일반적으로 '접촉 상황에서 상대 집단의 범주가 뚜렷하게 인식되어야 한다'라는 점이다. 이는 편견이 줄어들기 위해서는 집단의 특성, 예를 들어 성적 지향이나 인종과 같은 특성이 분명히 드러나는 것이

---

119 Gwen Aviles (2018), 'Just One Gay Acquaintance Can Change Hearts and Minds on LGBTQ Rights', NBC News, 17 September.

중요함을 의미한다. 달리 말하자면, 우리는 다음과 같은 절차를 거쳐야만 한다. 우선 "조는 내가 좋아하지 않는 x 범주의 사람이다", 그다음에는 "하지만 나는 조를 좋아한다", 그리고 마지막으로 "아마도 나는 x 범주의 사람들을 좋아할 수 있을 것 같다"의 과정을 거쳐야 하는 것이다.

물론 지금쯤 사회 과학의 끝없는 복잡성에 대해 깨닫게 된 당신은 친구 사이에서 시민의 권리를 두고 일어나는 그 같은 생각의 변화가 인상적이라고 말할지도 모르겠지만, 어쩌면 애초에 그렇게 열린 마음을 가진 사람들끼리 친구가 되는 것일 수도 있다. 맞는가? 이는 합리적이고 신중한 생각이지만, 흥미롭게도 상호 작용할 상대를 선택할 수 있는 사람들과 그럴 수 없는 사람들을 비교한 연구에서는 두 가지 경우 모두 우정이 생각의 변화에 상당한 효과가 있는 것으로 나타났다. 하지만 여기에 선순환 구조가 있는 것은 사실이다. 만약 당신이 편견 없이 그들과 어울릴 수 있다면, 당신은 그들과 더 많이 어울리게 되고, 그러면 편견도 더욱 줄어든다. 이것은 접촉이 그 자체로 효과가 있는 것처럼 보이게 만들고, 그로부터 정치적 공감, 호감, 그리고 신뢰가 자라나는 것처럼 보이게도 만든다.

어떻게 보면 이 모든 것은 쉽게 이해된다. 우리 자신을 제외하고 나면, 우리의 내밀한 삶을 들여다볼 수 있는 가장 가까이에 있는 투명한 창문이 바로 친구 아니겠는가? 나는 끝없이 지속되는 빈곤이라는 인지적, 정서적, 물질적 제약 속에서 가난하게 자란 친구들로부터 세계에 대한 이해를 대부분 학습했다. 내가 가장 진보적이라고 여기던 사회에서조차 인종에 대한 무지, 차별, 공격이 때로는 미묘하게, 그러나 일관되게 나타난다는 사실도 유색 인종 친구들로부터 가장 많이 배웠다. 물론 나를 교육하는 것이 그 친구들의 임무는 아니었고, 또 그들이 직접적으로 가르치려 들었던 것도 아니었다. 그럼에도 불구하고 나는 친구들을 통해 가난하다는 것이 어떤 의미인지, 또는 무시당하고 깔보인다는 것이 무엇인지 더 잘 이해하게 되었고, 심지어 (매우 간접적인 방식으로나마) 체험할 수도 있었다. 이제 나는 친구들의 눈을 통해 공식적인 정부 정책들과 심지어 사회 전반에 걸친 문제들을 비판적으로 판단한다. 나는 내 친구들을 염두에 두고, '이것이 정말 효과가 있을까?' 하고 의문을 품는다. 이것은 단순히 지적 깨달음이나 인식의 변화가 아니라, 나의 관심사와 세계관의 전환을 뜻한다. 이들을 만나기 이전부터 이론적인 관심이 있었다 하더라도, 나는 이제 이 문제들에 대해 더 많이 주목하게 되었다. 문제가 더 '현실적으로' 느껴졌기 때문이다.

사실 정치적 사고의 대부분은 실제로는 관계 독립적이기보다 필연적으로 상호 의존적일 수밖에 없다. 어쩌면 이 말이 이상하게 들릴 수도 있을 것이다. 오늘날, '잘 생각하는 사람Who can think well'의 표본은 '스스로 생각하는 사람Thinking for oneself'이기 때문이다. 그럼에도 사람들이 정치적 문제에 대한 견해를 근본적으로 바꾼다면, 그것은 역시 그들이 여러 가지 측면에서 불가피하게 맺고 있는 사회적 관계의 결과일 것이다.

어떤 사람들은 우리가 어떤 집단에 속한 누군가를 개인적으로 알게 된 후에야 그 집단에 공감할 수 있다고 말하는 것에 화를 내기도 한다. 솔직히 말하면 그럴 만도 하다. 딸이 생기자 갑자기 여성의 권리 문제에 관심을 가지게 된 아버지 같은 진부한 예와 마찬가지로, 문제가 지극히 개인적인 문제가 되고 나서야 문제에 대한 견해를 바꾸는 현상을 목격하면 나 역시 진부함을 느낀다. 모든 형태의 억압을 공통의 인간성에 기반해 자신과 관련지어 바라보는 것이 더 좋고, 더 정의로울 것이다. 우리는 로마의 극작가 테렌티우스Terence가 남긴, "모든 인간사는 남의 일이 아니다Nothing human is foreign to me"라는 문장을 귀하게 여길 필요가 있다. 하지만 대부분의 경우, 특히 정치 문제에 대해 사람들이 생각하고 느끼는 방식은 분명 그렇지 않아 보인다. 인간은 지극히 사회적인 동물로, 다른 사람과의 관계를 통해 새로운 생각과 경험에 감정적으로 깊이 이끌리는 존재이다. 그리고 이는 우리가 정치에 대한 사람들의 접근성을 개선하고자 한다면, 반드시 계산에 넣어야 할 요소이다.

 사람들이 자신의 정치적 견해를 (좋은 쪽으로든 나쁜 쪽으로든) 급격하게 바꿀 때는, 그동안 맺어 온 친구 관계나 친밀한 관계 때문에 그런 경우가 많다. 이러한 이유로 우리의 정치적 세계관을 바꾸는 것은 사실상 사상이나 주장이 아닌 결국 사람이고, 대부분의 경우 우리가 특별히 좋아하고, 존경하며, 심지어 사랑하는 사람이다. 물론 그들이 우리에게 영향을 미치는 방법에는 더 나은 쪽과 더 나쁜 쪽이 있다. 맹목적으로 그들을 따르거나, 그들의 압력에 굴복하거나, 그들이 항상 옳다고 가정하는 것은 더 나은 쪽에 해당하지 않는다. 따라서 우리는 맺고 있는 관계들로부터 자신을 어떻게든 분리시켜야만 정치적으로 이상적인 사고를 할 수 있다고 상상하기보다는, 정치적 사고를 현명한 의존의 문제, 즉 타인에게 지혜롭게 의존하는 문제, 심지어는 친구를 잘 선택하는 문제로 다시 생각해 볼 수도 있을 것이나.

16
당신의 친구는 당신의 말에 동의하지 않는다

그러므로 친구와의 접촉은 자신이 특정 집단에 대해 가지고 있을지도 모를 편견을 감소시키는 효과가 있다. 하지만 다른 사람과의 접촉이 우리의 가장 내면화된 신념마저 변화시킬 것이라는 가정 역시 타당할 수 있을까? 어떤 증거에 기초한다면 답은 아마도 '그렇다'겠지만, 그런 결론이 현실과 항상 일치하는 것은 아닐 것이다.

친구와의 접촉이 우리의 정치적 견해에 영향을 미치는 방식을 설명하는 '민속 심리학적Folk-psychological 가정'[120] 에 따르면, 우정은 마치 '중력'처럼 작용해 우리가 서로를 향해 점진적으로 움직이게 한다(이 가정은 왜 부모들이 자녀를 대학에 보낼 때, 교수에게서 무엇을 배우는지가 아니라

---

[120] 심리 철학과 인지 과학의 범주에 속하는 '민속 심리학' 또는 '상식 심리학(Commonsense psychology)'은, 심리 과학적 접근이 아닌 관습과 상식에 근거해 사람들의 행동과 심리를 설명하고 예측하고자 한다. 옮긴이.

'나쁜 무리'를 걱정하는지를 설명해 줄 수 있다). 개인의 신념 변화에 대한 이러한 '중력 모델Gravitational model'은 어느 정도 타당해 보이지만, 전체적으로 친구가 우리의 견해를 '직접적으로' 바꾼다는 증거는 그다지 강력하지 않다. 따라서 만약 친구가 서로에게 미치는 영향을 좀 더 구체적인 정도로 나타내는 연구가 가능하다면, 연구는 훨씬 더 흥미로운 점을 시사할 수 있다. 즉, 친구는 우리를 바꾸지만, 주로 우리를 정치에 참여시키거나 세상에 대해 더 깊이 생각하도록 도움을 주는 방향으로 바꿀 것이다.

이를 측정하는 한 가지 방법은, 대학 안에서 학생들을 그룹으로 나누어 그룹별로 함께 생활하거나 공부하도록 하고 그 결과를 살펴보는 것이다. 2017년 브라질에서 실시된 한 연구에 따르면, 측정을 위해 여러 요인이 통제된 상황에서, 그룹의 구성원들이 서로의 '정치적 견해'에 미치는 영향은 매우 적었다. 하지만, '정치 참여'에 미치는 영향은 매우 컸다. 즉, 정치에 관심 있는 사람들과 함께 있으면 정치에 관심이 적던 사람도 정치에 더 관심을 가지게 되었다.[121] 달리 말하자면, 비교적 진보적인 성향인 당신이 비교적 보수적인 학생과 그룹 안에서 친구가 된다 해도, 그 친구의 정치적 견해가 당신의 정치적 견해를 바꿀 가능성은 적다. 하지만 그 친구가 정치 문제를 깊이 사고하고 있고, 정치 이야기를 자주 한다면, 당신도 정치에 대해 더 깊이 사고하게 될 가능성이 크며, 그 과정에서 당신 '자신의 신념'은 더욱 명확해질 것이다. 이러한 '명확화 과정Clarification process'은 아마도 정치에 대해 토론하는 시간을 충분히 가진 그룹의 학생들이 '중도'에 가까워지는 경향을 보이는 이유를 설명해 줄 수도 있을 것이다. 즉, 학생들은 명확화 과정을 통해 자신의 정치적 신념을 바꾸기보

---

121 C. F. S. Campos, S. Hargreaves Heap and F. Leite Lopez de Leon (2017), 'The Political Influence of Peer Groups: Experimental Evidence in the Classroom', Oxford Economic Papers.

다는, 정치적 쟁점에 대해 자신이 취하는 입장은 무엇인지를 진지하게 생각해 보게 된다. 요약하자면, 친구들과의 대화가 당신이 진보적이거나 보수적인 조세 정책을 지지하도록 당신을 설득할 가능성은 매우 낮지만, 정부의 조세 정책에 많은 관심을 가진 친구가 주변에 있다면 당신 또한 정부 정책에 더 많은 관심을 갖도록 당신을 고무시킬 수도 있다.

이 연구의 저자들은 자신들의 연구에 여전히 개선의 여지가 있긴 해도, 결과가 더할 나위 없이 만족스럽다고 말한다. 조사 대상이었던 18세 청소년들조차도 집단 사고에 쉽게 빠지지 않음을 보여 주기 때문이다. 오히려 우정은 우리가 더 깊이 생각하고, 자신의 신념을 더 명확히 이해하며, 폭넓은 정치 참여를 할 것을 독려한다. 다시 말해, 친구 관계는 우리를 생각하게 만들뿐 순종적인 양으로 만들지는 않는다.

이 연구는 우리가 '생각의 시장'이라는 앞선 은유에 대해 더 많은 의구심을 가지게 만든다(비록 친구 사이라 할지라도, 단순히 어떤 생각에 노출시키는 것만으로는 생각을 변화시킬 수 없다는 것을 보여 주기 때문이다). 반면 이 연구는, 우리가 견고한 사회적 네트워크와 함께 많은 친구를 두는 것이, 아마 조금씩 차이는 있겠지만, 정치에 대해 더 많은 관심을 가지는 것과 자신의 정치적 견해를 명료하게 만드는 것에 도움이 될 수 있다고 생각할 만한 좋은 근거가 된다. 따라서 나 역시도 연구가 만족스럽다는 데에 농의한다.

친구가 우리의 '정치 참여'에 영향을 미친다는 이 모든 이야기는, 앞장에서 다루었던 회원 모집 수단으로서의 시위를 부분적으로 떠올리게 할 수도 있을 것이다. 그리고 실제로 친구를 자기 집단에 '참여시키는' 경우에 한하여, 친구는 사람들이 어떤 정치 집단에 참여할지, 그리고 어떤 행동을 취할지를 예측할 수 있게 해 주는 가장 좋은 지표이다. 정치 집단과 사이비 종교 집단, 양쪽 모두를 연구하는 학자들은 이러한 집단에 가입하게 되는 것이 대체로 개인이 맺는 사회적 네트워크에 달려 있다는 점을 발견했다. 상대적으로 주류에 속한 집단들조차도 회원을 모집할 때, 사회학자 마크 그래노베터Mark Granovetter가 처음으로 사용한 개념인 '강한 유대Strong tie', 즉 아주 가까운 친구들이나 가족 구성원 등에 의존하는 경향이 있었다. 하지만 흥미롭게도 외계인을 믿는 사이비 종교 집단과 같이 주류에서 완전히 벗어나 있는 집단의 경우에는 그와 반대였다. 사이비 종교 집단의 경우, 회원 모집은 가능한 먼 친구, 지인, 친구의 친구 같은 '약한 유대Weak tie'를 통해 일어날 가능성이 더 컸는데, 이는 아마도 가까이에 친구가 많고 견고한 사회적 네트워크 속에 굳게 자리 잡고 있는 사람들은 애초에 외계인 사이비 종교 집단에 전혀 관심을 갖지 않는 경향이 있기 때문일 것이다.[122] 사이비 종교 집단은 예외로 한다면, 이 증거가 시사하는 바는 주변과의 유대가 강할수록 우리 주변의 사람이 우리를 종교 집단이든 정치 집단이든, 자신이 몸담은 집단으로 끌어들일 가능성이 크다는 사실이다. 다만 흥미로운 점은, 두 친구가 모두 상대적으로 빈곤한 경우는 예외인데, 이 경우 강한 유대는 모집에 효과가 없는 것으로 나타났다. 아마도 상대적으로 빈곤한 사람들은 헌신적인 집단 활동에 참여할 시간과 돈이 부족했기 때문일 것이다.[123]

한편 사람들을 기후 친화적인 행동(자전거 타기, 재활용하기 같은)으로 유도하는 방법을 탐구하던 연구자들은 친구가 미치는 영향력이 교육, 참여 호소, 심지어 금전적 지원보다 더 큰 영향을 미친다는 사실을 발견했다. 실제로, 연구에 따르면 어떤 사람이 어떤 캠페인에 참여할지 말지 여부를 제일 잘 예측할 수 있게 해주는 요소는 바로 친구의 참여였다.

---

122 Stanford University (2023), 'The Strength of Weak Ties', Stanford News, 24 July.
123 N. M. Somma (2009), 'How Strong Are Strong Ties? The Conditional Effectiveness of Strong Ties in Protest Recruitment Attempts', Sociological Perspectives.

연구자 잭클라인 반 스테켈렌베르그Jacquelien van Stekelenburg는 놀랄 만큼 직설적으로 다음과 같이 말한다. "오직 친구만이 차이를 만들었다. 친구가 시위에 가는 중이라면, 그들 역시 그곳에 가는 중일 것이다. 친구는 사람들을 정치에 계속 참여하게 만드는 강한 연결 고리인 것 같다."[124] 한 연구자 그룹은 사람들이 개인적인 일로 집단을 탈퇴한다고 하더라도, 사회적 네트워크가 그대로 유지된다면 다시 집단으로 돌아올 가능성이 크다는 사실 또한 알아냈다. 반대로, 친구가 집단을 떠나면 자신도 집단을 떠나는 '밴드 왜건 효과Bandwagon effect'가 발생하기도 했다.[125] 요컨대 친구는 우리가 정치에 관심을 가질지 말지, 정치에 참여할지 말지, 집단으로 다시 복귀할지 말지를 결정할 때 중대한 차이를 만든다. 다시 말하지만, 친구는 우리를 강제하거나 세뇌하는 존재가 아니라, 다만 '참여'를 가능하게 해 주는 존재들이다.

친구가 투표 참여를 유도할 수 있다는 것도 비교적 분명한 사실이다. 최근 들어, 이른바 '관계 조직Relational organizing' 같은 방법을 통해 이와 같은 일들이 실제로 일어나고 있기 때문이다. 한 가지 예로, 오바마 전 대통령의 참모진이 주도한 프로젝트 팀이 《나와 함께 투표하기Vote with Me》 앱을 만든 것을 들 수 있다. 이 앱은 투표율이 저조하기로 악명 높은 미국 중간 선거에서 유권자들의 투표 참여를 끌어낼 목적으로 고생 끝에 완성된 것이다. 미국에서는 사람들의 연락처, 가입한 정당, 투표권 행사 여부, 투표구가 모두 공개 정보에 해당한다(물론 어디에 투표했는지는 공개되지 않는다). 이 앱은 이러한 유권자 데이터를 기반으로 당신이 휴대

---

[124] J. van Stekelenburg and B. Klandermans (2023), A Social Psychology of Protest: Individuals in Action, Cambridge University Press.

[125] Rickard Sandell (1999), 'Organizational Life aboard the Moving Bandwagons: A Network Analysis of Dropouts from a Swedish Temperance Organization, 1896–1937', Acta Sociologica.

전화 주소록을 앱에 등록하면 지인 중 경합 지역에서 투표권을 행사하고 있는 사람이 누구인지를 알려 주는 기능이 있다. 또한 당신은 앱에서 친한 친구, 한동안 연락이 뜸했던 지인, 직장 동료 등 각각의 집단에 특화된 투표 독려 메시지를 보낼 수도 있다. 어쨌든 투표율을 높인다는 관점에서 보자면, 이 앱은 꽤 매력적인 결과를 가져왔다. 선거 유세에 동원되는 일반적인 방법인 직접 방문은 대략 0.8%, 전화 권유는 약 0.2%의 투표율 증가를 보인 것에 반해, 이 앱은 투표율을 2.4%나 증가시킨 것으로 나타났다. 이 '관계 조직' 기법은 단발성 유세와 비교했을 때 사람들의 정치 참여를 이끌어 내는 데에 훨씬 더 효과적이었다. 여기서 유익한 통찰은, 친구와 비교했을 때 낯선 사람들의 투표 독려는 거의 중요하지 않다는 점이다. 우리의 행동을 바꾸는 것은 무엇보다도 우리 가까이에 있는 사람이다.

요약하자면 이렇다. 우리는 친구로 인해 자신의 정치적 견해를 쉽사리 바꾸지는 않는다. 그리고 어차피 그럴 필요도 없을 것이다. 우리는 이미 자신과 정치적 견해를 같이하는 친구들과 더 많이 상호 작용하게 되는 경향이 있기 때문이다. 다만, 진구는 우리가 편견에서 비교적 쉽게 벗어나게 해 줄 뿐만 아니라, 우리가 자신이 가진 신념을 파악하고 세상 밖으로 나가 그 믿음에 따라 행동하도록 동기를 부여하는 데도 도움을 줄 수 있다.

그렇다면 우리의 우정은 과연 어디까지 확장될 수 있을까? 정치적 견해가 완전히 반대인 사람과 친구가 되는 것이 쉽다고, 심지어 바람직하다고 상상하는 것은 일종의 낭만적 환상이라고 앞서 언급한 바 있다. 하지만 그렇다고 해서, 우리가 친구와 정반대의 견해를 가질 수 없다는 뜻은 아니다. 나와 견해가 일치하는 사람들로만 제한해서 친구로 삼는 것은 세상으로 나아가는 통로가 좁아지는 일일 뿐 아니라, 대인 관계에서 자신이 행사할 수 있는 정치적 영향력을 감소시키는 일이기도 하다. 요즘 좌파의 정치 구호에서 "당신을 교육하는 게 내 일은 아니다It's not my job to educate you"라는 문구가 흔히 들리는데, 이 말이 유행하게 된 데에는 그럴만한 이유가 있다. 설득에 지쳐버린 많은 사람들, 특히 이러저러한 소수자 집단에 속한 사람들이 자신을 제대로 봐 달라고 다른 사람을 설득하는 일에 더 이상 시간을 낭비하지 않겠다는 결정을 내렸기 때문이다. 어떤 문제로 억압당했거나 트라우마를 겪은 이들이 다른 사람에게 그 사실을 교육시켜야 한다고 느낄 필요는 없다는 그들의 말은 옳다. 그러나 정치적 신념의 변화를 추적한 심리학과 사회학 연구 덕분에, 나는 사람들이 서로를 교육하는 것을 어느 정도는 우리 모두의 몫으로, 이 세계에서 한 사람의 시민, 정치적 행위자, 심지어 그저 인간 그 자체로 살아가는 일의 일부로 느끼게 되었다. 앞선 연구들은 사람들이 살면서 특정한 시나리오에 반복적으로 놓이는 것이 매우 중요하다는 점을 시사한다. 고든 올포트를 비롯한 접촉 이론 연구자들이 사람의 생각이 바뀌게 되는 상황적 조건이라고 주장했던 이 시나리오 속에서, 우리는 친구와 동등한 위치에서 서로 협력하고, 깊은 대화를 나누며, 경험을 공유한다. 그렇다. 우리는 우리와 정치적 견해가 다른 사람과도 친구가 되는 세상에 살고 있다.

17
정치를 이야기하려거든 먼저 좋은 친구가 돼라

정치에서 친구가 왜 중요할까? 여기저기 흩어져 있는 연구 결과들을 한데로 모아서, 이제 나는 친구가 (함께 투표하러 가고, 편견을 깨 주는 것 외에도) 최소 두 가지의 중요한 역할을 한다는 주장을 하려고 한다. 첫째, 친구는 우리의 관심사를 넓히고, 둘째, 친구는 우리가 새로운 경험을 통해 자신의 양면성과 씨름해 볼 수 있는 기회를 제공해 준다.

첫째, 우리 관심사의 확대. 일부 심리학자들은 이를 '정서적 맥락 Affective context'으로 부르기도 하는데, 우리의 즉각적인 관심사가 여기에 해당한다. 정서적 맥락은 일상생활에서 우리에게 중요해 보이는 것들의 집합, 즉 우리가 현실적으로 가장 중요하다고 느끼는 영역이다. 넓게는 사람들 대부분이 빈곤국의 아동 문제나 근처의 조류 서식지에서 일어나는 일에 관심을 가지지만, 정서적 맥락은 우리의 뇌가 즉각적으로 에너지를 쏟아부어야 하는 일들, 즉 이번 달 급여라든지 매일 보는 사람들에 관한 것이다. 학습 경험을 설계하는 연구자(오랫동안 내 직업이기도 했다)들은 사람들의 '정서적 맥락' 안에 있는 것들을 활용한 교육이, 사례를 활용한 교육보다 가르칠 때 훨씬 더 효과적이라는 사실을 분명히 알고 있다. 그리고 친구 또한 우리가 즉각적으로 관심을 가지는 존재이기 때문에, 친구가 정치에 관심이 많다면 우리에게도 정치가 중요한 정서적 맥락의 한 부분이 될 수 있다. 이는 친구가 우리를 정치에 관여시키기 때문이고, 정치 문제를 생각하는 게 우리 일상의 일부가 되어 버리기 때문이다. 또, 친구는 우리가 누구를 사랑하고 누구에게 관심을 가져야 하는지 자신의 사례를 통해 보여 주기도 한다. 사회적 접촉 이론가들은 이처럼 '간접적인 우정'조차도 우리의 편견을 약화할 수 있다는 사실을 발견했다.[126] 즉, 친구가 다른 집단 구성원과 친구라는 사실을 아는 것만으로도 우리는 편견을 줄이는 데 도움을 받을 수 있다(예를 들어, 친구에게 중동 출신 친구가 있다면 자신에게 중동 출신이 친구가 있는 것만큼이나 편견 해소에 큰 힘이 될 수 있다). 달리 말해, 친구는 자신이 살아가는 방식을 통해 우리가 어떤 사람을 신뢰할 수 있는지 보여 준다.

정치와 관련해, 사람들이 무엇으로부터 정치적 동기를 부여받는가에 대한 논쟁은 항상 존재해 왔다. 어떤 사람들은 우리가 주로 물질적 이기심에 의해 정치적 동기를 부여받는다고 주장한다. 그러나 이기심 이론은 '샴페인 사회주의자(부유한 좌파)'와 보수 정책을 지지하는 가난한 사람들을 설명하기에는 어려움이 있다. 또, 사회적 지위가 사람들에게 정치적 동기를 부여한다고 말하는 이론가들도 있다. 하지만 사회적 지위가 정치적 동기 이전에 진짜로 제공하는 것은 무엇인가? 대부분의 경우, 답

---

[126] Stephen C. Wright, Arthur Aron, Tracy McLaughlin-Volpe and Stacy A. Ropp (1997), 'The Extended Contact Effect: Knowledge of Cross-Group Friendships and Prejudice', Journal of Personality and Social Psychology.

은 '관계'이다. 실제로 사회학자 마르틴 반 조메렌Martijn van Zomeren은 관계가 우리의 주된 정치적 동기라고 주장했는데, 이는 인간이 철저히 '관계적 행위자Relational actors'이지, '합리적 행위자Rational actor'는 아님을 의미한다. 주말 일정 계획부터 향후 몇 년간의 목표에 이르기까지, 우리가 숙고 끝에 결정하는 많은 행동은 실제로는 관계를 얻거나 유지하기 위한 것들이다. 직업적 삶, 취미, 건강, 외모처럼 겉으로 보이는 것들조차도 일반적으로는 관계에서 사랑받고 싶거나, 매력적으로 보이고 싶거나, 다른 사람과 연결되고 싶거나, 더 많은 시간을 갖고 싶다는 욕구로 귀결될 수 있다. 반 조메렌은 이러한 관계에 대한 욕구는 사회적 압력마저도 능가하는 경향이 있다고 지적하며, "이것이 범죄를 저지른 자식이 여전히 자식인 이유이고, 로미오와 줄리엣이 함께 문화적 규범을 거스른 이유"라고 말한다.[127]

우리가 친구라고 부르는 사람들은 우리의 정서적 맥락에 포함되어 있고, 어떤 의미에서는 우리가 그 움직임에 반드시 반응해야 하는 존재이다. 반 조메렌은 특히 앙트완 드 생텍쥐페리Antoine de Saint-Exupéry의, "인간은 관계로 얽혀 있는 매듭"이라는 어구를 인용한다. 그는 인간을 거미라고 생각하면 인간 존재를 제대로 이해할 수 있다고 주장한다. "거미줄의 미세한 떨림을 감지할 수 있고 그에 반응하는 거미처럼, 대부분의 사람은 대부분의 시간 동안 그들이 위치한 사회 관계망 안에서 관계의 떨림을 감지하며 감동을 받기도 하고 동기를 부여받기도 한다".[128] 실제로 우리는 사회적 관계라는 거미줄 위에 앉아 있고, 거미줄을 통해 사고하는

---

127 Martijn van Zomeren (2016), 'Selvations Theory II: Coping with Value-Infused Events', in From Self to Social Relationships: An Essentially Relational Perspective on Social Motivation, Cambridge University Press (Studies in Emotion and Social Interaction).

128 Ibid.

거미이다. 타인과 맺고 있는 관계들이 타인이 맺고 있는 또 다른 관계들로 이어져 가는 과정에서 우리는 자신의 생각을 정의하고, 다른 생각에 반응하고, 배우고, 모방하고, 때로는 구분 지으며 살아가는 존재라는 점이 내가 여기서 주장하고 싶은 것이다.

이제, 친구가 우리의 생각을 변화시키는 두 번째 방식으로 넘어가 보자. 즉, 우리가 자신의 양면성과 씨름할 때 우리 곁에 있어 주는 것이다.

이를 설명하기 위한 한 가지 모델로는 '심층 유세Deep canvassing'가 있다. 심층 유세는 낯선 사람들 사이에서 일어나는 일임에도, 사람들의 믿음에 놀랍도록 효과적으로 개입하는 몇 안 되는 방식 중 하나라는 점이 최근 입증됐다. 나는 인지 부조화 이론을 연구하던 시절에 이 기법과 친해졌다. 심층 유세가 인지 부조화 연구를 활용하는 기법이며, 그뿐 아니라 정치적 쟁점에 대한 사람들의 생각을 바꾸는 데에 특히 효과적인 것으로 밝혀졌기 때문이었다. 우리가 심층 유세를 '심층'이라고 부르는 이유는 일반적인 유세보다 더 많은 시간과 노력이 들기 때문이다. 일반적인 유세에서는, 특정 후보자를 위해 선거 운동을 하는 유세원이 누군가의 현관문을 두드리고, 누구에게 투표할지를 묻고, 만약 그들이 투표를 망설이는 것으로 보이면 자기 후보를 지지해야 하는 몇 가지 이유를 제시한다. 이러한 유세에서는 유세원이 직접 수집한 데이터가 가장 중요한 자원이 되는 경우가 많다. 나 역시 이런 종류의 유세를 해 본 경험이 있으며, 해당 후보에 투표하겠다고 말하는 사람들의 목록을 확보하는 일이 유세에서 가장 높은 가치를 가진다는 사실은 잘 알려져 있다. 선거 당일이 되면 유세원들은 그들이 실제로 투표했는지 확인하고, 필요하다면 투표소까지 실어 나르기도 한다. 다시 말해, 최고의 열정을 가지고서 '정식으로' 유세를 하는 선거 운동원조차도 자신들의 주된 임무가 '설득'이 아닌 '투표'라는 사실을 안다(그리고 사회 과학 연구가 이를 뒷받침한다).

이와 대조적으로. 심층 유세를 하는 유세원들이 하는 일은 조금 다르다. 보통의 유세원들이 현관문 앞에서 유세 대상과 약 10분 남짓의 시간을 보내는 반면, 심층 유세원들은 30분까지, 때로는 그 이상의 시간을 할애하는 경우도 있다. 심층 유세는 상대에게 해당 투표에 대한 자신의 입장이 어디쯤 위치하는지 1점부터 10점까지 평가해 달라고 요청하는 것으로 시작한다(사람들은 자신에게 1점이나 10점을 주지 않으려는 경향이 있기 때문에, 이런 방식의 질문 앞에서 자신의 양면성과 맞닥뜨리기 시작한다). 그런 다음 유세원은 유세 대상에게 왜 그들의 입장이 '1'이나 '10'이 아닌지 (모호하게라도 자신의 생각을 드러낼 수 있도록) 묻고, 자신의 판단을 배제하는 방식으로 대답을 경청한다(이를 위해 어느 정도의 훈련이 필요할 수도 있다). 그러고 나면 유세원은 자신의 경험을 유세 대상과 공유해야 하는데, 이때 경험에 대한 유세원의 견해와 유세 대상의 견해가 모순되는 경우가 종종 있다(실제로, 매사추세츠주에서 공중화장실 관련 법안이 바뀌는 데에 심층 유세가 영향을 미친 적이 있다. 당시 유세원들 가운데는 트랜스젠더가 많았다. 아마도 그들은 왜 지정된 성별에 따라 화장실을 사용해야 하는지 유세 대상의 견해를 들은 다음, 그것이 자신의 삶을 얼마나 어렵게 만드는지 경험을 공유하는 방식으로 심층 유세를 진행했을 것이다). 마지막으로, 심층 유세원은 자신과 대화를 나눈 뒤 유세 대상의 견해에 어떤 변화가 있는지를 간단하게 물어본다. 그러면 대부분의 경우, 놀랍게도 유세 대상의 견해가 달라져 있다.

실제로 심층 유세는 비교적 짧은 기간의 개입치고는 그 효과가 가히 충격적이다. 내 친구이자 언론인인 데이비드 맥레이니David McRaney는 이에 대해 다음과 같이 말하고 있다:

데이비드 브룩맨David Broockman과 조슈아 칼라Joshua Kalla가 마이애미에서 진행된 트랜스젠더 관련 법안 심층 유세를 통해 측정한 유세 대상의 견해에 일어난 변화의 폭은 '1998년부터 2012년까지 미국에서 게이 남성과 레즈비언에 대한 여론 변화'의 폭보다 훨씬 컸다. 이는 그것만으로도 법을 바꾸고, 경합 주에서 승리를 가져오거나 선거의 판세를 바꿀 수 있는 정도이다. 심층 유세에서 대화는 약 10분에 걸쳐 단 한 차례 이루어졌고, 대화 상대는 대부분 그 기법을 경험해 본 적 없는 사람들이었다. 이로써 만약 유세원들이 더 전문적이었다면, 대화가 더 오래 이어졌더라면, 그 효과는 더욱 컸으리라는 것을 짐작해 볼 수 있다.[129]

놀랍게도 이러한 변화는 조사가 끝난 후 수개월이 지나도록 여전히 유지되는 것으로 나타났으며, 해당 주제뿐 아니라 정치적 스펙트럼 전반에 걸쳐 효과를 보이는 것으로 드러났다. 다시 말해, 사람들에게서 상대적으로 영구적이고, 상대적으로 중요하며, 상대적으로 바뀌지 않는 신념의 변화가 정치적 스펙트럼을 가로질러 일어난 것으로 보였다.

나는 심층 유세 연구자 조슈아 칼라와 이 기법을 놓고 대화할 좋은 기회가 있었다. 칼라는 내게 심층 유세가 왜 그토록 효과적으로 작동하는지 연구자들도 100퍼센트 아는 것은 아니라고 말했다. 실제로 칼라와 연구자들은 심층 유세 과정에서 변수를 찾아내고, 그 가운데 어떤 변수가 효과를 발휘하는지를 입증하기 위해 여러 가지 방식으로 실험하고 있었다. 칼라에 따르면, 지금까지의 연구를 바탕으로 할 때 사람들의 믿음을 바꾸는 심층 유세의 힘은 다음의 세 가지로 보인다.

첫째, 대화하는 동안 판단하지 않는 태도 유지하기. 이 태도를 유지하면 대화 상대의 '반발 심리', 즉 생각을 바꾸려 드는 시도에 강하게 저항

---

[129] David McRaney (2022), How Minds Change: The Surprising Science of Belief, Opinion, and Persuasion, Penguin.

하는 현상이 줄어드는 것으로 보인다. 이는 또한 상대가 새로운 정보나 생각을 즉각적으로 반박할 필요가 없다고 느끼게 만들어, 기존의 견해를 강화하지 않는 방식으로 이를 받아들일 수 있는 여지를 마련해 주기도 한다. 이로써 (경청을 통해) 일단 신뢰가 쌓이면, 상대는 새로운 관점을 받아들일 준비가 된 것이다.

둘째, '내러티브 교환Narrative exchange' 혹은 이야기 주고받기. 심층 유세를 연구하는 사람들이 다양한 대본으로 시도해 본 결과, 심층 유세에서 가장 중요한 부분은 유세원이 자기 경험을 이야기하는 것이라는 사실을 발견했다. 사례를 드는 방식은 잘 통하지 않았지만, 유세원이 주제에 대한 자신의 생생한 경험담을 이야기하면 통할 가능성이 컸다. 칼라의 생각에 따르면, 이것이 효과적인 이유는 누군가의 경험을 직접 들을 때, 청자가 화자에게 그런 일은 도저히 있을 수 없다고 말할 수는 없기(적어도 매우 어렵기) 때문이다.

마지막으로, 칼라는 심층 유세원이 유세 대상의 견해에 변화가 있는지를 다시 한번 물어보는 것이 중요했다고 생각한다. 이렇게 하면 유세 대상이 실제로 자신의 생각이 변했음을 인식하는 데 도움을 줄 수 있다는 것이다.

내가 심층 유세에 매료된 이유는 그것이 정치 문제의 만병통치약이라고 생각해서가 아니다(시간이 더 걸리고, 노력이 더 필요하고, 반대 의견을 가진 사람들에게도 유용할 것이기 때문에). 내 생각에는 심층 유세 기법에 대한 연구는 다음의 결과와 통찰을 지속적으로 보여 주기 때문에 중요하다. 즉, 심층 유세는 사람들이 다음과 같은 경우에 정치적 쟁점에 대한 견해를 바꾼다는 점을 보여 준다. 하나, 사람은 누구에게나 양면성이 있기 때문에 자신이 견해를 바꿔도 전혀 문제가 되지 않을 것이라는 느낌을 받는 경우. 둘, 정치적 쟁점을 삶에서 직접 경험한 누군가의 이야기를 듣는 경우. 셋, 자신의 생각을 표현하도록, 그리고 자신의 생각이 바뀌었음을 표현하도록 도움을 받는 경우.

다시 말해, 심층 유세에서 일어나는 흥미로운 일들은 전부 친구 사이에서는 흔히 일어날 법한 일이며, 아마도 이것이 친구와의 접촉으로 인해 우리의 생각이 정교해지거나 바뀌게 되는 이유일지도 모른다. 지금까지의 심층 유세 실험은 낯선 사람들을 대상으로만 진행되었지만, 친구 사이에서 이런 조건이 갖추어질 경우 얼마나 더 강한 효과가 나타날 수 있을지 생각해 보는 것은 흥미롭지 않을 수 없다.

실제로 나는 이를 친구 관계가 가지는 정치적 힘으로 이론화하려고 한다. 친구 사이에서의 대화는 일정한 틀이 없더라도 정치적 견해를 변화시키는 강력한 동기가 되어 주는데, 이는 일정 부분 판단을 배제한 중립적인 경청과 친구의 생각을 들으려는 태도가 전제되기 때문에 가능한 것으로 보인다. 대화를 나누는 동안 우리는 친구의 견해와 대조해 가며 조심스럽게 자신의 견해를 다듬고, 둘 사이에서 대화가 어떻게 작동하는지를 테스트한다. 그리고 만약 우리가 운이 좋다면(항상 운이 좋은 것은 아니겠지만), 우리의 친구는 우리가 대화의 정답을 말해 줄 필요가 없는 사람들이다. 친구와의 대화는 주제에서 조금 어긋날 수도 있고, 어쩌면 친구가 싸움을 걸어 올 수도 있다. 견해가 달라 서로에게 짜증이 나서 다음에 이야기하자고 대화를 미루기도 한다. 추측하건대, 나는 이런 과정 전부가 어떤 정치적 쟁점에 대해 우리가 제대로 사고하게 해 주는 중요한 부분이라고 생각한다. 하지만 서로를 정말로 아끼는 친구 사이가 아니라면 대화를 제대로 해낼 가능성은 극히 적을 수밖에 없을 것이다.

적어도 내가 자란 미국에서는 "친구 사이에 정치 얘기는 꺼내지도 말라"라는 것이 경험에서 나온 일반적인 룰이다. 정치는 종교, 돈, 섹스와 함께 모임과 우정을 망치기가 부지기수이기 때문에 관계를 유지해야 할 사람 앞에서는 거론하지 말아야 할 주제로 꼽힌다. 이 책에서 내가 주장하는 바는, 그러나 우리가 친구 사이에서 하는 정치 얘기에 늘 그렇게 비판적일 필요는 없다는 것이다. 사실 나는 우리가 친구와 정치에 대해 절대로 이야기해서는 안 된다고 생각하지는 않으며, 때로는 약간의 어색함을 감수하더라도 대화가 그리로 흘러가게 돼야 한다고 믿고 있다. 우리가 정치에 대해 더 나은 생각을 가질 수 있는 세상을 진짜로 바란다면, 실제로 우리는 정치 이야기를 친구 사이에서부터 시작할 수 있어야 한다. 왜냐하면 그것이 정치적 견해를 변화시키는 가장 쉽고, 효과적이고, 근본적인 대화이기 때문이다. 따라서 친구를 사귀는 것과 우정을 유지하며 깊은 대화를 나누는 것은 우리 시대 정치의 핵심 과제 중 하나가 될 것이다.

심층 유세는 대부분의 일상적 대화에서 상대의 정치적 견해를 바꾸기 위한 현실적인 선택지가 아니다. 하지만 어쨌거나 우리가 친구와 그런 방식으로 대화하도록 구조화되어 있다고 상상해 보라. 예를 들어, 자너들이 다니는 학교를 함께 운영해야 하고, 나란히 앉아 저녁 식사를 해야 하고, 함께 지역 정책을 만들어야 한다면? 우리는 여전히 친구 관계를 유지할 수 있을까? 핵심은, 우리는 친구 관계를 유지해야 한다는 것이다. 이 책을 집필하면서 나는 수십 명의 사람과 이야기를 나누었다. 특히 워싱턴 DC의 세입자 조합에서 활동하던 한 여성의 이야기가 인상적이었다. 그녀가 일하던 건물의 세입자 대표는 허술한 보안, 잦은 주거 침입, 종종 일어나는 총격, 차량 도난 등을 이유로 더 많은 경찰을 건물에 들이기를 원했다. 그녀를 비롯해 경찰의 주거 구역 침범에 반대하는 좌파 주거 활동가들은 이 문제로 골머리를 앓았지만, 세입자 간의 충돌을 원하지 않았고, 한동안 해결책을 찾지 못했다. 그러던 중, 그 건물에서 추수 감사절 칠면조 경품 행사가 열렸는데 관리실에서 이를 문제 삼아 경찰을 부르는 일이 생겼다. 세입자들은 실제로 범죄가 일어날 때는 오지도 않으면서 그런 일로 경찰이 출동했다는 사실에 분노했다. 그리고 모두가 함께 경찰이 정말로 누구를 위해 봉사하는지, 안전한 주거 구역에 대한 또 다른 비전은 무엇인지 고민하기 시작했다. 여기엔 오랜 시간에 걸쳐 천천히 쌓아 온 신뢰 관계와 우연한 사건, 이 두 가지가 모두 필요했다. 예기치 못한 어떤 일이 생겼을 때 거기 같이 있어 주고 이야기를 들어 주는 것, 이것이 바로 친구가 하는 일이다. 분명 우리는 친구와 함께 정치에 대해 이야기할 수 있어야 한다. 하지만 문제의 핵심은 설득이 아닌 오래가는 관계이고, 말이 아닌 행동으로 보여 주는 것이다.

18
정치는 혼자 생각하는 것이 아니다

　서구 문화는 '독립적 사고Independent thinking'를 찬양하며, 특히 정치와 관련해서 이를 '좋은 사고'와 동일시하는 경우가 많다. 그리고 이 독립적 사고라는 개념에는 역사가 있다. 서구에서 근대 민주화 운동이 일어났을 때 많은 사람이 성난 군중(때로 폭력적이기도 한)을 두려워했다. 이쪽 방면에서 제일 유명한 학자인 프랑스의 지식인 귀스타브 르 봉Gustave Le Bon 또한 군중 심리의 위험성을 개괄하는 책을 집필했는데, 책에서 그는 군중을 암시에 매우 잘 걸리고 선동당하기 쉬운 존재로 바라보고 있다. 르 봉은 '파리 코뮌La Commune de Paris'[130] 에 참여한 사람들이 튈르리 궁전과 루브르 도서관을 포함해 파리의 거의 전부를 불태우는 것을 목격

---

[130] 1871년 프랑스 파리에서 발생한 사회주의 혁명으로 세워진 자치 정부이다. 이는 노동자 계급이 주도한 민주적, 혁명적 정부로, 2개월이라는 짧은 존속 기간 동안 여러 가지 사회주의적 정책을 시도했다. 옮긴이.

했고, 이 사건은 그의 신념에 엄청난 영향을 미쳐 그를 격렬한 보수주의자이자 여러 면에서 실제로 반동주의자에 가깝게 만들었다. 군중에 관한 그의 저작은 다양한 층의 독자에게 큰 영향을 미쳤다. 강한 지도자만이 군중의 심리를 장악할 수 있다는 것을 보여 준다는 점에서 히틀러와 무솔리니가 사랑하는 책이었고, 지그문트 프로이트Sigmund Freud와 '광고의 아버지'로 불리는 프로이트의 조카 에드워드 버네이스Edward Bernays의 연구에도 영향을 미쳤다. 심지어 미국 대통령 시어도어 루스벨트Theodore Roosevelt도 르 봉의 저작에 매료되었다. 이들이 모두 르 봉의 분석을 중요하게 생각한 이유는 대부분의 사람이, 특히 다른 사람과 관계를 맺고 있을 때, 높은 확률로 선동당하기 쉽다는 것을 실제로 설명해 주었기 때문이다. 많은 정치 이론가들도 르 봉에게 영향을 받았다. 정치 이론가 프레드릭 제임슨Fredric Jameson이 말하듯이, "군중 속에서 자아의 상실은 반혁명 이데올로기가 등장한 이래 혁명의 폐단을 보여 주는 주된 증거로 제시되어 왔으며, 프랑스 대혁명의 무시무시한 군중을 묘사하며 정점을 찍은 것으로 보인다".[131] 마르쿠스 아우렐리우스Marcus Aurelius부터 존 스튜어트 밀John Stuart Mill에 이르기까지, 많은 사상가들이 좋은 사고란 근본적으로 '타자로부터 독립된 사고'라고 주장하는 이유에는 아마도 군중에 대한 이와 같은 두려움도 일부 포함되어 있을 것이다. 이들 이론가들은 타자가 사고에 미치는 영향에 저항할 수 없는 상태를 (당연히) 두려워했다. 여기서 타자는 교회나 국가 같은 억압적 공동체를 뜻하기도 하고, 또는 단순히 우리 주변에서 우리에게 압력을 가하는 동료를 뜻하기도 한다.

솔직히 이해할 수 있다. 대규모의 군중은 충분히 공포스러울 수 있다.

---

131   Fredric Jameson (2020), Valences of the Dialectic, Verso Books.

홀로코스트 생존자의 후손으로서, 나는 히틀러를 추종했던 군중을 떠올린다. 따라서 군중은 위험해질 수 있으나, 다른 한편으로, 우리는 혼자만의 힘으로 '좋은 사고'에 도달할 수 없다. 그리고 (아무 생각 없는) 군중의 논리를 따라가지 않으면서도, 우리가 다른 사람과 함께 '좋은 사고'로 나아갈 방법은 여전히 있다.

나는 설득에 사용되는 '심리적 압력'을 연구하면서, 오늘날 우리가 지금까지와는 또 다른 정치적 위험에 직면하게 되었다고 확신하게 되었다. 이 위험은 사람들이 격렬한 동조 심리에 사로잡혀서가 아니라, 오히려 그들 모두가 자신이 '스스로' 생각하고 있다고 확신하기 때문에 모두가 잘못된 생각을 하게 될 위험이다. 이는 음모론자들이 자주 애용하는 "스스로 연구하라Do your own research!"라는 문구로 표현될 수도 있다. 이처럼 혼자만의 힘으로 생각하고 행동하고자 하는 욕구는 인간에게서 반복적으로 관찰되는 자율성을 향한 하나의 충동임에 틀림없고, 이는 사실 인지 과학의 공통된 연구 주제이기도 하다. 실제로 '인지 부조화'와 '반발 심리' 같은 심리 현상은 사람들이 자신을 주체성을 가진 존재로 보고자 하는 욕구, 다른 누구에 의해서 자신의 견해가 조작당하지 않고, 스스로 행동을 선택하며, 자신의 행동을 긍정하고자 하는 욕구 때문에 발생한다. 이런 것들이 좋게 들릴 수도 있겠지만, 다른 한편 독립적 사고에 대한 압력은 사람들이 자신의 생각이 '틀렸을지도 모른다'라는 그 어떤 감각에도 맞서 싸우게 만든다는 점에서 역효과를 낳을 수 있다.

현재 나의 견해로는, 연구에서 자신의 신념을 방어하는 사람들을 관찰한 것과 내가 끌어다 쓸 수 있는 심리학 이론 모두에 기반할 때, 오늘날 사람들은 피에 굶주린 군중에 휩쓸리기보다는 자신이 독립적으로 사고한다고 확신하면서 반발하는 태도를 유지할 가능성이 더 큰 것 같다. 달리 말하자면, 좌파 이론가들이 때로 '허위의식False consciousness'[132] 이라고 부르던 것이, 이제는 더 이상 사회 규범과 권력 구조에 아무 생각 없이 복종하는 대중의 모습에 대한 묘사가 아닐 수도 있다는 뜻이다. 새로운 기술 덕분에 반향실 효과, 가짜 뉴스, 정부에 대한 불신, 자아를 강조하는 문화적 에토스(소셜 미디어 프로필부터가 그렇다)가 보편적이라는 점을 고려해 본다면, 오늘날 문제가 되는 것은 군중에 휩쓸리는 것에 대한 역사적 두려움과는 정확히 반대편에 있는 의식으로 보인다. 즉, 사람들이 자신을 독립적으로 사고하는 개인이라고 우기는 것. 그렇다. 오늘날 결함은 '스스로 생각하는' 사람에게서 나타날 가능성이 더 크다. 그러므로 우리가 가장 두려워해야 할 것은 자신에게 잘못된 신념을 불어넣는 사람이며, 바로 우리 자신이다.

해로운 군중과 해로운 개인주의자 양쪽 모두에게 내가 대안으로 제시하고 싶은 '사람'은, 신뢰할 수 있는 사람에게 일부 의존하되 전적으로 의존하는 것이 아니라 상호 의존적인 방식으로 의존하는 사람. 달리 말해, 동맹을 맺고 동맹자와 함께 생각을 나눌 수 있는 사람 바로 '친구'이다. 앞서 살펴본 것처럼, 친구는 우리를 세뇌하거나 그들의 사고방식에 가두는 존재가 아니다. 친구는 우리가 편견에서 벗어나도록, 더 적극적으로 정치에 참여할 수 있도록, 그리고 더 사려 깊은 사람이 되도록 도와주는 존재이다.

우리가 좋은 생각을 하려면 대부분의 경우 다른 사람이 연관되어 있어야 한다. 철학자 일라이자 밀그램Elijah Millgram의 주장에 따르면, 현대 사회의 주요 특징인 '초전문화Hyper-specialization로 인해 우리는 특히 더 상호 의존적으로 되어 가고 있다. 그는 초기 인류는 소규모 집단의 모든 구성원이 사냥과 채집 등의 방법을 알고 있을 정도로 지식의 전문화가

---

132 자신의 존재 기반인 현실로부터 떨어져, 현실을 제대로 반영하고 있지 않은 사상이나 이념을 지지하는 것을 뜻한다. 옮긴이.

이루어지지 않은 사회였다고 말한다(물론 이러한 주장은 인류의 초기 사회를 낭만화한 것일 수도 있지만, 어쨌든 초기 사회에서 '중동 및 북아프리카 지역 특산품 물류 책임자'와 같은 직함을 가진 사람은 없었을 것이다). 밀그램의 주장에 따르면, 현대의 과학 지식과 고도로 전문화된 노동 시장은 인류가 사용하는 정보와 지식의 양을 폭증시키는 결과를 초래했고, 이제 모든 지식은 체인처럼 연결된 전문가들 간의 교류와 신뢰에 의존하고 있다:

> 우리 모두는 아이들이 하는 '전화로 전달하기' 놀이를 변형된 형태로 하고 있다. 이 놀이에서 각 참가자는 순서대로 정보를 전달받게 되지만, 그 정보를 제대로 이해하거나, 판단을 내리거나, 추론할 능력이 없다. 이제 참가자는 자기 차례가 되면 전달받은 정보를 바탕으로 자신의 전문 지식을 활용해 결론을 도출해 내야 한다. 그런 다음 결론을 단순화시키고, '유보 조건Hedge'과 '자격 요건Qualification'을 걷어낸 채, 다른 참가자(그들 역시 제대로 된 이해니 판단, 추론 능력이 없다)에게 넘긴다.[133]

현대 사회에서 이 '전화로 전달하기' 놀이는 대부분의 경우 놀랍도록 성공적인 것으로 보인다. 우리 대부분은 규제 당국부터 기업에 이르기까지, 전문가의 전문성을 신뢰하면서 큰 걱정 없이 비행기를 타고, 고속도로를 달리고, 포장 식품을 구매한다. 우리가 사는 세상에서 끊임없이 엄청난 양으로 신뢰가 생산되고 있다는 사실은 실로 경이로울 따름이다. 지하철을 타는 것처럼 흔한 일조차도 사실은 엄청난 신뢰의 결과물이다. 밀그램이 하는 주장의 핵심은, 지하철을 타는 일상적 행위마저도 지하철

---

[133] Elijah Millgram (2015), The Great Endarkenment, Oxford University Press.

을 설계한 전문가를 신뢰하는 행위라는 점에 있다. 한편, 정치 이론가로서 나는 그러한 신뢰 행위에는 예컨대 기관사에 대한 신뢰, 오늘의 교통 상황을 알려 준 기자에 대한 신뢰, 심지어 응급 상황 시 내게 도움을 줄 다른 승객들에 대한 신뢰까지도 필요하다는 사실에 주목한다. 이는 좀 더 보편화된 신뢰로, 현대인들의 생활에 필수적이다. 여성의 말을 신뢰하지 않고서는 우리가 사는 세상이 얼마나 성차별적인지 알 수 없고, 유색 인종과의 대화를 신뢰하지 않고서는 세상에 얼마나 인종 차별이 만연하는지 알 수 없다. 많은 사람이 훌륭한 사상가는 아는 게 많고 논쟁을 잘한다고 생각한다. 그러나 사실 '잘 생각한다'라는 것은 상당 부분 다른 사람에 대한 신뢰에 의존해 있다.

정치 이론가들과 전문가들이 좋은 사고의 관계적 측면에 주목하는 경우는 매우 드물지만, 예외인 경우도 있다. 이른바 '이론의 의식화 Consciousness-raising' 작업이 바로 그것이다. 이 작업은 특히 1970년대 여성 해방 운동에서 큰 인기를 끌었고, 참여한 여성들이 삶에서 경험한 억압의 경험을 서로 번갈아 가며 이야기하는 방식으로 진행되었다. 예를 들어, 여성들이 직장에서 남성들에게 받는 부당한 대우를 각자 털어놓는 식이었다. 이러한 작업에서 여성들은 자기 경험을 좀 더 명확히 설명할 수 있도록 새로운 이론이나 개념들을 천천히 알아가기 시작했고, 심지어 개발하게 되는 경우도 자주 있었다. 실제로, 이론의 의식화 작업에 참여한 여성들이 만들어 낸 용어가 바로 '성희롱 Sexual harassment'으로, 이 작업이 있기 전까지는 존재하지도 않았던 용어였다.[134]

이러한 이론의 의식화 작업은 심층 유세와 마찬가지로 '친구'가 가져다주는 혜택을 누릴 수 있는 대화 형식을 제공하기 때문에, 오늘날 유행

---

134 R. B. Siegel (2004), 'Introduction: A Short History of Sexual Harassment', in Directions in Sexual Harassment Law, Yale University Press.

에서 밀려나 버렸다는 사실은 안타까운 일이다. 다만 나는 지금까지 친구의 중요성과 정치적 가능성을 얘기해 왔지만, 친구가 아무리 중요하다고 해도 정치에서의 변화를 일으키는 데 있어 여전히 결함이 있는 관계라는 점을 지적하고 넘어갈 필요가 있다. 우정은 결국 불평등하고 배타적이다. 솔직히 우리 모두에게는 자기보다 더 인기가 많은 친구가 있지 아니한가. 인기의 차이는 상당히 자체적인 이유에서 일어나기도 하고, 심지어 슬프거나 잔인한 이유로 일어나기도 한다. 게다가 많은 사회 과학자가 지적했듯이, 우리는 자신과 결이 같은 사람을 친구로 선택하는 경향이 있고 서로의 견해에 이미 동의하고 있을 가능성이 크다. 따라서 나는 '친구'가 주는 혜택만을 취할 수 있는 이론의 의식화 작업 같은 협업적 대화 방식이 우리 사이에서 다시 유행하기를 희망한다.

정치에 관해 말하자면, 정치는 대화가 아니라 '관계'이다(정치적 사고는 혼자 하는 게 아니다). 이 장에서 제시된 모든 증거를 고려할 때, '정치를 잘하는' 사람이 갖추어야 할 기술과 덕목은 결국 사람들의 신뢰를 얻고, 사람들과 깊은 대화를 나누고, 사람들이 자신의 생각을 논리적으로 만드는 데에 도움을 주기 위한 것이므로, 흥미롭게도 그 기술과 덕목은 모두 '좋은 친구'가 갖추어야 할 것과 매우 흡사해 보인다. 좋은 친구는 정치에 비판적일 수도 있고, 다른 집단에 편견을 가질 수도 있고, 심지어 적이 몇 명 있을 수도 있지만, 동시에 우정을 유지해 나가는 데 필요한 일련의 지적이고, 정서적이고, 관계적인 기술들을 지니고 있어야만 한다. 그리고 이러한 '기술'과 '덕목'은 친구 간의 대화에서 다른 어떤 것보다 중요한 역할을 한다. 또, 좋은 친구는 모든 사실을 확인하려 들거나 친구가 하는 말을 마치 십자말풀이 하듯이 들여다보지 않으며, 흔히 말하는 '비판적 사고'에 의해 대화하는 것도 아니다. 좋은 친구는 대화 속 진실에 주의를 기울이며, 누가 신뢰할만한 사람인지 분별하는 것에 능숙하고, 필연적으로 관계적이고 상호 의존적일 수밖에 없는 정치적 사고 과정에 참여하기 위해 자신에게 필요한 관계를 유지하는 것에도 능숙하다.

실제로 정치적 덕목이 우정에서의 덕목과 유사하다는 생각은 이미 고대에도 존재했다(아리스토텔레스는 실용적인 관심사와 지적인 관심사 모두에서 사고를 공유하는 '정치적 우정'이라는 것이 존재하며, 국가의 모든 시민은 반드시 이러한 종류의 우정에 참여해야 한다고 주장했다). 오늘날에도 호세 메디나José Medina와 같은 이론가들에 의해 정치에는 겸손, 호기심, 근면, 열린 마음 등의 '인식론적 덕목'이 존재한다는 주장이 제기되고 있다.[135] 이처럼 고대와 현대를 막론하고 '좋은 친구'가 되는 조건과 '좋은 사상가'가 되는 조건에는 겹치는 것들이 상당 부분 존재한다. 따라서 우리가 만약 군중에 휩쓸리지 않는 '독립적 사고'를 무엇보다 강조하는 전통을 따른다면 이처럼 중요한 사회적 기술들을 등한시하기가 쉽겠지만, 우리에게는 '좋은 친구'와 '좋은 시민' 간의 깊은 연관성을 이해하고자 할 때 기댈 만한 흥미롭고도 조용한 전통 또한 존재한다. 우리는 바로 이 전통을 따라야만 한다.

지금까지 우리는 '토론', '논쟁', '비판적 사고'가 정치에서 왜 그렇게도 비효율적일 수밖에 없는지를 설명하기 위해 많은 시간을 할애했다. 결국 우리가 살며 맺는 가장 깊고 강한 '관계'가 지니는 무게감과 비교해 볼 때, 고작 논쟁만으로 우리의 신념이 바뀐다면 그야말로 깜짝 놀랄 일일 것이다. 그러므로 우리가 정치에 대해 더 '좋은 사고'를 하기 위해서는 (그리고 다른 사람도 그렇게 사고하도록 돕기 위해서는) 스스로 좋은 친구가 되기 위해, 그리고 좋은 친구를 얻기 위해 애써야만 할 것이다.

---

[135] J. Medina (2013), The Epistemology of Resistance: Gender and Racial Oppression, Epistemic Injustice, and the Social Imagination, Oxford University Press.

5장
소셜 미디어의 배신

19
일론 머스크는 왜 트위터를 인수했나

2022년 가을, 세상에서 가장 부유한 억만장자 일론 머스크Elon Musk는 여러 건의 소송과 싱크대를 활용한 퍼포먼스136를 벌인 뒤 440억 달러에 트위터를 인수했다. 그는 자신이 트위터를 인수한 이유는 "다양한 신념이 폭력 없이 광범위하게 토론될 수 있는 디지털 광장을 가지는 것이 인류의 미래에 중요하기 때문"이라고 주장했다.137 달리 말해, '생각의 시장'과 '민주주의'를 위한 결정이었다는 것이다.

우리가 그가 하는 말을 어떻게 생각하든지 간에(아마도 다양한 의견이 있을 거라 생각한다), 일은 터무니없이 잘못된 방향으로 진행되어 갔

---

136 "Let that sink in"에서 "sink"를 가져온 퍼포먼스로, 여기에는 '일이 이렇게 된 이유를 깊이 생각해 보라'라는 뜻이 있다. 옮긴이.

137 Matt O'Brien (2022), 'Musk Doesn't Want Twitter "Free-for-all Hellscape," He Tells Advertisers', PBS NewsHour, 27 October.

다. 트위터 인수 몇 주 만에 머스크는 수천 명의 직원을 해고했고, 훨씬 더 가혹한 직장 내 정책을 도입했다. 그 결과, 자발적인 퇴사도 급증했다. 결국 트위터 시절 직원의 약 80%가 회사를 떠났다. 급여 미지급, 보안 실패, 핵심 인력 부족 등은 서버와 코드 전반에 심각한 문제를 일으켰고, 이는 플랫폼 전체를 영구적으로 폐쇄해야 할 수도 있는 수준의 위협이었다.

그때 머스크는, 그간 사람들에게 '생각의 시장'으로 여겨져 온 이 새로 인수한 플랫폼에서 LGBTQ를 겨냥한 음모론을 직접 트윗한 뒤 곧바로 삭제하는 행동을 보이고 있었다. 다른 한편에서는, 새로 도입된 '블루 체크 인증 시스템Blue check verification system'을 통해 사용자들이 유명인, 특히 머스크를 사칭하면서 가짜 정보가 빠르게 확산되기 시작했다. 예컨대, 일라이 릴리Eli Lilly 제약 회사를 사칭한 누군가는 회사가 인슐린을 무료로 제공해 왔다고 주장했는데, 실제로 이 회사의 인슐린 가격은 매우 높게 책정된 것으로 악명이 높다. 이 가짜 트윗은 곧 회사 주가의 급락으로 이어졌다. 그러자 머스크의 직원 중 일부는 그의 정책과 행보를 머스크 본인 소유의 바로 그 플랫폼을 통해 공개적으로 비판했고, 머스크는 이들을 해고했다.[138] 동시에 혐오 표현과 비방 글이 플랫폼 전반에서 급격히 증가했다. 광고주들은 '표현의 자유 절대 사수'라는 머스크의 입장에 깊은 우려를 표하며 잇따라 플랫폼을 떠났고, 그 결과 광고 수익은 트위터 시절에 비해 약 80%가량 감소했다. 어느 때나 권모술수에 능한 모습을 보여 온 머스크조차, 반유대주의에 대한 자신의 음모론을 우려하는 광고주들에게는 "엿이나 먹으라"며 막말을 내뱉을 뿐이었다.[139]

그러고는 당연하다는 듯, 머스크는 X를 앞세워 전 대통령 도널드 트

---

[138] Kate Conger, Ryan Mac and Mike Isaac (2022), 'Elon Musk Fires Twitter Employees Who Criticized Him', New York Times, 15 November.

럼프에게 시간과 관심을 쏟기 시작했다. 트럼프는 미국 의사당 난입 사건 이후 트위터 사용이 금지된 상태였는데, 이는 그가 자신의 계정을 이용해서 2020년 미국 대선 결과를 계속해서 부정하고 재차 폭력을 선동할 수도 있다는 우려 때문이었다. 그럼에도 머스크는 트럼프의 계정을 복구할지 말지 여부를 묻는 사용자 투표를 진행했고, 근소한 차이로 '예'가 승리했다. 그러자 그는 "민중의 목소리는 곧 신의 목소리다Vox Populi, Vox Dei"라고 선언하며 트럼프의 계정을 다시 활성화시켰다.[140] 트럼프는 과거부터 트위터에 과도할 만큼의 애정을 보였지만, 사용이 금지된 후에는 '트루스 소셜Truth Social'이라는 플랫폼을 직접 만들고 자금을 지원해 왔다. 이에 그는 자신에게 더 이상 트위터는 필요하지 않다고 공언하기도 했으나, 트위터/X의 막강한 영향력은 그조차도 거부하기가 어려운 수준이었다. 결국 트럼프는 다시 돌아올 수밖에 없었다. 계정이 복구되자마자 그는 조지아주 교도소에서 찍은 자신의 머그샷 사진과 함께 "선거 개입. 굴복하지 말라Election interference. Never surrender!"라는 문구를 트윗했고, 거기엔 물론 본인을 위한 모금 행사 링크도 빠지지 않고 첨부되어 있었다.[141]

그로부터 몇 주 뒤, 머스크는 경쟁 기업에 대한 언급을 금지하고 자신에게 비판적인 언론인들의 계정을 정지시킨 일로 자기 소유의 또 다른 회사인 테슬라Tesla의 임원들로부터 사퇴 압력을 받는 동시에 여론의 뭇매를 맞았다. 머스크는 자신이 X의 CEO 자리에서 물러나야 하는지를 묻는 사용자 투표를 실시하겠다고 했고, 결과에 따르겠다고 공언했다.

---

139   Jacob Kastrenakes and Mia Sato (2023), 'Elon Musk Tells Ad Agencies to 'Go Fuck Yourself' Amid Boycott of X', The Verge, 30 November.

140   Elon Musk (2022), 'Tweet about X Platform', x.com, 3 December.

141   Jill Colvin (2023), 'Trump Returns to Site Formerly Known as Twitter, Posts His Mug Shot Shortly after Georgia Surrender', Associated Press, 25 August.

투표 결과는 '예'였다. 그러나 이번에는 "민중의 목소리는 신의 목소리"라는 말이 무색해졌다. 민주주의의 수호자임을 자처했던 머스크는 사임하지 않았다. 그는 나중에 사임하겠다고 말했지만, 동시에 투표가 조작됐다고 주장하며 결과의 정당성에 의문을 제기했다.[142]

트럼프를 비롯한 몇몇 사람들의 계정은 복구된 반면, 더 많은 언론인의 계정은 정지되면서 X는 점점 활력을 잃어 갔다. 주식 가치는 대부분 증발했고, 플랫폼 수익은 기껏해야 어쩌다 한 번 발생하는 수준에 머물렀다. 그러나 비즈니스 측면에서는 실패했을지언정, X는 여전히 머스크가 트럼프, 그리고 대중과의 접점을 넓히는 전략에서 핵심적인 도구로 기능하고 있었다. 2023년 2월, 머스크는 자신이 올린 슈퍼볼 관련 트윗이 조 바이든 대통령의 트윗보다 훨씬 더 저조한 반응을 얻고 있다는 사실을 알아챘다. 그러자 그는 새벽 2시 30분에 코딩이 가능한 모든 직원을 긴급 소집해 자신의 트윗 도달 범위를 인위적으로 확대할 수 있도록 알고리즘을 수정하라고 지시했다. 기술자들은 곧 새로운 알고리즘을 만들어 그의 트윗 도달 범위를 기존 대비 1,000배 이상 늘렸다. 그 결과, 현재 머스크의 트윗은 일반 사용자들의 트윗에 비해 지나치게 과잉 도달되고 있다. 아마도 X를 자주 사용하는 사람이라면 마치 파티에서 가장 성가신 인물이 다른 참석자 모두를 끝나지 않는 자기 독백 속에 가둬 버린 듯한 인상을 받았을 것이다. 그리고 그로부터 6개월 후, X는 2019년에 도입했던 정치 광고 금지 조치를 철회했다.

다음 미국 대통령 선거가 다가올 즈음 머스크는 일적으로도 개인적으로도 X에 점점 더 집착하게 되었다. 한 기자의 보도에 따르면, 몇 주간 머스크가 게시물을 올리지 않은 시간은 오직 미국 동부 시간을 기준

---

142 Sarah E. Needleman (2023), 'Elon Musk Casts Doubt on Poll Wanting Him Gone as Twitter Head', Wall Street Journal, 20 December.

으로 새벽 3시부터 4시 29분까지의 90분뿐이었다. 그는 밤낮을 가리지 않고 최소 30분마다 한 번씩, 하나 이상의 트윗을 올렸다.143 항상 온라인에 접속해 있는 그는 영어 사용자이자 수면 패턴이 불규칙한 인물이기도 하다. 덕분에 그는 늦은 밤 시간대엔 영국(미국보다 5~8시간 빠름)에서 생산된 콘텐츠를 집중적으로 활용하게 되었다. 미국 대선을 앞둔 시점에서 그는 어느새 영국의 문화 전쟁에 이상하리만큼 깊숙이 빠져들어 있었다. 한번은 런던시 경찰을 나치 친위대SS에 비유한 밈을 리트윗한 뒤 로그아웃했다가, 4시간 30분 뒤 다시 온라인으로 돌아와 영국의 시위 참여자에게 징역형이 선고된 것에 분노한 한 암호 화폐 인플루언서의 트윗을 공유한 적도 있다. 머스크는 자신이 소유한 플랫폼의 알고리즘에 의해 자신의 사고방식까지 영향을 받는 듯했다.144 하지만 그가 만든 두뇌가 '최고의 두뇌'는 아니었던 모양이다. X의 자체 개발 인공 지능 '그록Grok'은 머스크를 해당 플랫폼 내에서 허위 정보를 가장 많이 퍼뜨린 인물로 지목했다.145

당연하게도 머스크는 자기 소유의 플랫폼에서 허위 정보를 유포하는 것으로는 멈추지 않았다. 그는 트럼프를 설득해 실리콘 밸리와 긴밀한 관계를 맺고 있는 벤처 자본가 밴스J. D. Vance를 부통령 후보로 세우기 위해 '은밀한 로비'를 시작했다. 트럼프의 재선을 위해 그는 '특별 정치 활동 위원회Political Action Committees, PACs'를 설립했고, 위원회에 등록한 유권자를 대상으로 경품 행사까지 기획했다. 심지어 카멀라 해리스Kamala

---

143 Alex Hern (2024), 'A Week in Tweets: Elon Musk Doesn't Stop Posting But What Is He Saying?', Guardian, 17 August.

144 Alex Hern (2024), 'A Week in Tweets: Elon Musk Doesn't Stop Posting But What Is He Saying?', Guardian, 17 August.

145 Tim Hanlon (2024), 'Elon Musk Called Out as Biggest Pusher of Misinformation on Own Grok AI Platform', Mirror, 13 December.

Harris의 선거 캠프가 보낸 것처럼 꾸민 저속한 가짜 문자 메시지 발송에도 돈을 댔다. 그가 펼친 정치 캠페인은 사실상 조직적인 허위 정보 생산과 심리전의 양상을 띠고 있었고, 이는 단순한 지지를 넘어선 전방위적 공격이었다.[146]

나는 머스크의 트위터 인수 자체가 선거의 판세를 뒤흔들었다거나, 특히 대규모 유권자의 표심을 바꾸는 데 결정적인 역할을 했다고 주장하려는 것은 아니다(앞선 장들의 내용을 떠올려 보라). 지금까지 확인된 가장 신뢰할 만한 데이터에서도, 트위터는 2016년과 2020년 대선에서 무당파 유권자 일부의 마음을 움직였을 가능성은 있지만, 실제로 선거 결과를 바꾸는 수준에는 이르지 못했다.[147] 이러한 결과는 그리 놀랍지 않다. 왜냐하면, 아무리 어떤 소셜 미디어 플랫폼이 강력하다고 해도, 대중의 정치적 견해나 지지 정당을 바꿀 정도로 일상생활이나 사회적 관계에 영향을 미치지는 않기 때문이다.

아마도 트위터가 정치적으로 유용했던 진짜 이유는 다음과 같을 것이다. 첫째, 트럼프는 트위터를 유난히 선호했다. 그렇기 때문에 머스크는 X를 트럼프의 입맛에 맞게 꾸미는 것으로 그의 호감을 사려 했을 가능성이 크다. 둘째, '레케리미엔토'가 그랬던 것처럼, 트위터는 '공개된 담론'과 '광범위한 동의'라는 일종의 환상을 제공함으로써 머스크와 트럼프 모두를 더 정당하고 더 대중적인 인물처럼 보이게 만들었다. 특히 그들의 지지자들에게는 효과가 더 강력했을 것이다. 트위터는 트럼프와 머스크에게는 그들을 열렬히 응원하는 수많은 지지자가 있다는 인상을 심어

---

146 Josh Marshall (2024), 'Elon Musk's Fake Sites and Texts Impersonating the Harris Campaign', Talking Points Memo, 19 October.

147 T. Fujiwara, K. Müller and C. Schwarz (2024) 'The Effect of Social Media on Elections: Evidence from the United States', Journal of the European Economic Association.

주었고, 지지자들에게는 '정치에 참여하고 있다'라는 착각을 일으키는, 민주주의를 위한 가짜 무대를 제공했다.

선거 당일 밤, 트럼프와 머스크는 함께 축배를 들었다. 머스크는 곧 미국 연방 정부와 3억 달러 규모의 계약을 체결했고, 정부 조직의 축소와 외주화를 목표로 신설된 '정부 효율성 위원회Department of Government Efficiency, DOGE'의 위원장 자리에 임명되었다. 이로써 그는 자신이 소유한 여러 회사를 감독하는 정부 부처를 역으로 감독하는 위치에 오르게 된 것이다. 만약 그와 트럼프의 관계가 틀어지지만 않는다면(이 책이 출간될 즈음엔 상황이 달라져 있을 수도 있지만), 머스크는 미국 연방 정부가 자금을 대는 모든 기관을 기초부터 해체할 수도 있다. 설령 그가 그렇게 하지 않더라도, 그의 자리를 노리는 또 다른 부유한 남성(혹은 어쩌면 여성)이 그렇게 할 가능성이 크다.

이 모든 과정에서 머스크 자신의 부는 계속 증가했다. 2024년 11월, 트럼프가 당선된 지 한 달 만에 그의 개인 자산은 약 70%가량 폭등했다.[148] 최근 몇 년간의 자산 증가율이 앞으로도 지속된다면, 머스크는 3년 안에 역사상 최초의 '조만징자Trillionaire'가 될 가능성이 크다. 그리고 당연하게도, 다른 억만장자들도 머스크의 길을 가고자 했다. 심지어 마크 저커버그Mark Zuckerberg와 제프 베이조스Jeff Bezos조차, 생애 처음으로 거액의 대통령 취임 축하 기금을 트럼프 정부에 기부했다.

트위터에 가해진 변화에 놀라고 분노한 많은 사람들은 그 원인을 이해하려 애썼지만, 때로는 설명하는 데 어려움을 겪었다. 이상한 점은, 마치 그들에게는 그 원인을 설명할 적절한 언어조차 없어 보인다는 것이었다. 예를 들어, 2023년 3월 일론 머스크는 "앞으로 인증된 계정만이 '포

---

148 Theo Burman (2024), 'Elon Musk Net Worth Up 69 Percent since Donald Trump Victory', Newsweek, 12 December.

유For You' 추천 피드에 포함될 자격을 얻을 것이며, 플랫폼 내 여론 조사도 같은 이유로 인증이 필요해질 것"이라고 발표했다.[149] 이에 대해 세계적인 미디어 그룹 콘데 나스트Condé Nast의 법무 책임자 루크 잘레스키Luke Zaleski는 다음과 같은 반박 트윗을 올렸다. "모든 사람에게 분명히 상기시키겠다. 일론은 정부의 감독과 규제가 필요한 다양한 분야에서 심각한 이해관계의 충돌을 겪고 있는 우익 미디어 거물이다. 그는 자신이 소유한 거대 소셜 미디어 플랫폼을 정치적 목적에 부합하도록 공개적으로든 비공개적으로든 이용하고 있다."[150] 정말 맞는 말이다. 하지만 일반적으로 자본주의 사회는 부자들이 기업을 인수해 정치적 이득을 추구하는 것을 허용한다. 따라서 내 생각에 머스크의 경우 사람들이 특히 분노한 이유는, 머스크가 인수한 플랫폼이 그들이 정치에 참여하는 주요 수단이었기 때문이다.

그간 트위터가 사람들을 위해 하던 일을 '인프라Infrastructure'라는 개념으로 설명할 수도 있다. 달리 말해, 우리는 머스크가 거대한 '디지털 인프라'를 사들이는 것을 그저 지켜보고만 있었다. 머스크의 트위터 인수는 실제로 많은 사람을 곤란하게 만들었다. 그들은 디지털 습관을 바꿔야 했고, (명확하지는 않지만) 머스크가 민주주의 인프라를 낚아채서 해로운 것으로 만들어 버렸다는 감각을 가지게 되었다. 물론 모든 사람이 트위터를 '민주주의 인프라'로 여겼던 것은 아니다. 하지만 거의 모든 이들이 트위터의 기능은 예컨대 넷플릭스Netflix보다 정치적 측면에서 훨씬 더 중요한 잠재성을 지니고 있다는 사실을 알고 있었다. 그래서 사람들이 '프리미엄'이라는 명목으로 요금을 부과하는 방식에 (넷플릭스에

---

149 Reuters (2023), 'Only Verified Accounts Can Vote in Twitter Polls from April 15, Says Musk', Reuters, 28 March.

150 L. Zaleski (2023), 'Tweet', Twitter, 10 March.

는 분노하지 않지만) 분노하는 것이다. 그 분노의 바탕에는, 트위터 같은 특수한 플랫폼은 중요한 공적 기능을 수행하므로, 억만장자의 소유물이 되어서는 안 되며, 누구에게나 무료로 제공되어야 한다는 직관적 인식이 깔려 있는 것이다. 또한 트위터를 성공으로 이끈 요인은 수백만 명의 사용자가 제공한 무료 노동이었다는 점 역시 사람들의 분노에 깊게 작용하고 있는 듯하다.

결국 트위터가 그렇게까지 인기를 얻게 된 것은 어찌 보면 당연한 일일지도 모른다. 부분적이긴 하지만, '토론'과 '생각의 시장'이라는 관념에 문화적으로 매혹되어 온 우리에게, 트위터는 그런 이상을 즉각 실현하는 도구처럼 보였기 때문이다. 실제로 많은 평론가가 트위터가 정치 세계의 변화에서 핵심적인 역할을 할 거라 믿어 왔다. 특히 그러한 믿음은 '맨해튼 점령 시위'와 '아랍의 봄' 무렵에 더욱 강해졌다:

> 앤드류 설리반Andrew Sullivan은 《아틀란틱The Atlantic》에 "혁명은 트위터를 통해 확산할 것이다"라는 제목의 기사를 게재했다. 《뉴욕 타임스New York Times》의 니컬러스 크리스토프Nicholas Kristof 역시 "21세기에는 한쪽에서 정부의 깡패들이 총을 쏠 때, 다른 쪽에서는 젊은 시위 참여자들이 트윗을 날린다"라고 말했다. 조지 부시George W. Bush 행정부에서 국가 안보 보좌관을 지낸 마크 페이플Mark Pfeifle은 심지어 "트위터에 노벨상을 수여해야 한다"라고 주장했다.[151]

지금 시점에서, 트위터가 노벨상을 받을 수 있을 것 같지는 않다. 하지만 한때 많은 사람이 트위터를 자신들이 꿈꾸는 민주주의를 실현할 수

---

151   Vincent Bevins (2023), If We Burn: The Mass Protest Decade and the Missing Revolution, Hachette UK.

있는, 민주주의라는 숭고한 이념을 실현할 수 있는 장소로 이상화했다. 그러나 베빈스Vincent Bevins가 지적하듯, 트위터를 기반으로 빠르게 확산한 시위는 대신에 느슨했고, 시위 참여자들은 자신들이 (실제보다 과장된) 커다란 성과를 이뤘다는 착각에 빠지곤 했다. 더 심각한 것은, 정부가 이러한 소셜 미디어 플랫폼을 역이용해 반정부 인사를 체포하는 일에 활용했다는 점이다.

실제로 모든 '인프라'는 언제나 경쟁의 대상이 된다. 인프라는 정치인들과 대중 모두가 권력을 획득하거나 행사하기 위해 경쟁적으로 활용하려는 자원이기 때문이다. 따라서 인프라는 민주주의를 실현하는 데도, 혹은 오히려 그것을 훼손하는 데도 이용될 수 있다. 한편에서는 사용자들이 디지털 플랫폼을 통해 민주주의에 참여하고 있다는 감각을 경험할 수 있지만, 다른 한편에서는 기업과 정부가 커뮤니케이션을 자신들에게 유리하게 조작함으로써 훨씬 더 큰 권력을 얻기도 한다. 예를 들어, 페이스북, 인스타그램, 왓츠앱WhatsApp의 모기업 메타Meta는, 전 세계의 여러 저소득 국가에서 '무료 기본 서비스Free Basics'라는 인터넷 접속 프로그램을 제공한다. 그러나 대부분 이 서비스는 메타 자체 앱을 통해서만 접근할 수 있으며, 결국 사용자는 메타가 허용한 일부 사이트와 콘텐츠에만 접속할 수 있다. 이는 '망 중립성Net neutrality' 원칙을 정면으로 위배하는 행위다. 당신이 가난하다면 메타는 당신이 공짜로 인터넷을 사용할 수 있게 해 준다. 하지만 그것은 오직 메타가 정한 제한된 범위 내에서 허용되는 접속일 뿐이다. 이와 마찬가지로, 틱톡TikTok 역시 현재 미국과 중국의 '디지털 냉전'에 깊숙이 얽혀 있다. 많은 이들에게 이들 플랫폼은 바보 같고 시시하게 느껴질 수 있다(이상한 춤 영상, 이해 불가능한 논쟁, 끝없는 서브 트윗들). 그러나 아이러니하게도 이 플랫폼들은 오늘날 대중의 삶에서 핵심적인 인프라로 기능하고 있으며, 지구상에서 가장 강력한 국가 간의 갈등을 유발하는 진원지가 되고 있다.

일론 머스크의 트위터 인수는 여러 면에서 당혹스러운 일이었지만, 정작 우리가 주목해야 할 것은 그것이 전혀 이례적인 사건이 아니라는 사실이다. 억만장자가 중요한 의사소통 인프라를 소유하거나, 그것을 이용해 민주주의 선거에 영향을 미치려 하는 일은 전혀 이상할 것이 없는 오늘날의 풍경이다. 현재 미국 뉴스 산업의 상당 부분은 약 15명의 억만장자가 소유하고 있으며, 이 중 6개 기업이 전체 미디어의 대부분을 통제하고 있다. 예컨대, 루퍼트 머독(Rupert Murdoch)은 《폭스 뉴스Fox News》와 《월 스트리트 저널The Wall Street Journal》을, 제프 베이조스는 《워싱턴 포스트The Washington Post》를 소유하고 있다. 마이클 블룸버그Michael Bloomberg는 당연히 《블룸버그 통신》을 소유하고 있고, 도널드와 새뮤얼 뉴하우스Donald and Samuel Newhouse 형제는 《와이어드Wired》, 《배니티 페어Vanity Fair》, 《뉴요커The New Yorker》, 《보그Vogue》 등 다수의 유명 잡지를 소유한 미디어 기업을 이끌고 있다. 또한 2016년 기준으로 콕스 미디어 그룹Cox Media Group은 일간지 7개, 라디오 방송국 59개, 12개 이상의 출판사, 그리고 텔레비전 방송국 14개를 소유하고 있었다.[152] 이 외에도, 비슷한 사례는 얼마든지 있다.

머스크의 트위터 인수가 특히 많은 사람에게 상처를 준 이유는, 사람들이 이미 트위터를 '우리 모두의 것'처럼 여겨 왔기 때문이다. 하지만 자본주의의 관점에서 보면, 트위터 인수에서 유일하게 이례적이었던 점은 단지 인수 과정이 대중에게 투명하게 공개됐다는 점, 그리고 그 결과가 사람들의 삶을 어떤 식으로 바꿔 놓았는지 사람들이 곧바로 이해할 수 있었다는 점뿐이다. 그저 약간은 기괴한 면이 있고 자신의 생각을 끊

---

152 Kate Vinton (2016), 'These 15 Billionaires Own America's News Media Companies', Forbes, 1 June. N. Rapp and A. Jenkins (2018), 'These 6 Companies Control Much of U.S. Media', Fortune, 1 August.

임없이 트윗하는 한 사람이 공공의 인프라를 소유하게 될 때 어떤 일이 벌어지는지를, 말 그대로 온 세상이 실시간으로 목격한 것이다.

20
기울어진 운동장

앞선 장들에서, 나는 '생각의 시장'과 '토론'이 올바른 정치적 사고에 방해가 되는 형편없는 방법이라고 주장했다. 대신에, 나는 사람들이 정치를 제대로 사고하기 위해서는 가능한 '행동'과 사회적 '관계'가 필요하다고 제안했다. 이 장에서는 앞선 주장과 제안이 무엇을 함의하는지 대략적으로나마 그려 보고자 한다. 결국 나는 우리가 정치에 대해 제대로 사고하기 위해서는 애초에 '시장'이나 '토론'을 가능하게 하는, 일종의 '인프라'가 필요하다고 생각한다. 그것도 민주주의에 걸맞은 인프라 말이다. 사실 트위터 같은 플랫폼은 깊이 있는 사고를 촉진하기보다는 오히려 양극화와 선동을 부추기는 것에 더 용이하게 설계되어 있다. 그리고 이러한 플랫폼이 자본가의 소유 아래 자본의 논리 및 동기와 양립하는 한, 앞으로도 그러한 경향은 지속될 수밖에 없다.

트위터, 혹은 지금의 X는 '생각의 시장'이라는 신화가 얼마나 위험해질 수 있는지를 보여 주는 몇 가지 핵심적인 장면을 제공한다. 트위터와 같은 형태의 소셜 미디어 플랫폼은 민주주의를 아주 제한적으로만 지원할 뿐이며, 동시에 반민주적 목적을 위해 너무도 손쉽게 악용될 수 있다. 문제는, 이런 악용이 실제로 일어난 경우에도 '생각의 시장'이라는 신화적 담론은 이를 정당화하거나 미화한다는 점이다. 그 결과, X는 고도로 비민주적인 구조에 '민주주의'라는 보기 좋은 허울을 씌우고 있다. 권력자들과 자본가들은 트위터 같은 플랫폼을 이용해 민주주의에 대한 우리의 인식을 '정보 공개'와 '투표'라는 단순한 절차적 이념으로 축소하고, 여기에 민주적 정당성이라는 베일을 덧씌울 수 있다. 나아가, 이미 자신들의 편에 선 사람들을 강력하게 결집시키는 도구로 인프라를 활용할 수도 있다.

이 모든 논의가 우리 모두에게 시사하는 바는 분명하다. 우리는 온라인과 오프라인을 아우르는 훨씬 더 광범위한 형태의 민주적 인프라를 스스로 구축해야 한다. 그리고 트위터를 비롯한 디지털 플랫폼을, 문자 그대로든 혹은 비유적인 의미에서든, 반드시 되찾아야 한다. 그럴 수 없다면 기꺼이 포기하고 폐쇄시켜야 한다. 민주주의는 방치된 인프라 위에서는 자라날 수 없다. 그것은 우리가 함께 만들고, 함께 돌보고, 함께 책임지는 공간 위에서만 지속될 수 있다.

폭넓게 이해하자면, 인프라란 우리의 일상적인 '행동 가능성'을 실현시키는 물리적 '기반'이라 할 수 있다. 인프라는 시장의 근간이며, 애초에 시장이 존재할 수 있게 하는 조건이기도 하다. 예컨대 도로가 없다면 우리는 식료품 가게에 갈 수 없고, 와이파이나 모바일 데이터에 접근할 수 없다면 온라인 쇼핑 역시 불가능해진다. 인프라 없이는 개인이든 집단이든, 어떤 역할도 온전히 수행할 수 없다. 인간의 기본 욕구인 공기, 물, 음식, 주거는 거의 예외 없이 인프라에 의해 직접적으로 제공되거나 혹은 인프라에 커다란 영향을 받는다. 따라서 수전 레이 스타Susan Leigh Star는 인프라를 이렇게 정의한다. "인프라는 매번 새로 만들어질 필요도 조립될 필요도 없으며, 눈에 띄지 않는 방식으로 사람들을 돕는다."[153] 이 정의는 인프라의 본질을 더없이 명쾌하게 설명한다. 우리는 대체로 자신이 인프라에 의존하고 있다는 사실을 인식조차 하지 못한다. 그러나 바로 그 무의식적인 의존이야말로, 우리가 얼마나 깊이 인프라에 기대어 살아가는지를 보여 주는 강력한 증거다.

사실 우리는 인프라의 존재와 중요성을 그것이 고장 났을 때 비로소 인식하게 된다. 트위터에 벌어진 일도 마찬가지였다. 머스크의 인수 전, 트위터는 많은 사람에게 가벼운 유머와 밈 공유, 혹은 무해한 바보 같은 이야기들이 오가는 공간이었다. 하지만 동시에 정치적 쟁점에 대한 의사소통이 이루어지고, 커뮤니티가 형성되고 성장하는 공간이기도 했다. 그중에서도 특히 작가, 언론인, 예술가, 정치인이 팔로워 혹은 대중과 소통하기 위해 트위터에 깊이 의존해 왔다. 그러나 머스크가 회사를 인수한 뒤 그들은 말 그대로 하룻밤 사이에 모든 것을 잃게 되었다. 팔로워들이 플랫폼을 떠났기 때문이다. 기존 사용자들은 곧 트위터의 전반적인 질적 하락을 경험하게 되었다. 버그가 잦아졌고, 사용자 수는 줄었으며, 타임라인은 부정확해졌고, 머스크의 트윗만 눈에 띄게 보이게 되었다.

인프라는 결코 '중립적'이지 않다. 그것은 거의 항상 자동적으로, 그리고 눈에 잘 보이지 않는 방식으로 누군가에게는 더 많은 힘, 다른 누군가에게는 더 적은 힘을 부여한다. 예를 들어, 대중교통은 단순한 이동 수단이 아니다. 그것이 들어서는 지역의 주택 가격과 개발 양상을 근본적으로 뒤바꾼다. 마찬가지로, 와이파이나 인터넷 접속도 단순한 기술이

---

153 Susan Leigh Star (1999), 'The Ethnography of Infrastructure', American Behavioral Scientist.

아니라, 접속이 가능한 사람들과 불가능한 사람들 간의 권력 구도를 새롭게 그린다. 소셜 미디어 역시 새로운 시장을 창출하고, 새로운 온라인 질서를 설계한다. 그 작동 방식과 알고리즘, 그리고 철학에 따라 그 안에서 유통되는 생각과 담론의 '액면 가치'가 바뀌게 된다. 즉, 어떤 정보가 더 대중성을 얻고 어떤 목소리가 좌절당할지가 기술 설계를 통해 결정되는 것이다.

인프라는 '활성화 시스템'이다. 그것은 단순히 정적인 구조물이 아니라 '행동 유도성'을 가지며, 이를 통해 특정한 종류의 행동을 촉진한다. 도로는 우리를 여러 장소로 데려가 주고, 학교는 우리가 무언가를 '할 수 있는' 방법을 가르쳐 준다. 인터넷은 디지털 환경에서의 행동 가능성을 제시한다. 이처럼 인프라는 단지 움직임을 허용하는 것이 아니라, 가능한 행동의 선택지를 구성하고 특정한 방향의 행동을 유도한다. 더욱이 인프라는 우리의 행동 가능성만이 아니라 '사고 가능성'까지도 형성한다. 우리는 우리가 읽고 듣는 것에 의해 생각하는데, 오늘날 이러한 콘텐츠는 주로 소셜 미디어를 통해 구조적으로 전달되고 있다. 우리가 다른 사람과 맺는 관계들 역시 도로, 학교, 커피숍 같은 사회적 인프라 덕분에 형성된다. 다시 말해, 인프라는 우리가 무엇을 '토론'하거나 '매매' 하기도 전에, 우리가 무엇을 '신뢰'할 수 있을지를 선행적으로 형성하는 조건이 될 수 있다. 머스크가 트위터를 인수한 뒤 보여 준 몇 가지 조치들은 인프라의 이러한 힘을 잘 드러낸다. 그는 알고리즘을 변경해 '블루 체크'를 보유한 사용자들, 즉 기꺼이 사용료를 내는 이들의 트윗이 더 많이 노출되도록 만들었다. 또한, 뉴스레터 플랫폼 서브스택Substack 등 경쟁 플랫폼의 링크를 공유하거나 리트윗하는 행위를 금지함으로써 사용자들이 다른 플랫폼으로 이동하는 경로를 차단했다. 이것이 바로 인프라의 힘이다. 인프라는 단지 사람들의 행동 가능성을 열어 주는 것이 아닌, 사람들을 가두고 생각과 이동의 자유를 제한시킬 수도 있는 권력 '구조'다.

앞선 장들에서 나는 사람들의 생각을 실제로 변화시키는 조건이 무엇인지에 대해 논의했다. 이제 그 전제를 품은 채, 다음과 같은 질문을 던져 보자. 사람들이 자신의 정치적 견해를 재고하거나 정치 자체를 변화시킬 수 있는 세상을 만드는 일에 우리가 진정으로 관심이 있다면, 그렇다면 어떤 인프라가 우리에게 도움을 줄 수 있는가? 만약 우리가 민주적인 삶을 살길 원한다면, 우리는 다음 세 가지 유형의 인프라를 재건해야 한다.

하나, 우리에게는 '관계'가 무엇보다 중요하므로, '상호 의존적 관계'라는 말에서 자연스럽게 연상되는 바로 그러한 유형의 인프라를 보다 나은 형태로 구축할 필요가 있다. 여기에는 우리가 일반적으로 생각하는 미디어, 소셜 미디어 같은 인프라가 포함된다. 따라서 민주주의를 위한 더 나은 인프라를 만든다는 것은 경우에 따라 소셜 미디어를 몰수해야 한다는 뜻일 수도 있다. 혹은 소셜 미디어를 철저히 규제하거나 유사한 복제 플랫폼을 만드는 방식일 수도 있다. 그리고 인프라를 통제하는 권한, 즉 소유권과 관리 권한을 민주화함으로써, 우리는 미디어와 커뮤니케이션, 인터넷, 나아가 정치에 대한 접근성까지도 재구축해야 할 것이다.

둘, 우리는 '사회적' 인프라를 구축할 필요가 있다. 즉, 우리가 새로운 유형의 사람들과 관계를 맺을 수 있게 하고 그 과정을 통해 새로운 사고방식에 열린 태도를 가질 수 있게 하는 인프라를 만들어야 한다. 이러한 인프라는 곧 다양한 커뮤니티들이 서로 연결되고 번성할 수 있도록 돕는 장소, 공간을 뜻한다. 또한, 사회적 인프라를 민주적 인프라의 일부로 간주하는 것은 민주주의를 훨씬 더 넓고 깊게 이해하는 것을 뜻한다. 우리는 그 인프라가 아니면 절대로 섞이지 않을 사람들이 만날 수 있는 환경을 의도적으로 만들어 내야 하기 때문이다.

그리고 셋, 우리는 '행동 가능성'을 확장함으로써 정치적 담론을 간접적으로 지원하는 인프라를 구축해야 한다. 우리의 정치적 견해는 실제로 매우 많은 부분에서 우리가 어떤 삶을 살고 있고 어떤 집단에 속해 있는지에 따라 영향을 받는다. 그렇기에 우리는 인프라의 도움을 받아 더 다양한 삶의 경험에 접근할 수 있어야 한다. 이것은 비록 전통적인 '인프라'의 정의에는 부합하지 않지만, 그만큼이나 중요한 역할을 한다.

이처럼 민주주의를 '인프라'의 관점에서 사고한다는 것은, 우리가 정치를 진지하게 고민할 때 그것을 도덕화하거나 개인화하는 함정에 빠지지 않을 수 있는 가장 안전한 지름길 중 하나다. 우리는 흔히 정치 담론에서 나타나는 사회적 문제를 생각할 때, 그것을 단지 귀를 틀어막고 고함을 지르는 누군가나 '편견에 사로잡힌 정신 나간 콘텐츠'의 탓으로 돌리기 쉽다. 하지만 이러한 문제를 바라보는 데 있어, 더 유용한 접근은 예컨대 교통 체증을 바라보는 도시 계획가의 눈으로 바라보는 것이다. 교통 체증에는 도덕적으로 비난할 대상이 없다(물론 많은 사람이 자기 바로 앞에 있는 운전자의 잘못으로 생각하지만). 우리는 때로 꽉 막힌 도로 위에서 앞차 운전자에게 소리치고 싶은 충동을 느끼지만, 우리 역시 누군가의 앞에 있는 사람일 가능성이 크고, 우리가 그 자리에 있고 싶어서 있는 것도 아니다. 이처럼, 정치 담론의 실패를 개인의 탓으로 돌리는 시선은 구조적 현실을 가리는 장막이 되기 쉽다. 그보다는 인프라, 즉 사람들이 어떤 행동을 하게 되는 구조를 이해하고 재구축하는 시도가 필요하다.

우리가 어떤 현상을 보며 '무언가 잘못되었다', '이건 해롭다'라고 느낄 때, 그 문제의 당사자라 여겨지는 사람은 실제로는 마치 교통 체증에 갇힌 운전자처럼 그저 기존의 인프라에서 유감스러운 한 '지점'에 놓인 것일지도 모른다. 예컨대 어떤 교차로가 매일 저녁 6시만 되면 정체되는 경향이 있다면, 그것은 단지 누군가가 운전을 잘못해서가 아니라, 도로 체계 전반에 걸친 보다 중대한 문제를 시사하는 것일 수 있다. 이런 경우, 그 지역에는 더 많은 차선과 더 많은 대중교통 노선이 필요한 것일 수도 있다. 이처럼 '인프라적 해법'은 출퇴근하는 사람들에게 "지각하기 싫다면 좀 더 일찍 집을 나서라", "만원 버스에 올라타라" 식의 충고를 하는 것보다 훨씬 더 효과적이고 공정하다.

인프라의 관점에서 사고하는 것은 사람에게서 비롯된 실수, 피로, 나태함 혹은 게으름 같은 문제를 이해하고 해결하는 데도 중요한 통찰을 제공한다. 예컨대, 학교 앞 도로가 커브 길이라면 사람들은 반사적으로 속도를 줄이게 된다. 그건 강요가 아닌 구조적 유도다. 이는 인프라가 행동 유도성을 갖는 전형적인 사례다. 하지만 지금 우리가 살아가는 디지털 환경의 대부분은 사람들이 정치를 깊이 사고하지 못하도록 설계되어 있다.

우리는 지금 '사용자 경험 디자인User experience design'의 황금기를 살고 있다. 수천 명의 설계자가 더 '사용하기 쉬운' 플랫폼을 만들기 위해 노력하고 있지만, 거의 항상 '중독적인' 사용자 경험을 만들어 내고 있다. 문제는 '사용자'나 '운전자'가 아니다. 문제는 도로가 항상 '좋아요', '구독', '공유'를 극대화하는 방향으로 설계되고 있다는 것이다.

인프라 기반의 접근은, 우리가 정치를 마치 역사를 뒤바꾸는 몇몇 피상적인 '도덕적 장면'으로만 사고하는 감상적이고 비현실적인 시선에서 벗어나도록 도와준다. 대신, 이 접근 방식은 정치는 곧 구조이며, 구조는 곧 권력임을 우리가 이해할 수 있게 한다.

요컨대, 인프라를 올바르게 이해하는 일은 매우 어렵다. 그러나 이러한 이해 없이 쌓아 올리는 '행동'과 '관계'는 상황을 오히려 더 악화시킬 위험성이 크다. 정치적 담론의 영역을 ('시장'이나 '토론'의 단계가 아닌) 인프라 단계에서 숙고한다는 것은, 아직은 불완전한 '시스템'을 실험해 보는 것과도 같다. 하지만 바로 이러한 실험적 접근이야말로 우리가 지금까지 당연하게만 여겼던 정치적 담론의 문제를 새롭고 유용한 방식으로 재조명하는 것이다.

21
소셜 미디어는 절대 공짜가 아니다

사회는 인프라에 의존해 사람과 상품을 이리저리 이동시키고, 물을 정수하며, 음식을 적절히 분배한다. 그리고 이와 마찬가지로, 사회는 인프라에 의존해 사상, 담론, 정보, 그리고 대중의 흐름을 조직하고 관리한다. 대부분의 사람은 인프라가 공공을 위해 존재해야 한다는 점을 직관적으로 이해하고 있다. 모든 사람이 학교에 가서 기본적인 교육을 받아야 한다는 것에 사람들이 대체로 동의하는 이유도 바로 이 때문이다. 또한, 이것은 오늘날 자유롭고 공정한 미디어가 중요하다고 여겨지는 이유 중 하나이기도 하다. 이처럼 인프라를 우리 사회를 지탱하는 구조로 본다면, 소셜 미디어가 인프라라는 사실은 자명해진다. 그렇다. 오늘날 대부분의 사람은 소셜 미디어를 통해 뉴스에 접근한다. 그리고 앞으로도 우리는 점점 더 그렇게 될 가능성이 크다.

인터넷 인프라를 둘러싸고 오랫동안 제기되어 온 핵심적인 문제는 다음과 같다. 우리는 인터넷을 단지 하나의 상품으로 취급해야 하는가? 아니면, 필수적인 공공 인프라로 보아야 하는가? 더 근본적으로는, 인터넷이 민주주의를 실현 가능하게 만드는 사회적 기반인지에 대한 물음이다. 이와 관련해 대표적인 사례로 자주 언급되는 것이 2000년대 초반 촉발된 '망 중립성'을 둘러싼 논쟁이다. 당시 컴캐스트Comcast, AT&T 등 주요 인터넷 서비스 제공 업체들이 자신들 또는 자회사에 유리하도록 소규모 콘텐츠 제작자의 작업을 제한하거나 속도를 느리게 만들 수도 있다는 사실이 드러나면서 사회적으로 큰 반향을 불러일으켰다. 만약 규제가 없다면 인터넷 공급자들은 상당한 요금을 감당할 수 있는 이용자에게만 고속 서비스를 제공하고, 그 외 대다수의 사용자에게는 낮은 품질의 접속 환경을 제공하는 시스템을 만들 수도 있다는 우려가 커졌다.[154] 이제 우리는 이와 동일한 문제를 소셜 미디어 플랫폼에서도 마주하고 있다. 문제는 단지 '누가 트윗을 날리느냐'가 아니라, '누가 플랫폼을 설계하고 통제하며, 어떤 정보가 어떤 사용자에게 얼마나 노출되도록 할지를 결정하느냐'의 문제로 확장된 것이다.

전통적인 인프라에 관해서 만큼은 국가가 운영하는 것이 시장에 맡기는 것보다 훨씬 더 효율적이다(이 책이 출판되는 2025년, 이 문장을 읽고 있는 영국의 독자라면 이를 경험적으로도 잘 알고 있을 것이다). 실제로 철도가 민영화된 이후, 런던에서 맨체스터까지 가는 기차의 운임이 해외 항공권보다 비싸지는 터무니없는 일이 벌어지고 있다.[155] 이러한 현상은 철도처럼 '자연스러운 독점Natural monopoly'이 일어나는 인프라뿐 아니라, 소셜 미디어 플랫폼과 같은 특수한 디지털 독점 인프라에서도 공

---

154 Mozilla Foundation (2023), 'Net Neutrality Timeline', Mozilla Foundation.

155 Tom de Castella (2013), 'Have Train Fares Gone Up or Down since British Rail?', BBC News, 22 January.

통적으로 나타난다. 그 이유는 단순하다. 두 가지 독점 모두에서 시장 경쟁이 갖는 잠재력이 적거나, 아예 존재하지 않기 때문이다.

많이 낼 수 있는 사람은 많이 내고, 그렇지 않은 사람은 덜 내는 방식, 예컨대 세금 기반의 인프라는 유료화의 장벽이나 그에 따른 접근성 격차 문제를 근본적으로 뛰어넘을 수 있는 구조이다. 게다가 세금 모델은 구독 모델이 매달 운영 자금을 조달하는 것과는 달리, 사업 전체의 재정 기반을 안정적으로 확보할 수 있기 때문에 더 장기적이고 규모 있는 프로젝트에 도입하는 것이 가능하다. 하지만 이제 민주적 인프라들이 점차 민영화됨에 따라, 우리는 자주 자본주의의 요구와 민주주의의 요구 사이에서 줄타기하는 상황에 놓이게 된다. 그리고 거의 예외 없이 이윤 동기가 민주주의의 요구를 압도하게 된다. 그러므로 내가 앞에서 "민주적 인프라를 더 나은 형태로 구축해야 한다"라고 말했을 때, 그것은 단지 더 나은 '설계'를 뜻하는 것이 아니었다. 나는 더 나은 '소유'가 필요하다고 주장하는 것이다. 달리 말해, 머스크 같은 개인에게 인프라의 소유권을 넘겨주어서는 안 된다는 것이다. 더 나아가, 이윤을 추구하는 그 어떤 기업에도 그 권리를 양도해서는 안 된다. 우리가 필요로 하는 것은 더 나은 소유 구조, 더 나은 동기 부여 시스템, 그리고 더 나은 설계 전부이다.

한편, 소셜 미디어처럼 공적 담론을 직접적 목표로 삼는 인프라 외에도, 눈에는 덜 띄지만 여전히 정치적 담론을 고취하는 것들이 존재한다. 이러한 인프라들은 종종 사람들이 새로운 유형의 사람들과 어울릴 수 있는 공간을 제공한다. 우리의 신념은 우리가 속한 집단, 우리가 참여하는 활동, 우리가 공유하는 관계에 깊은 영향을 받는다. 그렇기에 사람들이 더 새로운 유형의 사회적 집단과 마주칠 수 있도록 돕는 인프라는 결국 그들의 정치적 신념 형성과 변화에도 기여할 수 있다.

최근 몇 년 동안, 사회학자들을 비롯한 여러 연구자들은 이러한 '사회적 인프라'의 중요성에 점점 더 높은 가치를 부여하기 시작했다. 에릭 클라이넨버그Eric Klinenberg는 사회적 인프라를 매우 폭넓게 정의한다. 그에 따르면, 사회적 인프라는 기본적으로 사람들이 이웃을 알아 가고, 그들과 의미 있는 방식으로 상호 작용할 수 있도록 돕는다. 클라이넨버그는 다음과 같이 설명한다:

> 사회적 인프라는 우리가 도시와 교외를 돌아다니는 방식부터 낯선 이들, 친구들, 이웃들과 어쩌다 상호 작용하게 되는 방식에 이르기까지, 평범해 보이지만 실제로는 중요한 행동들에 영향을 미친다. 물론 사회적 인프라만으로는 양극화된 사회를 결속시키고, 취약한 커뮤니티를 보호하며, 소외된 사람들을 연결하기에는 충분하지 않다. 그러나 사회적 인프라 없이는 그러한 문제들을 해결할 수도 없다.[156]

그는 특히 도서관, 학교, 놀이터, 공원, 운동장, 교회 등을 중요한 사회적 인프라로 강조한다. 이러한 공간에서는 사람들이 보통 '무료'로, 그리고 오랜 시간 머물 수 있다. 이러한 장소들은 장시간 대화를 가능하게 하며, 사람들이 상호 간 의심을 극복하고 서로에게 마음을 열 수 있는 환경을 조성한다. 때로는 사람들이 새로운 활동에 참여하게 되는 계기가 되기도 한다. 예를 들어, 서로 다른 인종, 문화, 배경을 가진 사람들이 함께 축구를 하거나, 부모들이 자녀의 양육 방식을 놓고 이야기를 나누기도 한다. 교회와 그 공간 역시 좋든 싫든 정치적 인프라의 하나가 될 수 있으며, 학교, 대학, 심지어 대중교통조차도 그러한 역할을 맡을 수 있

---

[156] Eric Klinenberg (2018), Palaces for the People: How Social Infrastructure Can Help Fight Inequality, Polarization, and the Decline of Civic Life, Crown.

다. 이것들 전부가 우리가 누구와 만날 수 있는지, 어떤 관계를 맺을 수 있는지를 결정하는 사회적 인프라이기 때문이다. 연구에 따르면, 사회적 인프라는 서로 다른 사람들 사이의 우정과 관계를 촉진하며, 그 결과 혐오 표현의 감소, 정치 참여의 증대, 재난 대응 및 공공 보건 향상으로 이어질 수 있다.[157]

클라이넨버그는 이러한 사회적 공간이야말로 우리가 가진 최악의 성향으로부터 우리를 떼어 놓는 힘이자, 부자들이 주도하는 인프라 민영화에 대한 해독제라고 주장한다. 실제로 지금까지 이 책에서 제시된 많은 증거가 사람들은 다른 이들과 장기적이고 평등한 관계를 맺을 때 사고방식에 깊은 변화가 생긴다는 사실을 보여 준다. 특히, 도시에 있는 학교나 대학에 진학한 사람들, 혹은 다른 인종의 사람들과 군 복무를 함께한 사람들은 상대적으로 새로운 생각에 더 관용적인 경향이 있다. 그러니 이상적인 사회는 결국 우리의 관심사를 넓히고, 우리가 자신의 삶을 정치적 관점에서 재조명하는 것을 돕고, 정치적 행동으로 나아갈 수 있는 발판을 만들어 주는 구조여야 할 것이다. 그러나 현실은 그와 반대로 향하고 있다.

오늘날 소셜 미디어 플랫폼 기업들의 선전용 문구 중 하나가 바로 자신들의 플랫폼이 중요한 '공공 인프라'를 제공한다는 것이다(비록 그들이 이 단어를 사용하지는 않지만). 머스크의 말을 빌리면, 소셜 미디어는 '디지털 마을 광장Digital town square'이다. 하지만 어쩌면 우리에게 필요한 것은 실제 광장, 즉 자유롭게, 그리고 쉽게 접근할 수 있는 현실의 물리적 광장일지도 모른다. 이는 분명 우리가 인터넷상에서 맺고 있는 관계가 우리가 실제 삶에서 만들어 내는 관계만큼 중요하지는 않기 때문

---

157 Ibid.

일 것이다. 우리의 인터넷 생활 대부분은 세상에 대한 우리의 신념에 결정적으로 영향을 미칠 '행동'을 수반하지 않는다. 따라서 소속감과 행동이 우리의 신념을 강화하거나 변화시키는 요인이라고 한다면, 실생활 공간이 온라인상의 공간보다 더 큰 힘을 가질 가능성이 크다. 왜냐하면 실생활 공간이 우리의 일상적 삶과 행동, 관계를 재구조화할 가능성이 더 크기 때문이다. 이 모든 논의를 기반으로, '민주적 인프라'란 무엇을 의미해야 하는가에 대한 최종 결론으로 나아가 보자. 어쩌면 그 결론은 내가 내릴 수 있는 결론 중 가장 모호한 것일 수도 있다. 하지만 만약 우리가 사람들이 정치에 대해 자유롭게 생각할 수 있기를 진정 바란다면, 우리에게는 사람들의 '행동 가능성'을 증가시킬 수 있는 (무료) 인프라가 더 많이 필요하다.

'인지 부조화Cognitive dissonance'가 불쾌감을 유발한다는 사실을 다시 한 번 떠올려 보자. 사람들이 새로운 생각에 흥미를 보일 가능성이 가장 큰 시점은 삶에서 다양한, 그리고 비교적 실행하기 쉬운 선택지들이 반복적으로 주어질 때이다. 사회적 인프라는 사람들이 고통스러운 인지 부조화에 직면했을 때 기존 행동과 익숙한 신념으로 되돌아가는 대신, 새로운 행동에 새로운 신념을 맞추어 가는 쪽으로 유도할 수 있다. 예를 들어, 사람들에게 기후 위기를 걱정해야 할 이유를 아무리 잘 설명한다 해도, 기후 위기에 대응할 수 있는 실질적인 행동 선택지를 제공하지 않는다면 그 정보는 그다지 유용하지 않다. 어차피 같은 행동을 하게 된다면 사람들은 자신의 견해나 관심사를 바꾸기가 어려운 법이다.

정치를 잘한다는 것은, 부분적으로는 사람들을 위해 더 많은 '행동 유도성'과 현실적인 '행동 가능성'을 창출해 내는 일과 같다. 그리고 이를 실현하는 가장 효과적인 방법은 경제적 안정성을 보장하고 사회적 불평등을 줄이는 것이다. 실제로 가난할수록 사람들은 타인을 덜 신뢰하고,

사회적으로 더 고립되며, 새로운 경험과 행동을 시도할 가능성이 현저히 낮아진다. 따라서 어떤 정치사상이 의미가 있으려면 사람들에게 삶을 살아갈 새로운 방식, 그리고 그들의 삶을 실질적으로 변화시킬 수 있는 현실적인 기회를 제공할 수 있어야 한다. 오직 그런 경우에만 사람들의 생각은 설득이 아닌 경험을 통해 '그럴듯하게' 변화할 수 있다.

특히 중요한 경제적 요소는 시간이다. 여기서 말하는 시간은 단지 물리적 단위로서의 시간이 아니라, 우리가 실제로 새로운 활동에 참여할 수 있도록 인프라에 의해 구조화된 시간을 의미한다. 그러나 문제는 단순히 '내게 시간이 얼마나 있는가'에 그치지 않는다. 문제는, 우리가 일상 속의 짧고 제한적인 여유 시간에 실제로 '무엇을 할 수 있는가'이다. 예를 들어, 미국인들은 하루 평균 약 5시간의 여유 시간을 갖는 것으로 알려져 있다. 하지만 여기서 더 놀라운 사실은, 여유 시간이 이보다 적은 사람들이 오히려 더 행복한 것으로 보인다는 점이다.[158]

이는 아마도 대부분의 여유 시간이 화면 앞에서 소비되기 때문일 것이다. 그리고 사람들이 여유 시간에 화면을 보는 주된 이유는, 그들의 삶이 여유 시간을 다른 방식으로는 쓸 수 없도록 설계되어 있기 때문이다. 스크롤하는 것은 쉽지만, 사람을 만나는 것은 어렵고 돈이 든다. 결과적으로, 이러한 구조는 사람들을 고립감과 무기력 속으로 밀어 넣는다.

사람들의 정치적 견해는 나이를 먹을수록 협소해지거나 경직되는 경향이 있다. 앞서 살펴본 연구들에 근거하자면, 나는 이러한 경향이 사람들의 사회적 관계와 행동 가능성의 범위가 나이가 듦에 따라 점차 축소되는 것과 깊은 관련이 있다고 생각한다. 사람들은 시간이 지남에 따라 '자리를 잡아가며', 소속된 집단의 수는 줄고, 삶의 경험 또한 덜 다양해

---

158 Joe Pinsker (2019), 'The Surprising Relationship between Free Time and Life Satisfaction', The Atlantic, 26 February.

진다. 그 결과, 정치적으로 가능하거나 바람직하다고 여겨지는 것에 대한 상상력도 좁아지게 된다. 그러므로 사람들이 새롭고 흥미로운 활동, 무엇보다도 다른 사람들과 물리적으로 함께 시간을 보내는 일에 더 많은 시간을 할애할 수 있도록 인프라를 조성해야 한다. 쉽게 말해, 우리는 정치에 대해 덜 논쟁하는 대신 사람을 더 많이 만날 수 있어야 한다. 넓은 의미에서 이런 식으로 세상을 변화시키는 일이야말로, 진정으로 정치를 생각하는 일일 것이다.

22
극우는 우연히 만들어지지 않는다

새로운 인프라는 민주주의를 실현하는 열쇠이다. 우리가 그저 다른 사람과 논쟁하기만 하는 것보다 훨씬 더 많은 일을 할 수 있는 그러한 민주주의 말이다. 그럴 때 우리는 지금까지와는 다르게 살며 세상을 다르게 이해할 수 있다. 하지만 인프라는 결코 중립적이지 않으며, 선한 방식으로도 악한 방식으로도 쓰일 수 있다. 모든 인프라에는 늘 어두운 면이 존재한다. 표면상으로는 너무나 민주적인 것처럼 보여도, 그것이 작동하는 원리는 민주주의를 훼손하는 것일 수도 있다. 실제로 일론 머스크의 손에 들어간 트위터가 그러한 인프라의 하나이다.

물론 트위터에는 민주적인 측면도 존재했다. 사람들은 새로운 정보에 노출될 수도 있었고, 비슷한 견해를 가진 사람들과 연결되어 소통할 수도 있었다. 그러나 민주주의는 단지 투표나 토론을 넘어, 훨씬 더 큰 것을 의미한다. 그것은 인간을 평등한 존재로 바라보는 태도이며, 소수자를 보호하는 것이고, 삶의 다양한 방식을 실현할 기회를 주는 것이다.

  소셜 미디어는 이러한 민주주의의 기능을 제대로 하지 못할 뿐 아니라, 대부분의 경우 오히려 적극적으로 방해한다. 이는 일론 머스크가 트위터를 장악하기 전에도 그랬고, 장악한 이후에는 더욱 분명해졌다. 다수의 연구자가 상세히 설명하듯이, 진짜 문제는 실제로 트위터와 같은 공간은 확고한 생각을 지닌 사람들이 자신의 논리를 발전시켜 나가는 장으로 기능하지 않는다는 점이다. 대신, 사람들이 소셜 미디어에 가지고 들어오는 것은 '공포'와 '분노' 같은 전염성 강한 감정들이다. 그리고 이러한 감정들은 소셜 미디어의 알고리즘과 이윤 추구, 바이럴, 짧은 길이의 콘텐츠, 이미지 중심의 소비와 맞물려 반복적으로 재생산된다. 거의 대부분의 소셜 미디어 플랫폼이 바로 이런 방식으로 계속해서 사람들의 신경을 건드리도록 설계되어 있다. 그 결과, 우리가 플랫폼에서 목격하게 되는 것은 깊이 사고하고 성찰하는 개인들이 아닌, 자극적인 감정을 공유하는 집단 네트워크이며, 그 집단의 구성원들은 자신들의 감정을 정당화하기 위해서만 일련의 논리를 임시방편으로 엮어낸다(인지 부조화의 진행 과정을 떠올려 보라). 넓은 의미에서 이들은 귀스타브 르봉이 말한 '나쁜 군중'과 크게 다르지 않다. 다만 이제 그들은 현실에서 한 장소에 모여 있지 않고, 전 세계 곳곳에 흩어져 있을 뿐이다.

  그동안 나는 행동과 관계로부터 괴리된 담론은 항상 이처럼 안 좋은 방향으로 흐르는 경향이 있다고 말해 왔다. 즉, 소셜 미디어에서 사람들은 매우 복고적이고, 자주 반동적인 네트워크를 형성하는 경향이 있다. 행동과 관계는 우리에게 어떤 식으로든 신념과 삶을 일치시킬 것을 요구한다. 또한, 그러한 과정에서 구시대적인 것은 버리고, 모순을 발판으로 앞으로 나아갈 것을 촉구한다. 반면, 온라인 플랫폼은 사람들을 일상적인 행동이나, 장기적이고 의미 있는 관계로부터 전적으로 분리시킨다. 그러므로 트위터와 같은 플랫폼은 처음부터 반민주적 인프라로 기능하기가 쉽다. 이러한 플랫폼이 만약 이윤과 권력을 추구하는 초부유층의 손에 들어간다면, 그 반민주적 성격은 더욱 심화할 수밖에 없다. 이는 굳이 언급할 필요조차 없을 정도로 자명한 사실이다. 우리는 아직도 자신이 '생각의 시장'에 있다고 느낄지도 모른다. 하지만 우리가 저기 바깥세상의 일을 판단하는 것에 어떠한 종류의 도움도 얻을 수 없는 소셜 미디어 플랫폼상에서, 일반적으로 우리가 얻을 수 있는 것이라곤 그저 더 커진 공포와 불안감뿐이다.

온라인상의 사람들(특히 결국 극우가 되는 사람들)은 예컨대 "이민자 범죄가 늘고 있다" 식의 뉴스 보도처럼, (그것이 사실이든 아니든) 위협적으로 느껴지는 말에 쉽게 영향을 받는다. 그리고 이러한 전염성 강한 네트워크에 참여하는 사람들은 자신이 독립적으로, 스스로의 힘으로 사고하고 있다고 느끼는 경향이 있다. 바로 그것이 문제다. 실제로 그들은 실생활에 뿌리내린 사회적 관계망 없이, 온라인이라는 특정한 공간 안에서 '혼자' 생각하고 있다. 그렇게 그들은 한 번 빠지면 쉽게 빠져나올 수 없는 '토끼굴'로 빠져든다.

이것이 바로 이 분야 연구자들이 오늘날 '타깃이 되어야 하는 것'은 극우 집단이나 그들의 지도자가 아니라, 권력의 '구조'라고 주장해 온 이유이다. 이러한 이유 때문에라도 우리는 반민주적 효과를 내는 인프라를 되찾거나, 그게 아니면 폐쇄시켜야 한다. 그리고 그것은 어쩌면 자유주의 이론가 칼 포퍼Karl Popper가 '관용의 역설Paradox of tolerance'이라고 부른 관념과 벌이는 싸움이 될 수도 있다. 포퍼는 관용적인 사회는 가끔 관용을 베풀지 말아야 할 세력에게도 관용을 베푸는 경우가 있으며, 이로써 서서히 그들에게 자유를 탈취당하게 되어 결국에는 바로 그 관용적인 환경까지도 빼앗기게 된다고 주장했다. 따라서 우리가 민주주의를 유지

하기 위해서는 무관용에 관용적이어야 할 때가 반드시 있다는 것이다.[159]

이 모든 것은, 우리가 민주주의를 대체로 담론과 같은 것으로 보는 것으로부터 탈피하는 것이, 즉 '생각의 시장'과 '토론'의 신화에서 벗어나는 것이 우리에게 왜 그토록 중요한지를 다시 한번 강조한다. 실제로 권위주의자, 독재자, 그리고 극우 세력은 늘 우리가 관용을 베풀지 말아야 할 가짜 담론을, 매우 해로운 담론을 '시장'에 퍼뜨리기 때문이다. 이런 문제는 전혀 새로운 일이 아니다. 정말로 그렇다. 권력자가 민주주의를 수사적으로 이용해서 권력을 행사하는 것에는 분명 새로울 것이 없다. 특히 미국은 이미 민주적인 공간, 절차, 인프라를 반민주적 목적을 위해 재편해 온 오랜 역사가 있다. 이 책의 첫머리에서 소개한 스페인 정복자들의 '레케리미엔토'를, 수백만 명의 원주민 학살을 정당화하기 위해 '대화'와 '설득'이라는 말이 어떻게 이용되었는지를 기억하는가? 또는, 미국의 제7대 대통령 앤드루 잭슨Andrew Jackson이 민주주의라는 용어를 사용하며 백인 남성에게 투표권을 보장하는 동시에 원주민 수천 명을 토벌했던 일을 생각해 보라. 그래도 증거가 부족하다면, 미국 하원에서 '반역 활동 조사 위원회The House Un-American Activities Committee'가 활약하던 시기에 정치인들이 벌인 집단 린치와 마녀사냥을 떠올려 보라.[160]

이 모든 미국의 역사는 민주주의의 이름 아래 민주적 인프라가 될 수도 있었을 장치들을 반민주적 인프라로, 심지어 백인 남성과는 다른 생각을 가지고 사는 사람들을 겨누는 무기로 변질시켰다. 백인 우월주의자들로 플랫폼을 가득 채우고, 좌파 언론인들의 계정을 삭제한 트위터는 그저 미국의 오랜 역사와 궤를 같이하고 있을 뿐이다. 실제로, 미국을

---

159   Karl Popper, E. H. Gombrich and V. Havel (2012), The Open Society and Its Enemies. Routledge.
160   Aaron O'Neill (2024), 'Lynching by State and Race', Statista.

비롯한 여러 나라의 권력자들이 민주주의를 칭송하며 자주 들먹였던 순간은 정확히 그들이, 그리고 일반 시민들조차 가장 인종 차별적이고, 가장 이민자를 혐오하며, 심지어 파시스트적일 때였다. 언제나 그렇듯, 사상과 표현의 자유라는 신화, 그리고 토론이 공정하고 합리적인 결과를 낳는다는 신화는 모두 반민주적인 것이 민주적으로 보이도록 만들기 위해 이용된다. 이 신화들은 19세기의 작가이자 정치학자였던 알렉시 드 토크빌Alexis de Tocqueville이 '다수의 독재Tyranny of the majority'라고 부른 현상이(또는 불안에 떠는 과대망상적 소수에 의한 독재가) 나타나는 모든 국가에서, "모든 것이 잘되고 있다"라는 겉치레에 불과하다.

  우리는 소셜 미디어의 악의적 조작과 선동에 주의를 기울여야 한다. 하지만 소셜 미디어가 위험한 더 심각한 이유는, 그것이 우리에게 필요한 민주적 인프라가 들어서는 것을 가로막고 있기 때문이다. 소셜 미디어는 말 그대로 엄청나게 많은 시간을 빨아들인다. 공포와 분노와 같은 전염성 강한 감정은 좋은 오락거리가 되기 때문이다. 그것은 사람들을 양편으로 가르는 기능을 할 뿐만 아니라, 다른 곳에 쓰일 시간과 에너지를 빨아들이는 역할을 한다. 그런 데다가 직어도 일부 사람들에게는 지신이 그곳에서 민주적인 삶을 살고 있다는 환상을 제공한다(어쨌거나 트위터에는 팩트 체크 기능도 있고, 머스크가 올린 투표에도 참여할 수 있기 때문이다. 심지어 파시스트조차!).

  하지만 미국은 지금 머스크에 의해 엄청나게 많은 인프라(민주적 인프라를 포함한 정말 많은 인프라)가 사라질 위기에 처해 있다. 머스크(또는 그를 대체할지도 모르는 누군가)가 '정부 효율성 위원회'를 운영하면서 정부 기관을 해체하거나 민영화하는 것을 주도하고 있기 때문이다. 현재 미국인들은 인프라 문제에 관한 한, 이미 여기저기서 뭇매를 맞고 있는 머스크의 소셜 미디어 사이트보다 더 걱정해야 할 것이 많은 상황이다. '유료' 인프라와 초부유층이 휘두를 수 있는 권력이 점차 늘어나는 추세는, 이제 우리가 가진 대부분의 주요 인프라로 확장될 것이다. 적어도 앞으로 4년 동안, 우리는 (이미 얼마 남지 않은) 공공 인프라를 지키는 것부터 해내야 한다.

23
소셜 미디어를 누가 소유할 것인가

그렇다면 우리는 이토록 위험하고, 이토록 권위주의적이며, 또 고도로 디지털화된 시대에, 어떻게 민주적 인프라를 구축할 것인가?

소셜 미니어 플랫폼 기업이 만약 철도 회사였다면 (진보적인 정부에 의해) 국유화시킬 수도 있었을 것이다. 실제로 역사에는 처음에는 민간 기업의 소유였다가 국유화된 서비스들이 많이 존재한다. 그런 서비스의 경우 지금은 그것이 민간 기업의 상품이었다는 것을 상상조차 할 수 없는 경우도 많다. 예를 들어, 런던 지하철London Tube은 한때 여러 개의 독자적인 민영 노선들로 이루어져 있었으나 제2차 세계 대전 이후 '영국 철도The UK's Railways'로 국유화되었다.[161] 버스 노선의 일부가 민간에 위탁된 오늘날까지도, 런던 지하철은 공공 인프라의 하나로 남아있다. 어쩌

---

161 Transport for London (n.d.). A Brief History of the Underground.

면 더 중요한 것은, 런던 사람들 대부분이 지하철이 사유화될 수도 있다는 말에 어리둥절해할 것이라는 점이다. 그들은 노선별로 여러 개의 민간 회사들이 지하철을 운영할 수도 있다는 것은 생각조차 하지 못할 것이다. 이 책을 집필하던 시기에 영국에서는 이미 민간에 넘어간 상품과 서비스를 다시 국유화해야 한다는 생각이 인기를 끌고 있었다. 여론 조사에 따르면, 수십 년간 민영화를 경험하면서 기차표 가격이 믿을 수 없을 정도로 비싸지고 해변이 하수 처리장으로 변하는 것을 경험한 영국인들 대부분은 이제 인프라가 전부 국유화되어야 한다고 생각한다. 현재 영국인의 대다수는 수도, 철도, 가스, 전기, 우편 서비스를 국유화하는 것에 찬성하고 있다.[162]

물론 다국적 소셜 미디어 플랫폼 기업의 경우는 국유화하기 어렵다(모든 국가에 트위터가 있는 것은 아니다). 우리가 직면하고 있는 문제와 기술은 의심의 여지 없이 21세기적인 것이다. 언뜻, 이런 인프라들의 국유화 문제에 관한 핵심적인 세부 사항들은 비상한 머리를 가진 전 세계의 정책 전문가들의 손에 맡기고 싶은 유혹이 들기도 한다. 하지만 어쩌면 우리는 단순히 X가 트위터 시절 불완전하게나마 했던 일을 더 잘할 수 있는 플랫폼을 찾고 있는 걸지도 모른다. 여기에는 예를 들면, 개인 간의 협력을 촉진하는 포스팅을 장려한다든지, 서로 다른 플랫폼들을 호환 가능하게 만들어서 기능 면에서 협력을 유도한다든지, 커뮤니티라는 출구 전략을 강화한다든지 등등의 방법이 있을 수 있다.[163] 여기서 더 세부

---

162 Gideon Skinner, Cameron Garrett, Laura King and Jordana Moser (2023), '3 in 5 Britons Would Prefer Utilities to Be Publicly Owned and Operated', Ipsos, 16 August.

163 Nick Dowson (2023), 'What If Social Media Were Not Profit?', New Internationalist, 20 February. Alex Krasodomski-Jones, Peter Pomerantzev, Harvey McGuinness and Ellen Judson (2022), 'The Good Web Project: Recognising and Realising Digital Democratic Infrastructure', Demos. Nathan Schneider (2023), 'Exit to Community', Noema Magazine, 12 July.

적인 사항들은 전문가들이 면밀하게 따져 보면 될 것이다. 하지만 그것의 '정치적 목표'는 확실히 견지되어야 한다. 그리고 그 목표는 필연적으로 이 플랫폼 서비스의 소유권에 관한 것일 수밖에 없다.

누가 인프라를 소유하는가는 매우 중요한 문제다. 이는 단지 어떤 규제를 시행할 것인가, 각 플랫폼이 어떤 정책을 내세우고 있는가의 문제보다 훨씬 더 중요하다. 심지어 플랫폼 시장에서 누가 이길 것인가 하는 문제보다도 훨씬 근본적이다. 즉, 인프라 소유권과 권력의 문제에서 우리가 가장 고민해야 할 것은, 집 안의 가구를 어떻게 배치할 것인가가 아니라, 그 집이 '누구의 소유인가'이다. 그리고 민간 기업이 민주적이어야 할 인프라를 소유하고 있다는 사실 자체가 이미 구조적 문제다. 이들에게 규제는 결국 월가의 돌진하는 황소에게 장식용 목걸이를 하나 걸어 주는 것과 다를 바 없다. 그저 보기 좋게 만들 뿐, 방향도 속도도 바꿀 수는 없는 것이다.

누가 차지하든, 인프라는 곧 권력이다. 머스크와 트럼프가 권력을 장악했을 때 바로 소셜 미디어로 직행했던 이유도, 플랫폼을 인수해서 반민주적으로 변실시킨 이유도 바로 이 때문이다. 사실상 21세기 인프라가 지닌 막대한 권력은 기술 기업들로 집중되어 가고 있다. 이는 예컨대 대규모 플랫폼 기술이 단순한 상품이 아닌 인프라이자, 국가를 넘어서는 권력의 새로운 장이라는 직관적인 감각 때문이다. 그리고 이러한 감각은 부분적으로는 실리콘 밸리의 신화에서 비롯되며, 그 신화는 "기업과 기술이 세상을 변화시킨다"라는 매혹적인 서사로 작동해 왔다.

일론 머스크의 야심은 이러한 21세기 인프라 권력을 상징적으로 보여 준다. 그는 아직 실현 가능성이 입증되지 않았음에도, 지하를 달리는 초고속 캡슐형 교통 시스템인 '하이퍼루프Hyperloop' 같은, 비현실적이고 거대한 민간 인프라를 구상하고 있다. 이 모든 것은 머스크에게 단순한 홍

밋거리가 아니다. 이는 그가 인프라 권력을 얼마나 탐내는지, 그리고 민간이 공공 인프라를 어떻게 잠식해 들어가는지를 보여 주는 중요한 사례다. 머스크는 그저 돈 많은 괴짜 중 하나가 아니라, 우주 개발 경쟁을 통해 국가 인프라가 축적해 온 눈부신 업적을 공동의 자산이 아닌 특권적 소수의 소비 대상으로 바꾸려 하는 이들 중 하나이다. 과거의 벼락부자들, 예컨대 앤드류 카네기Andrew Carnegie가 시민을 위한 도서관을 건립하여 공공 인프라를 확대했다면, 오늘날의 억만장자들은 국가의 위성과 우주 프로그램을 사들이고, 심지어 비밀리에 우주로 탈출할 계획을 세운다. 그들은 우리에게 "미래는 정치가 아니라 기술에 달려 있다"라고 말하지만, 기술은 단지 그들이 자신들의 계획에 필요한 기업을 인수하고, 국가 권력을 잠식하는 동안, 우리가 현실을 주시하지 못하도록 우리 눈을 가리는 효과적인 수단일 뿐이다(사실 카네기 또한 그 도서관을 순수한 공익 차원에서 지은 것은 아니었던 것으로 알려져 있다. 그는 저커버그가 '무료 인터넷'을 제공하는 것과 같은 맥락에서, 즉 대중의 상상력을 통제하기 위해 공공 도서관에 투자했다. 카네기 역시 국가 장악에 깊은 관심을 가졌던 인물이었다). 만약 우리가 일론 머스크와 같은 인물들로부터 인프라 권력을 되찾고자 한다면, 먼저 그들이 벌이는 '담론'과 '생각의 시장'에 들어가고 싶은 유혹에서 벗어나야 한다. 그리고 그들 소유의 인프라가 작동하는 방식 그 자체를 바라보는 것에 집중해야 한다. 실제로 우리가 오늘날 기술에 대해 나누는 거의 모든 대화의 저변에는 소유권과 이윤의 문제가 잠복해 있다.

  많은 사람이 소셜 미디어에서 발생하는 문제를 '알고리즘' 탓으로 돌리고 싶어 한다. 실제로 알고리즘이 우리가 마주치는 정보를 정교하게 체계화하여, 마치 무기처럼 우리의 사고 가능성을 사전에 제한해 버리는 방식을 보면 두려움마저 느껴진다. 건축가 에얄 와이즈만Eyal Weizman

의 말처럼, "우리는 우리가 인터넷을 본다고 생각하지만, 사실은 인터넷이 우리를 보는 것이다". 그러나 알고리즘의 문제는 단순한 설계상의 결함이나 인간의 도파민 중독 또는 인지적 취약성만으로는 설명되지 않는다. 물론 그런 요인들도 일부 작용하지만, 더 근본적인 문제는 이 알고리즘이 결국 기업, 그중에서도 주주 가치를 극대화하는 것에 전념하는 기업의 소유라는 사실이다. 이처럼 21세기의 민간 인프라는 그 잠재력만으로도 민주주의에 심각한 위기를 초래할 수 있다. 그리고 이 모든 문제는 초부유층이 아무런 규제 없이 플랫폼을 장악할 수 있는 구조에서 비롯된다. 따라서 민주주의를 지키기 위해서는 인프라의 사유화에 맞서 싸우는 정치적 싸움이 반드시 필요하다.

그러므로 우리가 던져야 할 커다란 질문은 다음과 같은 것이다. 그저 정치 이야기를 서로에게 끝도 없이 늘어놓기만 하는 세상이 아니라, 모든 사람이 정치를 제대로 사고할 수 있는 세상을 만들기 위해 우리에게 필요한 것은 무엇인가? 이 퍼즐의 중요한 한 조각은 우리가 (국가를 통해서든 아니든) 지금 존재하는 디지털 인프라의 소유권을 되찾고, 그것을 민주적으로 통제하는 것이다. 하지만 우리는 디지털 인프라 외의 인프라도 고려해야 한다. 일론 머스크는 트위터가 '집단적 초지능Cybernetic super-intelligence'이 될 것이라고 상상의 나래를 편다. 하지만 우리가 '집단지성Collective intelligence'을 구축하는 데에는 소셜 미디어 그 이상의 것이 필요하다. 우리의 세계관은 행동, 관계, 제도를 포함하는 더 광범위한 집합에 기반한다. 우리의 세계관은 누가 언론을 소유하는지, 누가 학교를 운영하는지, 우리가 실생활에서 친구와 어떻게 (그리고 얼마나 많이) 어울리는지, 길게 대화할 수 있는 충분한 시간이 있는지 아닌지를 반영한다. 우리가 직면하고 있는 진짜 문제는 트위터를 넘어, 또한 우리가 인프라라고 부르는 미디어와 교육을 비롯한 눈에 띄는 모든 것들을 넘어, 사람들이 지금까지와는 다르게 살 수 있고, 새로운 행동에 참여할 수 있고, 새로운 십난에 속할 수 있는 기회를 창출하는 것이다. 오직 그러한 일이 가능한 사회에서만 우리 역시 정치를 더 잘 생각할 수 있고, 세상을 위한 더 많은 선택지를 고려할 수 있을 것이다.

트럼프 또는 머스크 같은 극적인 인물에 초점을 맞추고 비난하는 것이 매력적이긴 한다. 그러나 그들이 차례대로 등장하게 된 이유가 때로는 익살스럽고 때로는 두렵기도 한 그들 자신 때문만은 아니다. 그들을 그 자리로 데려다 놓은 건 바로 시스템이다. 그리고 가장 부유한 미국인 3인이 하위 50%의 미국인들보다 더 많은 자산을 소유하고 있는 것도 그 시스템 덕분이다.[164] 시스템을 바꿀 방법은 다양하고 서로가 생각하는 것도 다양할 것이다. 하지만 사람들이 다르게 생각하도록, 그리고 우리가 의미심장하게 민주주의라 부르는 삶의 방식에 참여하도록 돕기 위해서는 바라건대, 지금은 우리의 관심을 민주적 인프라의 구축으로 모아야 할 때이다. 우리가 구축하게 될 인프라의 질이, 우리가 할 수 있는 생각의 질을 결정하게 될 것이다.

이 책을 준비하면서 나는 인프라에 대한 수많은 정의를 찾아보았다. 그중에서도 나는 밴쿠버 공항 관리국 CEO가 내린 다음과 같은 정의가 가장 마음에 와닿았다. 인프라는, "우리가 원하는 미래를 건설하기 위한 재료"이다.[165] 우리는 현재에 매몰되어 같은 이야기를 비틀어대기만 할 뿐, 서로에게는 전혀 닿지 못하는 미래를 원하는가? 아니면, 사람들이 그들의 삶을 위한 진정한 선택지를 가지며, 선택을 통해 자신의 생각을 바꾸기도 하는 그러한 미래를 원하는가? 21세기를 항해하기 위한 공공의

---

[164] Noah Kirsch, (2017), 'The 3 Richest Americans Hold More Wealth than Bottom 50% of the Country, Study Finds', Forbes, 9 November.

[165] Carlos Teixeira (2023), 'Designing Capital Allocation', LinkedIn, 15 March.

인프라를 우리가 갖지 못한다면, 우리는 어쩌면 살아남지 못할지도 모른다. 하지만 많은 노력을 들인다면 우리가 민주적 인프라를 소유하는 것이 불가능하지만은 않을 것이다.

6장
정치 상실의 시대

24
오늘날 우리가 정치를 불신하게 된 이유

이 책을 쓰기 몇 달 전, 나는 박사 학위 논문을 끝마쳤다. 그 힘든 마지막 시기 동안 나는 주로 집에 머물면서, 컴퓨터 화면만 바라보았다. 곁에 다가오는 건 고양이들과 살금살금 들어와 찻잔을 놓고 가는 파트너뿐이었다. 하루하루가 긴장의 연속이었다고 말하는 것은 마치 그 시간이 내게 흥미진진한 시간이었다는 듯이 들리게 한다. 하지만 당시에 나는 헤어날 수 없는 안개 속에 갇힌 기분이었고, 더 열심히 하지 않으면 일을 망칠지도 모른다는 불길한 예감에 짓눌려 있었다. 이것만으로도 너무나 괴로웠지만, 논문을 제출할 무렵 나는 뭔지 모를 기묘하고 섬찟할 정도로 불안한 증상이 내게 나타나고 있다는 사실을 발견했다. 나는 더 이상 친구들을 만나고 싶지 않았다. 물론 머릿속으로는 친구들이 보고 싶었다. 나는 여전히 그들을 사랑했지만, 현실에서는 집을 나서거나 심지어 메시지에 답장을 보낼 생각만 해도 진이 빠지고 의욕이 사라졌다. 친구가 약속을 취소하면 몰래 안도감이 들 정도였다. 사람의 존재가 내가 겪는 힘든 일 가운데 하나처럼 느껴졌고, 잘 아는 사람들이라 해도 예외는 아니었다.

그전까지만 해도, 나는 성가실 정도로 에너지가 넘치는 외향적인 사람이었다. 1년에도 몇 번씩 파티를 열었고, 다이어리는 이미 몇 주 전에 꼼꼼히 적어 둔 약속들로 빼곡했다. 하지만 나는 불과 몇 달 전까지 집에 있었고, 계속해서 집에 있고 싶었다. 그리고 그런 상태가 되어서야 나는 비단 나만이 그런 생각을 하는 게 아니라는 걸 알아차렸다. 내 친구 중 많은 이들도 집 밖으로 나오기까지 심리적으로 넘어야 할 산이 많았다. 약속 얘기만 나오면 모호한 태도를 보였으며, 직전에서야 모임에 나갈 수 없게 됐다고 했다. 나는 이러다가는 우리가 소통을 아주 못하게 되는 것은 아닌지, 나를 아는 사람들이 나를 싫어하게 되는 것은 아닌지 등등이 더 걱정되기 시작했다. 나는 친구 범위가 줄어들었고, 충격적이게도 전에 사이가 좋았건 나빴건 간에 관계가 끊어지는 경우도 더러 있었다. 그리고 많은 친구가, 정작 자신은 집 밖을 나서지 않으면서도, 다른 사람이 자신을 만나고 싶어 하지 않는다는 느낌이 든다고 했다. 우리는 마치 완전히 지쳐버린 달팽이처럼 모두가 껍질 속으로 기어들어 가 버린 것 같았다.

내가 '사회적 위축Social atrophy'이라는 용어를 알게 된 것도 정확히 이때쯤이었다. '사회적 위축'이란, 주변 탐색을 돕는 뇌 신경망이 사용되지 않으면서 점점 약화하는 증상을 말한다. 연구에 따르면, 인간은 사회적으로 고립되면, 그 고립이 만성적인 경우 인지 기능을 상실하고 여러 '부적응적Non-adaptive 변화'를 겪게 된다. 즉, 감정 조절 능력과 추론 능력, 그리고 기억력이 약화한다. 실제로 사회적 위축은 근 위축만큼이나 심각하고 위험하다. 시간이 지날수록 사회적 고립을 가속화하여 인지 판단에 부정적 영향을 미칠 뿐 아니라, 심지어 편집증Paranoid까지 일으킬 수 있기 때문이다. 그리고 불행하게도 사회적 위축은 비교적 흔한 질환으로, 우리 모두가 겪을 수 있는 문제이기도 하다.

어쩌면 당신은 이미 바람직한 사회적 접촉이 장기적으로 부재하면 자살부터 고혈압, 면역 체계의 약화, 조기 사망에 이르기까지 건강에 부정적인 결과를 가져온다는 것을 보여 주는 수많은 데이터에 대해 알고 있을지도 모른다. 연구자들은 만성적인 고립감이 하루에 담배 15개비를 피우는 것만큼이나 건강과 수명에 해롭다고 말한다. 이뿐만 아니라, 사회적 고립과 치매의 연관성 역시 매우 높다.[166]

이러한 연구 결과에 그다지 놀랄 필요는 없다. 사회 심리학과 진화 심리학 연구자들이 즐겨 말하는 바에 따르면, 우리 인간은 기본적으로 집단생활에 적합한 방식으로 진화해 온 사회적 동물이기 때문이다. 인간에게 대인 관계에서의 거절과 갈등은 고통으로 느껴지는 반면, 다른 사람과 함께 있을 때 우리의 몸에서는 긍정적인 호르몬과 엔도르핀이 분비된다. 그러니 혼자 있는 것이 우리 몸에 그렇게나 나쁜 것도 이상할 일이 아니다. 그림에도 이 주제에 관한 연구를 접할 때마다 나는 깜짝깜짝 놀라곤 한다. 일명, '하버드 행복 연구Harvard Happiness Study'라 불리는 조사에서 하버드 졸업생들(경제력을 제외한 다른 모든 요인이 비슷한 남성들)의 전 생애를 추적한 적이 있었다. 조사 결과, '친밀한 관계'는 단일 요인으로는 'IQ', '콜레스테롤', 그리고 '부'를 능가하는 최고의 행복 예측 변인인 것으로 나타났다. 즉, 친밀한 관계를 유지하는 남성들은 신체적으로도 정신적으로도 더 건강했고, 심지어 노화도 더딘 것으로 나타났다.[167]

---

[166] J. Holt-Lunstad, T. B. Smith, M. Baker, T. Harris and D. Stephenson (2015), 'Loneliness and Social Isolation as Risk Factors for Mortality: A Meta-analytic Review', Perspectives on Psychological Science.

무엇보다도 인지 능력과 관련하여 사회적 상호 작용이 그만큼이나 긍정적인 효과를 발휘하는 것은 어이없을 정도로 단순한 이유 때문이었다. 두뇌가 매일 해야 하는 과제 중 가장 복잡한 것은 타인과 맺는 관계와 관련이 있으며, 이러한 과제 수행을 통해 우리의 두뇌는 혹독한 훈련을 거치게 된다. 반면, 인간의 뇌에서 사회적 상호 작용을 탐색할 때 활성화되는 신경망을 규칙적으로 사용하지 않으면, 그 신경망은 빠르게 죽어 버리거나 두뇌 시스템에 의해 역할의 재분배가 일어난다. 실제로 사회적 접촉이 줄어들면 측두엽, 후두엽, 대상엽, 해마, 편도체의 크기가 줄어든다.[168] 한 연구팀의 주장에 따르면, 이는 "고립을 느끼는 사람일수록 단단한 관계를 가진 사람보다 불안, 분노, 불신, 부정적인 생각은 더 많아지고, 긍정적이고 낙관적인 생각과 안정감은 더 적어진다"라는 것을 의미한다.[169] 이러한 결과는 사회적으로 고립된 집단과 그렇지 않은 집단을 비교할 때도, 그리고 같은 사람을 대상으로 고립의 전후를 비교할 때도 동일하게 나타난다. 또한 이러한 결과는 지능, 사회 경제적 지위, 매력과 같은 변수를 통제했을 때도 그대로 나타난다. 요약하자면, 사회에서 고립된 사람일수록 더 행복감이 줄어드는 것을 경험하며, 사회적 고립과 두뇌의 물리적 변화 사이에는 매우 직접적인 인과 관계가 있다.

아마도 가장 극단적인 예는 코로나-19 팬데믹이 시작된 이후 치매를 앓던 노인 인구의 상당수에서 치매가 급격히 빠르게 진행되었다는 사실일 것이다(이는 인지적 손상을 수반하는 코로나-19의 감염 여부와 무관

---

167 R. Waldinger and M. Schulz (2023), The Good Life: Lessons from the World's Longest Scientific Study of Happiness, Simon & Schuster.

168 N. Hirabayashi, T. Honda, J. Hata, Y. Furuta, M. Shibata, T. Ohara, Y. Tatewaki, Y. Taki, S. Nakaji, T. Maeda and K. Ono (2023), 'Association between Frequency of Social Contact and Brain Atrophy in Community-Dwelling Older People without Dementia: The JPSC-AD Study', Neurology.

169 J. T. Cacioppo et al. (2000), 'Lonely Traits and Concomitant Physiological Processes: The MacArthur Social Neuroscience Studies', International Journal of Psychophysiology.

하게 나타났다). 이와 유사한 변화는 팬데믹 초반 십 대에서도 관찰되었는데, 십 대의 두뇌 또한 당시 급격하게 노화되었다(그중에서도 소녀들이 더 큰 타격을 입은 것으로 보였다).[170] 그러나 우리는 팬데믹이 시작되기 전부터 이미 서로에게서 점점 멀어지고 있었고, 이는 사회적 거리 두기가 끝난 후에도 여전히 가속하고 있다. 예컨대, 미국을 비롯한 많은 나라에서 사람들이 혼자 있는 시간은 과거 세대보다 눈에 띄게 늘었다. 그리고 혼자 보내는 시간이 늘어날수록 친구 수도 상당히 줄어들었다. 공동체는 점점 힘을 잃고, 사람을 만나는 장소는 꾸준히 사라지고, 공동생활을 하던 습관도 찾아보기 어렵게 되면서, 수십 년에 걸쳐 우리는 서로에게서 멀어졌다.

이러한 장시간에 걸친 분리 속에는 우리에게 영향을 미치는 특출나게 파괴적인 무언가가 존재한다. 종종 '외로움'이라는 단어로 묘사되는 이 심리적 특성은, 여타의 괴로움과는 다르게 성격상의 변화를 일으킨다. 모센 조샨루Mohsen Joshanloo 박사의 지적에 따르면, "외로움에는 부정적인 감정이 동반된다. 하지만 놀랍게도, 부정적인 감정을 통제하고 나서도 외로움과 성격적 특성 사이에는 여전히 상당한 연관성이 있는 것으로 나타났다. 이는 외로움이 그저 기분을 안 좋게 하는 데 그치는 것이 아니라, 심지어 성격에도 부정적인 영향을 미친다는 것을 시사한다. 외로움이라는 경험 속에는 분명히 우리를 파괴하는 무언가가 존재한다".[171]

고립으로 인한 뇌의 물리적 손상과 위축은 개인의 행복감을 심각하게 감소시키고, 성격을 바꿀 뿐 아니라, 대인 관계 능력의 쇠퇴로도 이어진

---

170 I. H. Gotlib, J. G. Miller, L. R. Borchers, S. M. Coury, L. A. Costello, J. M. Garcia and T. C. Ho (2022), 'Effects of the COVID-19 Pandemic on Mental Health and Brain Maturation in Adolescents: Implications for Analyzing Longitudinal Data', Biological Psychiatry: Global Open Science, doi.org.

171 Mohsen Joshanloo (2024), 'Within-Person Associations between Personality Traits and Loneliness Controlling for Negative Affect', Personality and Individual Differences.

다. 외로운 사람들(매력적이거나 지적인 것과는 상관없이)은 더 이상 타인에게 다가가지 않거나, 다가갈 기회가 있을 때조차 기회를 인지하지 못한다. 연구에 따르면, 그들은 "사회적 자본을 덜 사용하며, 부정적인 결과를 예측하는 경향이 있고, 타인에게 다가가거나 도움을 요청할 가능성이 낮다. 또한 관계에서 자신이 할 수 있는 건 이미 다했다고 생각할 가능성이 높다".[172] 달리 말해, 사회적으로 고립된 사람은 타인과 연결될 기회를 과소평가하며, 관계를 구축하고 유지하기 위해서 무엇을 해야 하는지를 알지 못한다. 게다가, 사회적 고립은 사람을 특히 더 감정적으로, 더 격정적으로 만드는 것처럼 보인다. 이 모든 것은 명백한 악순환을 시사한다. 즉, 고립된 사람일수록 사회적 상호 작용에 필요한 능력과 판단력을 빠르게 상실하며, 갈등을 회피하거나 일으키는 경험은 증가함으로써, 점점 더 고립으로 빠져드는 영속적인 악순환의 고리에 빠져들게 된다. 같은 연구는 고립된 사람이 삶에서 느끼는 감정을 다음과 같이 묘사한다. "친밀함을 강박적으로 열망하면서도 불안과 불신, 분노와 동시에 분노를 억눌러야 한다는 감정을 느끼며, 타인의 부정적 평가를 두려워하는 한편, 고립에 대한 자책감과 감정적 불쾌감을 느끼고, 적극적인 대처를 시도하기보다는 차라리 움츠러드는 쪽을 선택한다".[173] 어이쿠 아파라.

그리고 이 '아픔'은 단순히 개인적 차원에서 끝나는 것이 아니라 정치적 차원으로까지 확대된다. 정치는 사회적이고 상호 의존적인 행동이기 때문에, 사회적 위축은 정치에 막대한 손상을 입힌다. 실제로도 은유로

---

[172] Cacioppo et al. 'Lonely Traits and Concomitant Physiological Processes'; S. Cacioppo, S. Balogh, S. and J. T. Cacioppo (2015), 'Implicit Attention to Negative Social, in Contrast to Nonsocial, Words in the Stroop Task Differs between Individuals High and Low in Loneliness: Evidence from Event-Related Brain Microstates', Cortex.

[173] Ibid.

도, 우리 사회는 60년 전의 사회와 비교하면 확실히 위축되었다. 즉, 우리의 두뇌는 그동안 시들어 왔고, 우리의 세계와 정치 세계도 활기를 잃어 왔다.

이 두 '차원'의 문제는 긴밀하게 연관되어 있다. 즉, '사회적 위축'과 '정치적 위축'은 은유적으로만 비슷한 게 아니다. 우리의 세계는 위험할 정도로 심각하게 쪼그라들었으며, 이는 정치적 문제를 함께 논의하고 행동하는 우리의 종합적 능력 또한 저해해 왔다. 사회적 위축은 인프라의 축소가, 특히 사회적 인프라의 축소가 우리의 뉴런부터 우리의 대인 관계 능력과 정치적 행동 능력에 이르기까지, 어떤 악영향을 미치는지에 대한 하나의 결론을 제공한다. 따라서 다음과 같은 가장 확실한 해결책 외에 우리에게 다른 방법은 없다. 만약 사회적 위축에서 벗어나기 위해 우리에게 필요한 것이 인프라라면, 우리는 그것을 재건해야만 한다.

만약 당신이 정부의 관련 정책에 관심이 있는 사람이라면, 또는 설령 관심이 없는 사람이라 하더라도, 우리(북반구의 주민들)가 '외로움 전염병Loneliness epidemic'에 시달리고 있다는 소리를 들어 본 적이 있을지도 모른다. 2023년 5월, 미국 공중위생국은 "외로움과 고립이라는 이름의 전염병이 돌고 있다"라고 선언했고, 그보다 몇 년 전 영국에서는 사회적 고립과 외로움 문제를 전담하는 위원회를 신설하고 장관을 임명했다.[174] 세계 보건 기구 또한 전 세계적으로 나타나는 비슷한 문제들에 맞서 싸우기 위해 '사회적 연결 위원회Commission on social connection'를 설립했다. 우리 시대에 정말 많은 사람이 외로움을 느끼는 건 사실이다. 예를 들어, 미국에서 자신이 '외롭다'라고 답하는 비율은 인구의 약 1/3에 달하며, 전 세

---

[174] U.S. Department of Health and Human Services (2023), Our Epidemic of Loneliness and Isolation: The U.S. Surgeon General's Advisory on the Healing Effects of Social Connection and Community. The Economist (2023), 'Five Years On, Is Britain's Strategy to Combat Loneliness Working?', 10 August.

계로 확대하면 그 비율은 약 1/4에 달한다고 한다.[175]

그렇지만 이상하게도, 사람들이 인류 역사 속 다른 시기들보다 외롭다는 느낌을 더 많이 받고 있다는 증거는 없다. 따라서 에스테반 오르티즈 오스피나Esteban Ortiz-Ospina 박사는, "정말 놀라운 것은, 이러한 주장이 대중에게 받아들여지고 있는 것과 별개로, 외로움이 마치 전염병처럼 급속하게 확산하고 있다는 사실을 경험적으로 뒷받침하는 연구는 없다는 것"이라고 지적한다.[176] 핀란드, 독일, 영국, 스웨덴과 같은 서구권 국가들의 데이터를 살펴봐도 사람들이 과거보다 더 많은 외로움을 호소하고 있다는 증거는 없다. 데이터를 보면, 단지 사람들에게서 혼자 있는 시간이 증가하고 있음만을 알 수 있다.

그렇다면, 그 어느 시기보다 혼자 있는 시간이 많아졌음에도 사람들은 어떻게 외롭다고 말하지 않을 수 있는 것인가? 물론 거기에는 많은 원인이 있을 수 있지만, 가장 분명한 원인은 바로 '혼자 있는 것'과 '외로움을 느끼는 것'은 다르다는 사실이다. 우리는 친구가 없어도 행복할 수 있다(어린 자녀를 키우는 사람에게 물어보라). 하지만 이런 사람 중 많은 이들은, 해로울 정도로 혼자 있는 시간이 많음에도 자신이 그러한 상태에 있음을 전혀 인지하지 못할 수 있다. 사실상 외롭다는 느낌은 혼자 있는 시간이 지나치게 많을 때 건강한 마음에 나타나는 자연스러운 반응이다. 즉, 외로움은 우리에게 다시 사회로 돌아갈 것을 재촉한다. 하지만 사회적 위축에 대한 연구가 보여 주는 바에 따르면, 지나치게 오랜 시간 혼자 있었던 사람은 자신에게 고립에서 벗어날 기회가 있다는 것조차 더 이상 인지하지 못하게 된다. 따라서 만약 당신이 사회적 위축 속

---

175 Ellyn Maese (2023), 'Almost a Quarter of the World Feels Lonely', Gallup, 24 October.

176 Esteban Ortiz-Ospina (2019), 'Is There a Loneliness Epidemic?', Our World in Data.

에서 오랜 시간을 혼자 지내 왔다면, 당신은 타인과 교제하고 싶다는 충동도, 외롭다는 느낌도 더 이상 느끼지 않을 것이다. 그렇다면 외롭다고 느끼는 것이 '당연한' 경우에서조차, 당신은 자신이 더 이상 외롭지 않다고 느낄 수 있다. 실제로, 사회적 위축의 가장 교활하고 위험한 특징 중 하나는, 사회적 위축을 경험한다고 해서 반드시 외롭다고 느끼는 것은 아니기 때문에, 사람들은 위축에서 벗어나기 위한 적절한 조치를 취하지 않을 수 있다는 점이다. 이것이 바로 '외로움'이라는 단어는 머지않아 나타날 문제의 실체를 포착하지도 못할 뿐만 아니라, 오히려 문제를 다소 은폐하는 것이기도 한 이유이다. 결국, 가장 큰 문제는 이제 사람들은 외로움을 느껴야 할 때조차 외로움을 느끼지 못한다는 것이다.

그렇다면, 우리 사회에서 증가하고 있는 현상은 외로움이 아닌 '고립'이며, '고립'이야말로 우리가 가장 걱정해야 하는 문제인지도 모른다(외로움을 느끼는 사람이 심각한 고통을 받는 것은 분명하지만). 미국인들이 실생활에서 보통 무엇을 하는지를 시간 단위로 추적한 '미국인 시간 사용 조사The American Time Use Survey'에 따르면, 지난 수십 년 동안 모든 인구중에서 대면Face-to-face 활동이 급격히 줄어들었다. 남성의 경우는 30%, 미혼 인구는 35%, 십 대는 40% 감소했다.[177] 팬데믹을 거치며 이러한 현상은 더욱 확연해졌다. 하지만 감소 추세는 팬데믹 훨씬 이전부터 시작된 것이었다. 확실히 기술의 발달도 한 가지 이유이긴 한 것 같다. 분명 새로운 기술로 인해 사람들은 좀처럼 화면에서 눈을 떼지 못하게 되었다. 하지만 감소 추세는 특정 기술의 등장 이전부터 나타났으며, 이는 텔레비전이나 인터넷의 등장보다도 전이다. 따라서 비교적 분명한 사실은, 사람들의 사회적 관계가 오프라인에서 온라인으로 옮겨갔다기보다는,

---

[177] U.S. Bureau of Labor Statistics (2023), 'American Time Use Survey'.

사람들이 오프라인에서든 온라인에서든 친구 관계를 비롯한 의미 있는 관계를 맺는 경우가 줄고 있다는 것이다. 친한 친구를 5인 이상 가진 미국인의 비율은 지난 30년 동안 약 25% 하락했다.[178] 전 세계적으로도 혼자 사는 사람들이 급격히 많아지고 있으며, 이러한 현상 또한 대면 활동 시간의 감소 요인으로 작용할 수 있다.

설령 사람들이 외롭다고 불평하지 않는다 해도 사회적 접촉의 지속적인 감소는 사람들이 세상을 보는 방식을 대개는 더 나쁜 쪽으로 형성한다. 명백한 사례 중 하나는 사회적 접촉의 감소에 따른 '사회적 신뢰Social trust의 위기'가 지속적으로 커지는 현상이다. '사회적 신뢰'는 사회학의 개념으로, 사람들이 이웃이나 낯선 사람을 대체로 얼마나 신뢰하는지를 측정한 값이다. 현재, 많은 나라에서 사람들은 여전히 그들의 친구와 가족을 (비록 예전보다는 만남의 횟수가 줄었지만) 신뢰한다. 하지만 이제 그들이 이웃이나 낯선 사람을 신뢰할 가능성은 과거에 비해 훨씬 낮아졌으며, 최근에 이웃이나 낯선 사람과 조금이라도 시간을 보냈을 가능성 또한 그에 비례해 낮아졌다.[179] 그리고 이러한 사회적 신뢰의 위기는 정치적 신뢰의 위기와 상관관계를 보인다. 실제로, 이웃을 신뢰하는 사람은 투표나 다른 정치적 활동에 참여할 가능성이 크다(또한 그들은 더 행복하고 더 건강한 경향이 있다). 반면에, 이웃을 신뢰하지 않는 사람은 정반대의 경향을 보인다. 결국 이러한 데이터는 '불신'이 우리가 다른 사람에 대해 느끼는 강한 감정이자, 정치적 결과를 초래하는 감정이기도 하다는 것을 시사한다.[180]

사회적 신뢰의 위기는 정치적 신뢰의 위기를 초래하는 동시에, 정치적

---

178 E. Ortiz-Ospina, C. Giattino and M. Roser (2020), 'Time Use', Our World in Data.

179 Thomas O'Rourke (2023), 'The Decline of Trust and Neighborliness', Institute for Family Studies, 3 October.

신뢰의 위기에 의해 초래될 수도 있다. 사회적 신뢰에 관련된 변수들 가운데 가장 유력한 것은, 아주 단순하게도, 사람들의 정치 경제적 지위이다. 신뢰에 관한 한, 계급 간에는 현격한 차이가 존재한다. 부유하고 대학 교육을 받은 사람들은 더 많은 친구를 가지고 있으며, 정치 단체에 소속되어 있을 가능성이 더 크고, 위기가 닥쳤을 때 의지할 수 있는 사람이 더 많으며, 커피숍과 스포츠 센터부터 뷰티 숍, 공원에 이르기까지 다른 사람을 만날 수 있는 장소들을 더 많이 가지고 있다. 흥미로운 점은, 사회적 신뢰 관계에서 나타나는 이러한 계급 관련 차이는 비교적 최근에 일어난 현상이라는 사실이다. 30년 전만 해도, 교육을 더 많이 받은 미국인이 교육 수준이 낮은 미국인보다 친구가 더 많지는 않았다.[181]

나아가, 사회적 신뢰의 감소와 소득 불평등 간에는 상대적으로 직접적이고 분명한 인과 관계가 있는 것 같다. 놀랍게도, 경제학자들의 주장에 따르면 미국만을 놓고 볼 때 다음과 같은 3가지 요인이 '1973년부터 2018년 사이에 나타난 사회와 정부에 대한 신뢰도 감소'를 설명해 줄 수 있다. 그것은 바로, '실업의 증가'와 '정치 제도에 대한 불신 증가', 그리고 '소득 만족도의 지속적인 감소'이다.[182] 실제로 재정적 불안정성은 그 자체만으로도 가정과 사회 구조를 모두 붕괴시킬 수 있다. 이 주제를 연구해 온 프랭크 인퍼나Frank Infurna는 미국의 중년층이 유럽의 어떤 연령층보다도 더 많이 사회적 고립을 겪는 이유, 그리고 영국의 중년층이 유럽에서 가장 외로움을 많이 느끼는 이유를 다음과 같이 설명한다. "유럽에

---

180 Daniel A. Cox and Sam Pressler (2024), 'Disconnected: The Growing Class Divide in American Civic Life. Findings from 2024 American Social Capital Survey', American Survey Center, 22 August.

181 Ibid.

182 J. Mewes, M. Fairbrother, G. N. Giordano, C. Wu and R. Wilkes (2021), 'Experiences Matter: A Longitudinal Study of Individual-level Sources of Declining Social Trust in the United States', Social Science Research.

서 외로움을 가장 덜 느끼는 중년층은 사회 안전망이 확실한 나라에서 산다. 가정과 노동에 관대한 정책은 재정적 압력과 동시에 가정 내 갈등을 줄임으로써 중년의 외로움을 감소시킬 가능성이 크다".[183] 즉, 유럽 사람들은 더 강력한 사회 안전망을 가지고 있기 때문에 미국인이나 영국인보다 행복하다. 그리고 사회 안전망이 강력하면 강력할수록 사람들은 훨씬 더 행복하다. 바로 이러한 이유로 인해 영국, 독일, 이탈리아, 그리스의 중년층이 다소 외로움을 느끼는 데 반해, 네덜란드, 덴마크, 스웨덴의 중년층은 훨씬 적게 외로움을 느낀다. 물론 전 세계를 대상으로 사회적 신뢰, 사회 자본, 사회적 위축의 연관성을 보여 주는 데이터를 확보하기는 어려운 일이다. 하지만 한 연구에 따르면, 전 세계 국가들의 약 38%가 사회 안전망의 약화를 보이고 있으며, "이는 전 세계적으로 사회에 대한 불신이 심화하고 있다는 것을 뜻한다".[184] 그리고 이 모든 연구는 사회적 고립의 가장 큰 요인은 다름 아닌 우리 경제에 대한 신뢰의 수준임을 시사한다. 결국, 경제가 사회적 고립의 정도를 결정하며, 이 고립의 정도가 우리의 사회적 신뢰 수준을 결정한다.

이때, 특정 유형의 공공 서비스에 대한 접근성이 무엇보다 중요한 것 같다. 연구자들은 질병에 걸렸을 때 '건강 보험 개혁법Affordable Care Act', 이른바 '오바마 케어Obamacare'에 의해 의료 서비스를 받을 수 있는지 여부가 사회적 신뢰의 악화를 예방한다는 사실을 발견했다. 또, 일부 사회과학자들은 미국에서 사회적 신뢰가 특히 낮은 이유는 오바마 케어 같은 공공 서비스가 거의 존재하지 않기 때문이라고 주장한다.[185] 이를 일

---

183 F. J. Infurna, N. E. Dey, T. Gonzalez Avilés, K. J. Grimm, M. E. Lachman and D. Gerstorf (2024), 'Loneliness in Midlife: Historical Increases and Elevated Levels in the United States Compared with Europe', American Psychologist.

184 Solability (2024), Social Capital Index.

반화해서 말한다면, 경제적으로 불평등한 국가일수록 사회적 신뢰는 더 낮다. 사람들이 자원을 놓고 더 많이 경쟁할수록 그들이 타인을 신뢰할 가능성은 더 적어진다. 또한 불평등은 정부 및 국가 기관의 부패를 가져오는 경향이 있으며, 이는 우리가 이웃을 '신뢰할 수 있는' 존재로 볼 가능성이 줄어든다는 것을 의미한다.[186] 실제로 사회적 위축은 두뇌 속에서 발생한다. 그러나 아주 많은 경우에서, 그 원인은 우리가 경험하는 경제와 정치의 수준이다.

이는 고립의 가속화가 빈곤층에 가장 큰 악영향을 미친다는 점을 시사한다. 그리고 실제로도 대부분의 조사 및 연구는 사람들은 교육 수준이 낮고 빈곤할수록 외로움이 크며, 교육 수준이 높고 부자일수록 외로움이 적다는 것을 보여 준다. 특히 미국에서 이러한 현상이 두드러진다. 대학 교육을 받은 사람은 교육 수준이 낮은 사람보다 산책을 즐기고 이웃과 대화를 나눌 가능성이 훨씬 더 크다. 따라서 그들이 이웃을 신뢰할 가능성이 훨씬 더 크다는 것은 어쩌면 당연한 일인지도 모른다. 또, 부유할수록 집 밖으로 나가서 다양한 활동이나 모임에 참석하는 데 드는 돈을 더 많이 쓸 수 있으며, 자원봉사를 하고 집에 이웃을 초대할 가능성 또한 훨씬 더 크다.[187] 어쩌면 당신은 부유한 자본주의 국가에서 사람들이 보다 개인주의적인 경향이 있는 탓에, 외로움을 느끼는 비율 또한 더 클 것으로 가정하고 있을지도 모른다. 하지만 그러한 가정은 사실과 다르다. 이는 아마도 다음과 같은 비교적 단순한 이유 때문인 것 같다. 물

---

185 J. Mewes and G. N. Giordano (2017), 'Self-Rated Health, Generalized Trust, and the Affordable Care Act: A US Panel Study, 2006–2014', Social Science & Medicine, 190. E. D. Gould and A. Hijzen (2016), Growing Apart, Losing Trust? The Impact of Inequality on Social Capital, International Monetary Fund.

186 J. Batsleer and J. Duggan (2020), 'Loneliness and Poverty', in Young and Lonely, Policy Press.

187 Daniel A. Cox and Sam Pressler (2024), 'Disconnected: the Growing Class Divide in American Civic Life', American Survey Center, 22 August.

론 개인주의가 사회적 신뢰에 부정적인 영향을 미칠 수도 있다. 하지만 그러한 영향은 사회적 상호 작용을 위한 '행동 유도성'을 돈으로 살 수 있다는 사실에 의해 거의 완전히 사라지는 것으로 보인다.[188] 따라서 만약 부유하면서도 비교적 평등한 나라가 있다면, 사회적 신뢰 수준이 훨씬 더 높을 것으로 예측해 볼 수도 있을 것이다. 그 나라에선 거의 모든 사람이 사회적 활동에 참여할 때 드는 충분한 자원을 가졌을 것이기 때문이다. 당신이 어떻게 생각할지 모르겠으나, 나는 이러한 사실을 매우 긍정적으로 생각한다. 왜냐하면 이는, 문화나 역사 같은 다른 변하기 힘든 요인에 기대지 않고도, 적절한 경제적 조치가 취해질 수 있다면 사람들이 고립을 극복할 수 있음을 뜻하기 때문이다.

---

[188] E. Ortiz-Ospina (2019), 'Are People More Likely to Be Lonely in So-Called "Individualistic" Societies?', Our World in Data.

25
정치를 이야기하려거든 커피숍에 가 봐라

사회적 위축을 연구하게 되면서, 나는 편집증을 일으키고 다른 사람을 의심하게 만드는 사회적 위축의 위력에 점점 더 매료되었다. 사회적 위축을 경험하는 사람들에게서 가장 흔히 나타나는 특징은 중립적인 신호를 부정적으로 해석하는 경향이 있다는 것이다(예컨대, '메시지에 바로 답장하지 않는다면 그는 나를 싫어하는 것이다'). 어쩌면 이는 사회적으로 위축될수록 세상을 사실대로 인지할 수 있는 능력이 저하하기 때문에, 다른 사람의 동기와 행동을 점점 더 이해할 수 없게 되는 것인지도 모른다. 그리고 그러는 동안 우리의 두뇌는 애매함을 부정적으로 해석하는 방향으로 발전하는 경향이 있다. 즉, 사회적 위축을 경험하는 사람에게 신랄한 농담이나 순간의 부주의, 또는 잠깐의 갈등은 자신이 공격받고 있다는 신호로 순식간에 둔갑할 수 있다. 물론 사회적 위축과 무관하게 그들은 실제로 공격받고 있는 것일 수도 있다. 하지만 연구에 따르면, 우리가 사회적으로 위축되었을 때는 사실은 그렇지 않은데노(예컨대 어색함 때문인데도) 상대의 의도를 바로 이해할 수 없다면 즉시 부정적으로 해석하는 경우가 많다. 그리고 이런 식의 해석은 사람들이 자신을 공격한다고 생각하는 대상을 경계하거나 심지어는 역으로 공격하도록 만들 수 있으며, 이로써 애초에 존재하지도 않았던 갈등을 만들어 낼 수도 있다.[189] 팬데믹으로 인한 사회적 거리 두기가 느슨해진 뒤에도, 나는 내 영역에 들어오는 사람들로 인해 신경이 곤두설 때가 많았고, 내가 그들을 의심하며 별것 아닌 일에도 쉽게 상처받고 있음을 눈치챘다. 그리고 나에게는 그런 내 모습을 지켜보는 것 자체가 고통이었다.

하지만 사회적 위축으로 일어나는 모든 일이 그렇듯, 사회적 위축에서 편집증이 유발되는 과정과 사회적 위축으로 인한 사회적 신뢰의 광범위한 쇠퇴 간의 관계를 규명하기는 어렵다. 어쩌면 우리가 사회를 더 많이 불신하게 된 이유는 사회가 우리에게 우리가 필요로 하는 것을 제공하지 않아서, 그로 인해 우리가 고립될수록 우리 뇌에서는 편집증과 의심을 유발하는 영역이 점점 더 활성화되어서인지도 모른다. 그리고 내 생각에는, 소득 불평등에서 사회적 위축의 증가로, 그리고 사회적 신뢰의 감소로 이어지는 문제가 아마도 지난 수십 년에 걸쳐 심화해 온 양극화와 외국인 혐오, 그뿐만 아니라 극우 사상과 권위주의 확산의 원인인 것 같기도 하다. 실제로, 연구에 따르면 극우 성향의 사람들은 외부 위협에 민감하고 타인을 의심할 가능성이 더 크다. 즉, 다른 사람에 대한 냉소적인 태도는 시간이 지남에 따라 극우의 정치적 신념으로 이행하게 되는 유의미한 예측 요인이라는 것이다.[190] 이 모든 것을 고려한다면, 대부분 공격하고 의심하는 것이 전부인 '토론'은 우리 사회의 위축을 강화하고

---

[189] Cacioppo and Hawkley (2009), 'Perceived Social Isolation and Cognition'. Trends in Cognitive Sciences.

악화시켜 사회를 점점 더 파편화하기만 하는 것인지도 모른다.

이 외에도, 사회적 위축이 어떻게 인터넷이라는 '편집증적 문화(사회적 위축이 원인일 수도 있고 그 결과일 수도 있는 문화)' 속에 자리 잡고 있는지를 이해하는 것 또한 어렵지 않은 일이다. 인터넷에는 늘 세상을 가장 최악의 방식으로 보고 해석하는 음모론이 떠돌기 때문이다. 실제로 기술, 특히 인터넷과 스크린 기기는 그 자체로 사회적 위축의 원인이기도 하다. 스크린 타임은 사람들의 대면 활동 시간의 감소와 명확한 상관관계가 있다(한 연구에서 사람들에게 돈을 주면서 소셜 미디어 사용을 멈추게 하자 그들은 밖으로 나가 다른 사람과 어울리게 됐다).[191] 달리 말하면, 스마트폰 사용이 사회적 상호 작용을 대체하는 것이다(나는 우리 시대에 '인플루언서'가 인기를 끄는 이유 또한 그들이 미약하게나마 친구 관계를 대체하기 때문이라고 생각한다). 그러므로 만약 우리가 사회적 위축을 이겨내고자 이미 고군분투하고 있다면, 우리는 인위적이거나 절충적인 해결책을 생각해 볼 수도 있다.

어쨌든, 온라인 세계는 현실 세계의 불충분한 대체물에 불과하다. 간난히 말해, 인플루인시는 우리의 친구가 아니다. 반면에 온라인에서 일어나는 상호 작용 방식은 사용자들의 분열을 더욱 조장하는 경향이 있다. 익명 뒤에 숨어서 누군가를 괴롭히기란 누워서 떡 먹을 정도로 쉽다. 또, 중립적인 신호를 부정적으로 해석하기도 쉽다. 사람들은 서로를 향해 더 모질게 말할 수 있고, 더 가혹해질 수도 있다.

게다가 온라인상에서 우리는 쉽게 대화를 멈추고, 관계를 끊고, 차단

---

[190] D. R. Carney, J. T. Jost, S. D. Gosling and J. Potter (2008), 'The Secret Lives of Liberals and Conservatives: Personality Profiles, Interaction Styles, and the Things They Leave Behind', Political Psychology.

[191] D. H. Allcott, L. Braghieri, S. Eichmeyer and M. Gentzkow (2020), 'The Welfare Effects of Social Media', American Economic Review.

할 수도 있다. 현실에서 일어나는 대화와 비교하면, 온라인에서 우리는 걱정스러운 대화를 훨씬 쉽게 피할 수 있다. 하지만 그러한 행동에는 대가가 따를 수도 있다. 어쩌면 당신은 현실 세계에서는 피할 수 없는 상호작용의 불편함을 헤쳐 나가고 해소하는 법을 잊어버리게 될지도 모른다. 이는 대인 관계에서 필요한 당신의 '근력'을 약화한다. 그렇다면, 장점처럼 여겨지는 것들을 포함해서, 기술은 사회적 위축을 초래하는 중요한 요인일 가능성이 크다. 그러나 앞서 보았듯이 사회적 위축의 추세는 특정 기술의 등장이나 기술 일반의 발전을 넘어 보다 광범위하게 나타나는 듯 보인다.

필시 팬데믹도 사회적 위축의 추세에 기여했을 것이다. 당시 전 세계의 사람들은 '사회적으로 거리를 둘 것'을 요구받았다. 그러나 사회학자 에릭 클리넨버그Eric Klinenberg가 지적하듯이, 우리에게 정말로 필요했던 조치는 "신체적으로는 멀어지더라도 사회적으로는 가까워지는 것"이었다.[192] 재미있는 점은, 팬데믹 초반에 전 세계적으로 보고된 바에 따르면, 당시 사람들 사이에서 '외로움'은 소폭 상승하는 정도에 그쳤다는 것이다. 이는 비록 사람들이 떨어져 있었지만, 적어도 자신의 영역 안에 있는 사람과는 더 많을 시간을 보낼 수 있었기 때문이었을 수 있다. 그게 아니라면, 모두가 (팬데믹이라는) 동일한 상황에 처하게 되면서 서로에게 강한 유대감을 느꼈기 때문이었을 수도 있다. 그것도 아니라면, 어쩌면 우리는 팬데믹으로 인해 고립되어 있을 때조차 더 이상 외로움을 느끼지 못할 정도로 사회적으로 위축되었기 때문이었을지도 모른다(아마 당신도 '외로움'과 같은 감정으로는 문제의 핵심을 파악하기 어렵다는 사실을 이제 잘 알고 있을 것이다). 하지만 여기서 우리가 확실하게 말할 수

192　Eric Klinenberg (2024), 2020: One City, Seven People, and the Year Everything Changed, Knopf.

있는 것은 다만 팬데믹이 고립의 추세를 가속화했고, 사람들의 실생활에 영구적인 변화를 가져왔으며, 사회적 거리 두기가 끝난 후에도 혼자 있는 사람이 증가하고 있다는 것뿐이다(사실 나는 내 곁을 지켜 준 나의 고양이 발Val과 레오Leo에게는 미안하지만, 펜데믹의 긍정적 효과에는 찬성하지 않는다).

대개 그렇듯, 이 정도의 데이터로는 하나의 현상에서 명쾌한 인과 관계를 밝힐 수 없다. 경제, 팬데믹, 인터넷, 사회적 위축, 우리의 두뇌 위축, 그리고 정치에 대한 불신 모두가 '과잉 결정Overdetermined'[193] 의 요인들일 뿐만 아니라, 말할 필요도 없이 서로를 강화하는 요인들일 것이다. 결국, 이로써 문제는 더욱 복잡해진다.

나는 사회적 위축이 흥미로운 문제라고 주장해 왔다. 사회적 위축은 분명 두뇌에서 나타나지만, 사회적 환경이 원인이다. 사회적 지위는 고립의 수준을 크게 좌우한다. 예를 들어, 여성과 저소득층은 팬데믹이 계속되는 동안 더 큰 불안을 느낀 것으로 보인다.[194] 하지만 고립의 정도에 영향을 미치는 요인이 소득 불평등과 팬데믹, 그리고 기술뿐인 건 아니다. 다음의 요인이 이런 요인들보다 더 **중요한** 것은 아니지만, 확실히 더 실행하기 쉽고 덜 어려운 대안을 제시한다. 바로, '사회적 인프라'이다. 대규모 인프라가 '쉽다'고 말하는 것은 반직관적으로 들릴 수도 있다(경제 구조의 재편이 쉽다고 말한 사람이 전에 있던가?). 하지만 다른 선택지들과 비교한다면 사회적 인프라는 충분히 쉬운 방법이다. 예를 들어, 사람들의 스마트폰 사용을 전면 금지한다거나 지구상에서 팬데믹의 가능성을 완벽히 차단하는 것은 훨씬 더 어렵기 때문에, 우리는 사회적 인프라

---

193 어떤 결과가 하나 이상의 원인들에 의해 동시에 설명되는 현상을 뜻한다. 옮긴이.

194 R. Kindred and G. W. Bates (2023), 'The Influence of the COVID-19 Pandemic on Social Anxiety: A Systematic Review', International Journal of Environmental Research and Public Health.

의 구축에 집중해야만 하는 것인지도 모른다. 앞 장에서 살펴보았듯이, 사회적 인프라는 우리가 커뮤니티 안에서 다른 사람들과 함께 (심지어 무료로) 시간을 보낼 수 있도록 해 준다. 이뿐만 아니라 사회적 인프라는 우리가 재난에 더 탄력적으로 대처할 수 있게 해주며, 온갖 종류의 불평등을 감소시킨다. 하지만 아마도 사회적 인프라가 우리의 지금 목적에 가장 잘 부합하는 이유는, 그것이 사회적 위축에 뛰어난 효과를 보이는 해독제이기 때문일 것이다.

사회적 인프라는 소득 불평등이 장기적인 행복에 미치는 부정적인 영향을 상당 수준 줄이는 것으로도 보인다. 예를 들어, 어떤 사람이 부자라고 할지라도, 그가 만약 가난한 동네에 산다면 그것만으로도 고립과 외로움의 원인이 될 수 있을 것이다(그의 이웃들은 부자가 아니기 때문에). 하지만 다행히도 다음과 같은 조건이 충족된다면 정반대의 상황 또한 일어날 수 있다. 즉, 어떤 사람이 가난할지라도, 사회적 인프라가 (부유한 동네만큼) 잘 갖춰진 동네에서 산다면 그것만으로도 그는 고립과 외로움에서 벗어날 가능성이 크다. 따라서 '사회적 친분Social connection'은 우리가 이웃을 통해 얻는 '부'의 하나로, 고립 상태에서는 절대 얻을 수 없는 어떤 것이다. 그리고 그것은 일종의 '부'이지만, 결코 혼자서는 소유할 수 없다.

흥미롭게도, 제3의 공간(일터도 집도 아닌 공간)을 만들면 주택 시장에서의 불평등과 주거 지역의 분리가 감소한다는 상당한 증거가 있다. 영국에서 진행된 연구의 결과에 따르면, 다양한 소득 계층이 함께 사는 동네를 건설하는 최고의 방법 중 하나는 고소득 싱글을 해당 지역으로 이사하도록 유인하는 것이다. 그렇게 되면 해당 지역에서는 '주택의 고급화Gentrification'가 일어나고, 이는 해당 지역에 복합적인 영향을 미친다. 또한, 특히 젊은 층을 유인하기 위해 해당 지역에 제3의 공간, 예를 들어

'스포츠 문화 센터'와 같이 거의 무료로 이용할 수 있는 제3의 공간을 만들면, 모든 소득 수준의 사람들이 외로움을 해소하는 데 도움이 된다. 이뿐만 아니라, 제3의 공간을 전략적으로 건설하고 기금을 조성하는 일은 더 많은 지역 사회 거점을 창출하는 데도 도움이 될 수 있다.

결국 주거 지역과 이웃이 차이를 만들어 내는 것으로 보인다. 인터넷 시대에 이러한 결과는 정말 놀랍다. 어쨌든, 이는 주거지 인근의 접근이 편리한 사회적 인프라의 존재가 매우 중요하며, 그러한 인프라의 존재로 인해 다양한 배경을 지닌 사람들이 섞일 수 있고, 따라서 불평등이 감소할 가능성이 커짐을 시사한다. 물론 이러한 주장은 어느 정도 추정에 기댄 것이지만, 여전히 우리가 안고 있는 문제를 해결할 가능성이 가장 크다.

이처럼 사회적 인프라는 사람들을 서로 어울리게 할 수도 있고, 사람들이 어울리는 토대를 바꿀 수도 있다. 사회학자 레이 올든버그Ray Oldenburg가 고안해 낸 '제3의 장소Third places'라는 용어는, 일터도 아니고 집도 아닌 "사람들이 쉽고 저렴하게, 꾸준히 모일 수 있는" 장소를 가리킨다. 올든버그에 따르면, 제3의 장소의 핵심은 그곳이 위계적이지 않으며(일터에서는 이러한 위계가 두드러진다), 발언이 제한되지 않고, 외부인을 배제하지 않는다는 점이다.[195] 이론적으로 제3의 장소에 모인 사람들은 모두 평등한 지위에 있다. 만약 이런 장소가 없다면 사람들은 대개 일터나 집에만 머물며 위계적이거나 배타적인 공간 안에 갇혀 지내게 된다. 요약하자면, 제3의 장소가 있어야 우리는 비로소 함께 하는 것이 의미를 지니는 민주적 삶을 살 수 있고, 훨씬 더 나아가 우리의 정치 세계도 원활하게 작동할 수 있다. 내 생각엔, 우리 대부분은 그 공간에 들어

---

195 Ray Oldenburg (1999), The Great Good Place: Cafes, Coffee Shops, Bookstores, Bars, Hair Salons, and other Hangouts at the Heart of a Community, Da Capo Press.

서는 순간 이미 어렴풋이 그 의미를 감지하고 있다. 햇살 좋은 날, 내가 가장 좋아하는 라테를 마시며 낙천적인 기분을 만끽할 때, 나는 문득 이런 생각이 든다. 사람들이 커피숍을 찾는 이유는 어쩌면 낯선 이들과의 만남 속에서 무언가 마법 같은 순간이 찾아오기를 기대하기 때문은 아닐까.

26
정치인들은 이미 알고 있다

하지만 오늘날 우리는, 단지 적절한 가격으로 즐길 수 있는 커피숍을 찾는 것만으로는 결코 해결할 수 없는 훨씬 더 근본적인 문제에 직면해 있다. 요즘에는 심지어 커피숍에 앉아 있는 사람들마저도 대부분 스마트폰에 빠져든 채 주변과 단절되어 있기 때문이다. 그러므로 이 디지털 시대에 우리는 과거와는 다른 방식으로, 훨씬 더 의식적이고 계획적으로 제3의 장소들을 만들어 나가야 할 것이다.

미국의 정치사회학자 로버트 퍼트넘Robert Putnam은 시민들 사이의 단절 문제를 깊이 있게 다룬 대표적인 학자 중 한 사람이다. 그가 1995년에 발표한 논문, 〈혼자서 볼링 치기: 쇠퇴하는 미국의 사회 자본Bowling Alone: America's Declining Social Capital〉은 학계에서 단번에 큰 반향을 일으켰다. 이 논문과 이후의 저작들에서 퍼트넘은, 1960~70년대 이후 최근 수십 년 동안, 미국인들이 '사친회Parent-teacher association, PTA'부터 볼링 협회에 이르기까지, 단체에 소속되는 비율이 급격히 감소했음을 설명한다. 퍼트넘은 이러한 변화가 '사회적 자본Social capital'의 감소를 불러왔다고 본다(이 개념은 퍼트넘 이전에도 여러 학자에 의해 사용되었으며, 사회적 유대가 지닌 힘과 가치를 뜻한다. 이러한 힘과 가치는 종종 '사회적 신뢰'라는 말로 간소화되기도 한다).[196] 퍼트넘이 최근 나온 다큐멘터리에서도 말했듯이[197], 사회적 자본이 풍부한 사회에서는 사람들이 서로 의지할 수 있으며, 공동의 미래를 함께 설계해 나갈 수 있다. 사회적 자본이 풍부한 사회일수록 사람들은 타인을 덜 의심하고, 공격적인 성향도 덜하며, 전체의 이익을 고려하는 방식으로 정치에 참여한다. 다시 말해, 민주주의 사회의 촉진에는 비판적 사고 교육, 공감 능력 함양, 협력을 배우는 훈련보다도, 사회적 자본의 형성이 훨씬 더 강력한 효과를 발휘한다.[198]

〈혼자서 볼링 치기〉의 성공 이후, 퍼트넘은 일약 학계를 넘어 유명 인사가 되었다. 그의 글은 수많은 TV 프로그램과 잡지에 소개되었고, 당시 미국 대통령이던 빌 클린턴Bill Clinton은 그를 대통령 별장인 캠프 데이비드Camp David로 초대했다. 이 만남을 계기로 퍼트넘을 중심으로 한 태스크 포스가 꾸려졌고, 거기에는 보수 성향의 정치인들은 물론 젊은 버락 오바마도 포함되어 있었다. 훗날 오바마는 대통령이 된 후 퍼트넘에게 미국의 인문학 발전에 기여한 공로로 '국립 인문학 메달National Humanities Medal'을 수여했다.

퍼트넘은 매우 진지한 사람이자 감상적이기까지 한 인물이다. 그의 최근 다큐멘터리에서도 그는 미국 민주주의에 대해 자신이 느끼는 책임감

---

[196] Robert Putnam (1995), 'Bowling Alone: America's Declining Social Capital', Journal of Democracy.

[197] Join or Die (2024).

[198] R. D. Putnam (1994), Making Democracy Work: Civic Traditions in Modern Italy, Princeton University Press.

을 반복해서 강조한다(내가 이 다큐멘터리를 처음 봤을 때 내 옆에는 여러 명의 유럽인이 함께 있었는데, 그들은 미국 학계 전반에 퍼져 있는 미국식 애국주의에 충격을 받거나 심지어 섬뜩함을 느끼기도 했다). 실제로 퍼트넘은 클린턴 행정부가 자신의 주장을 근거로 첫 공청회를 열었을 때 이제 미국인들은 서로를 다시 바라보게 될 것이라고 확신했다. 그러나 안타깝게도, 그는 틀렸다. 지금까지도 미국에서 사회적 자본은 지속적으로 감소해 왔다. 볼링 협회를 포함해 단체에 가입하는 사람들의 수는 계속해서 줄었고, 노동조합 가입률 또한 감소했다.

퍼트넘이 〈혼자서 볼링 치기〉를 발표한 지 30년이 지난 지금, 사회적 고립과 원자화는 미국뿐 아니라 다른 나라들에서도 이전보다 훨씬 더 뚜렷하게 나타나고 있다. 그리고 이 모든 사실이 특히 더 우울하게 느껴지는 이유는, 퍼트넘과 공동 연구자들의 말대로 우리가 단지 하나의 단체에 가입하는 것만으로도 우리의 삶에는 놀라운 변화가 일어날 수 있기 때문이다. 심지어 1년 안에 사망할 위험이 절반으로 줄어든다는 연구 결과도 있다.[199]

흥미롭게도, 퍼트넘은 사회적 자본이라는 정치적 문제를 해결하기 위해 놀라울 만큼 '도덕적'이고 '개인적'인 해법을 제시한다. 그리고 그 해법의 중심에는 바로 '단체'가 있다. 제목이 암시하듯, 〈혼자서 볼링 치기〉는 과거에는 단체에서 이뤄지던 활동들이 이제는 점점 개인화되고 있다는 점을 강조한다. 예를 들어, 미국인들이 볼링을 치는 횟수는 그 어느 때보다 많아졌지만, 볼링 협회에 가입하는 사람의 수는 현저히 줄어들었다. 이에 근거해서 퍼트넘은 미국인들이 다시 협회와 단체에 가입해야 한다고 주장한다. 그는 과거 미국인들이 가입하는 단체는 '일본계-멕시

---

[199] Robert Putnam and Shaylyn Romney Garrett (2020), The Upswing: How America Came Together a Century Ago and How We Can Do It Again, Simon & Schuster.

코계 노동자 협회Japanese-Mexican Labor Association'처럼 분명한 정치적 목적을 지닌 조직에서부터, 지역의 볼링 협회에 이르기까지 다양했음을 지적한다. 하나가 아니라 여러 개의 단체에 가입한 사람도 많았고, 심지어 마을마다 전화번호부가 있어서 사람들이 원하는 단체를 찾고 직접 연락하는 것을 돕기도 했다.

나 역시 협회와 단체를, 과하지 않은 선에서, 꽤 좋아하는 편이다. 하지만 이런 종류의 분석은 어느 시점부터 설득력을 잃었다고 생각한다. 나는 퍼트넘의 연구에 감탄할 때가 많다. 그러나 그는 대체로 도덕적 변화, 정확히 말하면 도덕적 변화가 반드시 '선행'해야 한다는 주장에 무게를 두는 경향이 있다. 따라서 그의 작업에서 중심을 이루는 것은 개개인의 도덕적 각성에 대한 호소다. 예컨대, 그의 비교적 최근 저서인 《약진: 한 세기 전 우리는 어떻게 함께 했는가, 그리고 어떻게 다시 함께 할 수 있는가The Upswing: How We Came Together a Century Ago and How We Can Do It Again》에서 퍼트넘과 공동 저자들은 이렇게 말한다. "무엇보다도, 사회와 정치의 진보란 개인의 도덕적 각성과 다르지 않았다".[200]

사회적 자본의 감소에는 수많은 요인이 작용했지만 대부분은 구조적인 원인이다. 때문에 아무리 도덕적 각성을 주장한다 해도 그것은 근본적인 해결책이 될 수 없다. 퍼트넘 자신도 인정했듯이, 시간이 더 흐르며 미국에서는 '시민 사회 인프라Civic infrastructure의 절반이 사라지는 일'이 벌어졌다. 오늘날 미국인의 절반 이상은 사회적 인프라에 거의 접근하지 못하거나 아예 접근하지 못하고 있다. 인구의 1/5은 이웃과 만나거나 이야기를 나눌 수 있는 공간이 전혀 없다고 답했으며, 반대로 '접근하기 쉽다'고 답한 사람은 겨우 18%에 불과했다.[201]

---

200 Robert Putnam and Shaylyn Romney Garrett (2020), The Upswing: How America Came Together a Century Ago and How We Can Do It Again, Simon & Schuster.

미국의 사회적 자본은 1960년대 말에서 1970년대 초 이래로 꾸준히 감소해 왔다. 그리고 이 시기는 (전혀 놀랍지 않게도) 미국을 비롯한 많은 서구권 국가들이 경제 성장의 둔화와 함께 대규모의 경기 침체를 겪던 때이기도 하다. 바로 그 시기에, 자본주의 국가의 시민들은 생존을 위해 점점 더 개인적인 해결책을 선택하게 되었다. 부업을 뛰고, 자기 계발에 몰두하며, 자녀의 학업 성취를 돕는 일에 집중하게 된 것이다. 이러한 변화는 곧 1980~90년대에 이르러 정부의 신자유주의 정책으로 이어졌다. 즉, 공공 서비스, 공공재, 토지가 사유화되었고 정부 지출은 긴축되었다. 그 결과, 방과 후 활동 지원금과 같은 예산이(즉, 부모들이 서로 만날 수 있는 기회가) 줄어들었고, 공원이나 커뮤니티 센터, 심지어 도로마저 사라졌다.[202] 신자유주의 경제 정책은 사회적 인프라뿐만 아니라, 공동체 기반의 삶 자체를 무너뜨렸다.

지난 60년 동안 미국의 경제는 개인주의와 함께 성장해 왔다. 퍼트넘의 최근 설명에 따르면, 미국 사회는 1890년대에는 매우 개인주의적이었고, 시간이 흐르며 점점 공동체 중심적으로 되었지만, 1960년대 이후 다시 빠르게 개인주의로 회귀했다. 오늘날 미국 사회에서 나타나는 개인주의적 성향은, 퍼트넘의 표현을 빌리면, '도금 시대Gilded Age'[203] 당시와 놀라울 정도로 유사하다.[204] 이러한 흐름은 부분적으로는 신자유주의 정책이 공원, 놀이터, 도서관 등 공동체를 위한 '제3의 무료 공간'을 점차 앗

---

201 Daniel A. Cox and Sam Pressler (2024), 'Disconnected: the Growing Class Divide in American Civic Life', American Survey Center, 22 August.

202 J. E. Sewell (2018), 'Public Space in North American Cities', Oxford Research Encyclopedia of American History.

203 1865년 남북 전쟁이 끝난 후, 불황이 오는 1893년까지 미국 자본주의가 급속도로 발전한 시기를 뜻한다. 옮긴이.

204 Robert Putnam and Shaylyn Romney Garrett (2020), The Upswing: How America Came Together a Century Ago and How We Can Do It Again, Simon & Schuster.

아간 것과 깊은 관련이 있다.

하지만 우리의 사회적 자본이 빈곤해진 것은 오직 경제적 이유 때문만은 아니다. 사실 사회적 자본은 정치인들을 불편하게 한다. 그러므로 퍼트넘의 주장이 미국의 자유주의를 수호하는 대통령들을 움직이게 했음에도 정작 효과는 없었다는 것에 그렇게 놀랄 필요는 없다. 정치인들과 사회적 자본, 정부와 제3의 장소 사이에는 기껏해야 모종의 불편함만이 존재하기 때문이다. 실제로 정부는 대규모의 시위를 미연에 방지하거나 종식시키기 위해 공공의 장소를 고의적으로 폐쇄하기도 한다. 예를 들어, 미국의 거의 모든 도시에서 걷기 좋은 거리가 대로와 쇼핑 단지로 바뀌었는데, 부분적으로는 이러한 도시 설계가 경찰의 단속에 더 용이하기 때문이었다.[205]

시간을 더 거슬러 올라가 보면, 영국의 '차티스트 운동Chartist movement'[206]은 1830~40년대에 벌어진 강력한 노동자 계급 운동 중 하나였다. 이 운동에서 차티스트들은 남성의 보통 선거권을 비롯해 민주주의와 관련된 다양한 개혁을 요구했다. 그들은 제3의 장소를 적극적으로 활용하여 운동을 조직하고 확산시켰으며, 수백만 명의 서명을 받아 의회에 제출하기도 했다. 운동이 절정에 달했을 때는 런던의 케닝턴 커먼Kennington Common에 수천 명의 차티스트들이 운집했다. 그러나 이후 다시는 이러한 일이 다시는 일어나지 않도록 영국 정부는 케닝턴 커먼을 강제로 폐쇄했고, 나무를 심고 모습을 바꾼 뒤 입구에 경찰을 배치해 출입을 통제하였다. 그 결과, 케닝턴 커먼은 차티스트 운동과 같은 대규모 집

205　P. A. Neel (2018), Hinterland: America's New Landscape of Class and Conflict, Reaktion Books.

206　19세기 중엽 영국에서 노동자층을 중심으로 전개된 민중 운동을 일컫는다. 산업 혁명의 결과 사회 전반의 부가 증가함에 따라 자본가 계급의 요구는 실현되었으나, 노동자들의 권리는 계속해서 무시되었다. 이에 노동자들은 선거권 확대와 노동자 대표의 의회 참여를 요구하는 운동을 벌였다. 옮긴이.

회가 더 이상 물리적으로 불가능한 공간으로 바뀌고 말았다. 한때 영국에서 의회 민주주의의 길을 열어 주었던 장소는 이제 마치 운동을 추억하는 묘비처럼 포장석으로 덮여 있다.²⁰⁷

더 과거로 거슬러 올라가 보면, 1675년 찰스 2세King Charles II는 당시 유행의 첨단을 달리던 '커피 하우스'를 전부 폐쇄하려 들었다. 그는 사람들이 그곳에서 최신 문학이나 상업을 주제로 이야기할 수도 있지만, 자신에게 해가 되는 음모를 꾸밀 수도 있다고 우려했다(실제로 커피 하우스에서 그러한 정치적 모의가 벌어지기도 했다).²⁰⁸ 유럽과 중동은 통치자들이 커피 하우스를 감시하고, 폐쇄하고, 심지어 커피 자체를 금지한 역사가 있다. 통치자들은 이런 공간이 시민 사회의 구축을 돕는 일종의 사회적 인프라 역할을 한다는 것을 정확히 알고 있었다. 커피 하우스는 사람들이 모여서 공통의 이해관계와 관심사를 확인하는 장소였다. 그뿐만 아니라, 그 공간에서 사람들은 교회나 시장에서는 가능하지 않았던 새로운 종류의 대화 방식을 배울 수 있었다. 프랑스의 통치자들은 커피로 인해 사람들이 밤새 깨어 있고, 급진적인 사상을 배우게 되며, 정부를 전복시키게 될 거라고 확신했다(결과적으로 그들이 들린 소리를 한 것은 아니었다!). 한편, 영국인들은 커피가 남성을 무기력하게 만들고 여성화한다고 우려했다.²⁰⁹ 이는 다음과 같은 흥미로운 질문을 제기하게 한다. 그렇다면 남성들이 초창기 커피숍에서 얻을 수 있었던 저 중요한 민주적 기술들은, 사실은 여성들이 삶에서 함양하도록 배워온 미덕들, 예를 들어 갈등을 대화로 풀고, 누구에게나 예의 바르며, 공통의 관심사를 찾

---

207 Stefan Szczelkun (2018), 'Document: Kennington Park – The Birthplace of People's Democracy', Past Tense.
208 Kelly Intile (2007), The European Coffee-House: A Political History, doctoral dissertation, University of Oregon.
209 Yasmin El-Beih (2020), 'How Coffee Forever Changed Britain', BBC Travel, 19 November.

고, 경청하며, 타협하고, 관계를 구축하며, 여러모로 배려하는 태도와 비슷하거나 아니면 완전히 똑같은 것 아닌가? 따라서 민주주의 속에는, 그간 여성적인 것으로 치부되어 오던 미덕들을 우리 모두가 배우고 터득하도록 요구하는 뭔가가 존재하는 것 아닌가? 수많은 남성과 무익한 논쟁을 벌여온 나로서는 이 질문에 '그렇다'고 답하고 싶다.

어쨌든, 사회적 인프라는 강력한 민주적 환경을 조성하기 때문에 때때로 기득권을 불편하게 만든다. 물론 정치인들은 '공공의 정치'를 운운하며 당신에게 '단체에 가입'할 것을 권유할 수도 있다. 하지만 당신은 다른 한편에서 그들이 사람들의 움직임에 신경을 곤두세우고 불안해하며, 야영지를 배회하는 모습을 볼 수 있을 것이다. 실제로 정부와 시위대 모두는 자신들에게 보다 유리한 환경이 분명 존재한다는 사실을 오랜 경험을 통해 알고 있다. 예를 들어, 건축학적 관점에서 본다면 대학 캠퍼스가 시위대에게 유리하다는 것에는 의문의 여지가 없다. 물론 시위가 하필 대학에서 빈번하게 일어나는 데에는 다른 이유도 있다. 예를 들어, 교수들은 평균적으로 '깨어 있는' 사람이며 학생들 또한 그렇기 때문이다. 게다가, 대학생들에게는 시간이 많다. 더군다나 대학 캠퍼스는 정치적 활동을 구조적으로 뒷받침한다. 캠퍼스 내에는 체육관부터 세탁실, 커피숍 등 개방된 장소가 많다. 무료로 참여할 수 있는 행사도 항시 열리고 있다. 갓 성인이 된 학생들을 대상으로 하지 않더라도, 이러한 환경은 사람들의 '행동 가능성'을, 그리고 사람들이 '관계'를 구축할 수 있는 충분한 기회를 제공한다. 하지만 이러한 환경이 점점 사라지고 있다.

27
사실 누구도 정치에 대해 이야기하지 않는다

사회적 신뢰가 나날이 후퇴하는 오늘날, 우리는 어쩌면 민주주의가 시작된 이래로 가장 정치가 활력을 잃은 시기를 살고 있는 것일지도 모른다. 소셜 미디어 상의 '워크니스Wokeness'[210] 논쟁이나 뉴스 피드를 점령한 정치 현안들을 떠올리면 이 말이 다소 어이없이 들릴 수도 있다. 특히, 이 책을 망설임 없이 집어 든 당신이라면 더더욱 그럴 수 있다. 그러나 전 세계에서 수집된 데이터를 살펴보면 애석하게도 이 진단은 사실에 가깝다.

특히 인상적인 데이터는 영국의 핸사드 협회Hansard Society[211]에서 진행

---

210 인종 차별 문제와 관련해서 처음 등장한 용어로, 지금은 일반적으로 사회적 정의와 같은 정치 이슈에 대한 민감도를 가리킨다. 옮긴이.

211 영국의 의회 민주주의를 촉진하기 위해 1944년 설립된 협회로, 영국 의회에서 발행하는 의사록인 'Hansard'에서 이름을 따왔다. 옮긴이.

한 시민들의 정치 참여도 조사에서 찾을 수 있다. 조사가 종료되기 직전, 영국의 정치 참여 수준은 역사상 최저치를 기록했다. 2019년에는 전체 시민의 절반 이상이 설문지에 제시된 13가지 정치 활동 중 어느 하나에도 참여한 적이 없다고 응답했다. 심지어, 그 어떤 정치 활동에도 참여할 생각이 없다고 답한 이들이 과거의 어느 때보다도 많았다. 또한 많은 시민이 자신의 정치적 행동은 정부 정책에 아무런 영향도 미치지 못할 것으로 느낀다고 말했다. 2019년에는 조사가 시작된 이래로 정치에 '전혀 관심이 없다'거나 '전혀 모른다'고 답한 사람이 가장 많았으며, 시민의 30%는 정치에 대해 이야기해 본 적조차 없다고 밝혔다. 이뿐만 아니라 인구의 1/3은 정치적 의사 결정에 '전혀 관여하고 싶지 않다'고 응답했는데, 이는 전년도에 비해 10% 포인트 상승한 수치였다.[212] 1995년의 조사에서도 이미 심각한 문제로 나타났던 시민들의 정치 이탈 현상은, 이제 우리가 얼마나 외로워하고 서로 단절되어 있는가 하는 차원을 넘어, 우리에게 정치가 과연 무슨 의미를 지니는가의 더 깊은 차원에서도 우리를 암울하게 한다. 즉, 앞으로 사람들이 정치에 대해 이야기하게 될 가능성 자체가 사라지고 있는 것이다.

이처럼 점점 더 많은 이들이 집 밖으로 나가지 않게 되고, 사회적 인프라에 접근할 기회는 줄고, 공간의 개방성도 축소되는 상황에서, 주택 시장의 위기는 사람들의 행동 가능성 전반을 위축시킨다. 지난 세기, 급속한 도시화는 전 세계의 사람들을 도시로 이끌었고, 그 결과 전혀 다른 배경을 지닌 사람들 간의 자주적인 접촉이 가능했다. 그러나 오늘날에는 공동화의 확산과 불평등의 심화로 인해 이러한 흐름이 역전하고 있다. 이제 사람들은 다양한 사람이 섞여 사는 동네에 거주할 가능성도,

---

212　Hansard Society, 'Audit of Political Engagement 16: The 2019 Report'.

그런 동네를 형성할 가능성도 줄어들었다. 예를 들어, 과거 미국인들은 가난한 주에서 부유한 주로 이사하곤 했다. 하지만 오늘날에는 더 저렴한 주택을 찾아 가난한 지역으로 이주하는 정반대의 경향을 보이고 있다.[213] 하버드 대학교 정책학과 교수 피터 가농Peter Ganong과 대니얼 쇼그Daniel Shoag의 지적처럼, "주택 시장의 위기는 계급에 따른 분리를 심화시키며, 대다수의 노동자들이 미국에서 가장 생산성이 높은 도시들에 접근하는 것을 가로막는다."[214]

특히, 나와 같은 '밀레니얼 세대Millennials'는 이전 세대보다 이사의 빈도가 낮다. 이는 부분적으로는 이사를 해야 할 만큼 흥미로운 직업을 가질 기회가 우리에게 잘 없기 때문일 수 있다.[215] 지금 우리는 계급과 인종이라는 두 축을 따라 사회적으로 재분리되는 중이다. 그리고 이와 같은 추세는, 즉 불평등의 심화와 도시 중심지로의 물리적 접근성 하락은 우리 세대가 직장을 옮기거나 사업을 시작할 가능성마저 낮추는 요인이 되고 있다. 실제로 밀레니얼 세대는 집을 매입하기보다는 임차할 가능성이 높고, 결혼하거나 아이를 낳을 가능성은 낮다. 이러한 현실을 감안하면 우리의 주거 이동 가능성이 낮다는 사실은 그다지 놀라운 일이 아니다(하지만 우리도 자유롭게 이사하고 새로운 일에 도전할 수 있어야 한다!). 그러나 기회가 생긴다고 하더라도 우리 세대가 실제로 이사할 가능성은 조부모나 증조부모 세대를 비롯한 그 어떤 세대보다도 낮아 보인

---

213 World Health Organization Regional Office for Europe (2023), 'Widening Inequities, Declining Trust – They are Inextricably Linked, with Significant Impacts on Health, Finds New WHO Europe Report'.

214 Peter Ganong and Daniel Shoag (2017), 'Why Has Regional Income Convergence in the US Declined?', Journal of Urban Economics.

215 Richard Fry (2017), 'Americans Are Moving at Historically Low Rates in Part Because Millennials Are Staying Put', Pew Research Center, 13 February. Derek Thompson (2012), 'Generation Stuck: Why Don't Young People Move, Anymore?', The Atlantic, 12 March.

다. 앞서 살펴보았듯, 경제력은 다른 요인들의 영향력을 상쇄한다.[216]

구조적인 제약으로 인해 사람들은 제3의 장소에서 타인과 어울릴 기회가 줄었고, 사회적 인프라가 잘 갖춰진 부유한 동네로 이사하거나 그런 이사를 계획할 가능성이 희박해졌으며, 다양한 측면에서 새로운 방식의 삶을 시도할 가능성도 거의 사라졌다. 당연하게도 이런 현실은 정치에 대해 이야기할 수 있는 우리의 능력 자체를 훼손한다(아무리 스마트폰으로 '워크Woke'와 '밈Meme'을 찾아본다 하더라도 소용이 없다). 오늘날, 우리가 처한 경제적 여건은 우리가 다른 사람들과 어울리거나 새로운 삶을 실험해 보는 일을 점점 더 어렵게 만들고 있다.

사회적 위축은 악순환이다. 마찬가지로, 사회적 인프라를 비롯한 모든 인프라의 위축도 악순환이다. 앞선 장에서 살펴봤듯이 일단 인프라가 민영화되기 시작하면 부정적 순환이 일어난다. 민간 서비스를 선택할 만큼 충분히 부유한 사람들은 괜찮다. 그리고 이는 그들이 공공 기금을 걱정할 더 이상의 이유가 없다는 것을 의미한다. 그러는 사이 가장 부유한 계급은 공공 서비스 예산과 공적 기금을 삭감할 근거를 훨씬 더 많이 가지게 된다. 이렇게 부자와 가난한 사람은 점점 더 다른 세상에서 살아가게 된다. 작가이자 학자인 실라 라이밍Sheila Liming의 말에 따르면, 이는 주택 시장에서 발생하는 문제이기도 하다:

> 우리가 공유할 수 없다면 우리는 개별적으로 구입하거나 비용을 내야 한다. 달리 말해, 만약 당신의 아이가 걸어서 갈만한 공원이 인근에 없다면 당신은 뒷마당에 직접 놀이 기구를 설치해야 하고 그 비용도 당신이 지불해야 한다. 하지만 당신의 아이가 거기서 놀게 되더라도 여전히 다른 아이들과의 상호

---

216 Derek Thompson (2016), 'How America Lost Its Mojo', The Atlantic, 3 May.

작용을 통해서만 얻을 수 있는 것들에는 노출될 수 없다. 한편, 당신의 이웃들도 뒷마당에 놀이 기구를 설치한다. 마당에 대한 수요가 급격히 증가한다. 주택의 평균 크기가 커진다. 주택 가격이 시장에서 점점 더 높게 형성되면서 저임금 노동자들은 도시 밖으로 밀려난다.[217]

여기서 끝이 아니다. 저임금 노동자들이 자신의 자녀들을 (그들에게는 공원도 마당도 없기 때문에) 거리로 내보내 놀게 하면, 부자들(대개는 백인)은 거리가 위험하다는 생각에 자신들만의 배타적 공간으로 더욱더 움츠러든다. 기타 등등. 이는 부끄러운 일이다. 왜냐하면 부자와 저임금 노동자, 뒷마당이 있는 계급과 없는 계급을 아우르는 제3의 공간이 인근에 하나만 있어도, 아이들은 주변에 다양한 사람들이 존재한다는 것과 그들이 생각만큼 위협적이지 않다는 것을 배울 수 있기 때문이다.

이제는 이용하려면 꽤 큰 돈을 써야 하는 제3의 공간(커피숍, 바)조차 줄어들고 있다. 내가 이 책을 집필하고 있는 현재, 영국의 펍Pub 수는 지난 25년간 약 1/4이 줄었다. 반면, 같은 기간 커피숍의 수는 늘었지만, 커피를 테이크아웃하는 소비 방식도 함께 확산했다. 특히 음식의 경우, 딜리버리 서비스 시장의 급속한 확대는 사람들이 레스토랑을 찾는 비율을 현저히 낮추고 있다.[218] 따라서 간혹 사람들이 커피숍에 들어가 자리를 잡고 앉는다 해도, 그것은 그저 '혼자서 커피숍 가기'에 지나지 않을 수 있다. 즉, 사람들은 여전히 커피숍에 가긴 하지만, 혼자 앉아서 커피를 마시는 경우가 대부분일 것이다. 하버마스가 꿈꾸는 과거의 커피숍

217　Sheila Liming (2023), Hanging Out: The Radical Power of Killing Time, Melville House.

218　Chris Anderson (2024), 'Pub Closures in the UK', Company Debt, 5 August. Kabir Ahuja, Vishwa Chandra, Victoria Lord and Curtis Peens (2023), 'Ordering In: The Rapid Evolution of Food Delivery', McKinsey & Company.

문화는 오늘날 찾아보기 더 어렵게 되었다. 우리가 애정하는 동네 커피 맛집들도 예외가 아니다.

요즘 같은 세상에서 갈만한 커피숍이 없다고 불평하는 것은 이상하고 배부른 소리로 들릴 것이다. 하지만 그저 그렇게 듣고 넘겨서는 안 된다. 왜냐하면 커피숍과 공원, 학교와 도서관, 심지어 도로와 인도는 사람들이 서로 우연히 마주치는 장소, 결과적으로 정치에 대해 이야기할 수도 있는 관계를 형성하는 장소가 되어야 하기 때문이다. 이는 심각한 정치적 위기 속에서 의외의 지점에 인위적으로 개입하려는 것으로 보일 수도 있지만, 절대 그렇지 않다. 사회적 인프라는 우리가 공동으로 만들어 나가는 공간이기 때문이다. 다른 요인들은 생각하지 않아도 된다고 말하는 건 아니다. 나는 우리가 화면을 들여다보는 시간이 지나치게 많다는 사실을 의심하지 않으며, 타인에 대한 무관심이 도덕 문제의 하나라는 사실도 당연히 부정하지 않는다. 하지만 우리가 사람들을 포획해서 스마트폰으로부터 떨어뜨려 놓을 수는 없는 노릇이고, 도덕을 설교한다고 해서 별로 도움이 될 것 같지도 않다. 결국 지금 우리에게 가장 필요한 것은 바로 '물질'이다(물론 정말로 괜찮은 커피숍도 도움이 된다).

28
악당들과 싸우는 우리의 자세

이제 사회적 인프라의 쇠퇴가 정치에 어떤 영향을 미칠 수 있는지를 깊이 생각해 보기 위해, 잠시 약간의 의심과 편집증을 유발할 수도 있는 음모론적 사고 실험을 하나 해 보자. 상상해 보자. 정부가 시민들이 정치에 참여하는 것을 원치 않는 경우도 있지 않을까? 어딘가 있을 법하게 들리는가? 그런 정부라면 사회적 인프라가 부족한 세상에 기뻐할 것이고, 나아가 고의적으로 그런 세상을 설계하려 들 수도 있다. 특히 많은 시민이 그 정부에 반대하고 있다면 그럴만한 충분한 이유가 된다고 생각한다. 이유는 다음과 같다.

우선, 사회적 인프라가 사라진다는 것은 사람들이 '긴 대화'를 경험하는 시간이 줄어든다는 것을 의미한다. 앞서 4장에서 살펴보았듯이, 긴 형식의 대화야말로 누군가의 정치에 대한 생각을 변화시킬 수 있는 잠재력을 가지고 있다. 하지만 만약 우리가 비교적 짧은 '설득 행위'에 참여한다면, 덕분에 우리는 잠시 도덕적 우월감을 느낄 수도 있겠지만, 그런 행위는 지나치게 시간을 낭비하는 면이 있어서 마치 파도 한 번에 사라지는 모래성을 짓는 것과 같다. 우리가 매일 일상적으로 하는 행동이라는 '조수'가, 그러한 설득의 효과를 깨끗이 씻어내 버리기 때문이다. 반면, 사회적 인프라는 사람들을 꾸준히 한데 모아 그들의 일상적인 행동을 변화시킨다. 그리고 이로써 정말로 중요한 관계가 형성된다면, 영구적으로 효과를 발휘할 수도 있다.

다음으로, 사회적 인프라는 사람들이 새로운 방식의 삶으로 나아가는 관문이기도 하다. 이를 통해 사람들은 기존의 신념을 수정하고, 새로운 신념을 가질 수도 있다. 실제로, 인프라 덕분에 사람들은 이전보다 더 넓어진 범위의 '행동 가능성'을 시험해 볼 수도 있다. 이번에 채식을 해 볼지, 교회에 나가 볼지, 학부모 모임에 참석해 보거나 지역 내 자원봉사 활동에 참여해 볼지 등, 얼마든지 새로운 행동을 시도해 볼 수 있다. 이런 행동 중 일부는 사소해 보일지도 모르지만, 이 사소해 보이는 행동이 우리 동네 사람들이 겪고 있는 공동의 문제를 발견하는 일에서부터 정치 운동의 조직에 이르기까지, 다른 행동들로 이어질 수도 있다.

마지막으로, 사회적 인프라를 제거하면 사람들은 고립 속에서 서로를 불신하게 된다. 이는 우리의 사고 실험 속 '나쁜 정부'에도, 시민들의 정치 참여를 불편하게 생각하는 현실의 정부에도 유리할 수 있다. 이것이 바로 권위주의를 연구하는 학자들이 '공간 축소 Shrinking space' 문제에 점점 더 많은 우려를 보내는 이유이기도 하다. 공간 축소를 겪고 있는 많은 나라에서는 표현의 자유가 보장되는 공간이 점차 사라지고 있다. 치안 유지라는 명목하에 과도하게 통제되거나, 아예 폐쇄되기도 한다. 우리가 권위주의적이라고 여기지 않는 나라들에서도 '공간의 사유화'는 공간이 정치적으로 기능하기 어렵게 만드는 요인이 되고 있다. 실제로 이러한 공간은 '공개 공지Privately Owned Public Spaces'²¹⁹ 인 경우가 많아서, 소유주는 언제든 경비를 맡기거나 공간을 폐쇄할 수도 있다. 엄밀히 따지자면 법적으로는 공공의 공간이지만, '적대적 건축물Hostile architecture'을 설치해 사람들이 주변을 어슬렁거리지 못하게 하기도 하며, 어떤 공간은 전혀 관리가 되지 않아 붕괴 직전의 상태인 경우도 있다.²²⁰ 정부는 대체로 이 문제에 무관심할 뿐인데, 그도 그럴 것이 시민들의 지지를 얻지 못하는 정부라면, 또는 정치적 변화를 원치 않는 정부라면 인프라를 축소하는 것이 백번 유리하기 때문이다. 따라서 이 모든 것의 결론은, 우리는 이 '나쁜 정부'로부터 사회적 인프라를 '쟁취'해야 한다는 것이다.

1960년대 미국의 '시민 평등권 운동Civil Rights Movement'이 많은 참가자를 모집하고 유지할 수 있었던 이유는, 부분적으로는 회원들에게 많은 행동을 요구했기 때문이었다. 회원들은 운동을 위해 할 수 있는 모든 것을 다해야 했으며, 어떠한 고생도 마다하지 않았다. 그들은 구타당하기 일쑤였고, 수년간 투옥되기도 했다. 백만 명이 운집하는 행진과 시위를 꾸준히 만들어 내려면 불가피한 일이었다. 하지만 당시 사람들이 계속해서 운동을 이어 나갈 수 있었던 것은, 행동뿐 아니라 커뮤니티 덕분이기도 했다. 실제로 시민 평등권 운동을 주도한 흑인 커뮤니티는 관계뿐 아니라 관계가 형성되는 공간 또한 구축했다. 예를 들어 흑인, 특히 미국 남부의 흑인들은 자신들에게 안전한 서비스를 제공하는 업체들만을 신중하게 골라서 이용했다. 유명한 사례로는 '흑인 운전자를 위한 그린 북Negro Motorist Green Book', 줄여서 '그린 북'이 있다.²²¹ 이 소책자에는 흑인이

---

219 도시 환경 개선과 공공의 이용을 목적으로, 일정 규모 이상의 건축물에서 확보되어야 하는 시민들을 위한 개방된 휴식 공간을 뜻한다. 옮긴이.
220 United Nations (2014), '"Shrinking" Spaces for Citizens Threatened Democracy, Human Rights, Experts Tell Third Committee As It Considers Country Reports'.

환대받을 수 있는 시설들의 목록이 실려 있었다. 어쩌면 백인이 흑인 운동과 그들의 커뮤니티를 설명하는 게 다소 질릴 수도 있으니, 이쯤하고 공중 보건학 교수 조이스 볼스베리Joyce Balls-Berry의 연구로 넘어가 보자. 조이스는 '이발소Barbershop'를 중심으로 흑인 남성을 위한 공중 보건 교육을 고안해 낸 인물이기도 하다. 그녀는 자신의 저술에서 다음과 같이 흑인 이발소의 역사를 설명한다:

시민 평등권 운동의 역사에서, 흑인 이발소가 회원들이 모이는 장소로 기능했다는 점은 여러 기록에 잘 나타나 있다. 이발소는 흑인 남성들이 모여 사교 활동을 하거나 체스를 두고, 정치에 관한 토론을 벌이는 공간으로 빠르게 자리 잡았다. '짐 크로 법Jim Crow laws'[222] 이 시행되면서 흑인들이 자유롭게 모일 수 있는 공간이 제한되자, 이발소는 이러한 공백을 메꾸는 역할을 하게 되었다. 다시 말해, 이발소는 당시 '흑인 교회'와 유사한 역할을 한 것이다. 이발사들 가운데 정치적인 일부는 이발소에 비치할 읽을거리를 직접 선별했고, 따라서 이발소는 흑인 남성들이 신문과 잡지를 접할 수 있는 창구가 되었다. 시민 평등권 운동가이자 '콰메 투레Kwame Ture'라는 이름으로 널리 알려진 스토클리 카마이클Stokely Carmichael은, 자신은 어린 시절 할렘Harlem의 한 이발소를 매주 방문했으며, 그 경험이 자신이 받은 정치 교육의 전부였다고 회상한다. 《인종 차별 잘라 버리기Cutting Along the Color Line》의 저자이자 역사학 교수인 퀸시 밀스Quincy T. Mills는, 이러한 흑인 이발소를 "흑인을 위한 공적 영역 속에 존재한 사적 공간"으로 묘사한 바 있다.[223]

---

221   New York Public Library (n.d.), The Green Book.
222   남북 전쟁에서 패한 미국 남부의 주들이 흑인을 계속 차별하기 위해 만든 법으로, 남부 11개 주에서 1876년부터 1965년까지 시행된 공공장소에서 흑인과 백인의 분리와 차별을 규정해 놓은 법이다. 옮긴이.

따라서 흑인 이발소는 종종 '원조 블랙 트위터Original Black Twitter'로 불리기도 한다. 하지만 소셜 미디어 바깥의 커뮤니티에 참여하는 것에는, 오늘날의 '블랙 트위터'는 가질 수 없는, 훨씬 더 강력한 무언가가 존재한다. 만약 당신이 그러한 커뮤니티에 회원으로 가입한다면, 그것은 주말에 할 수 있는 재미난 취미나 소셜 미디어 프로필에 달 수 있는 배지 같은 것이 아니다. 당신은 전체 커뮤니티의 일부가 되는 것이다. 즉, 회원 가입은 '개인 브랜드'의 문제가 아니라, 당신의 '소속'에 관한 문제가 된다 (내 한 '흑인' 자매는 나에게, 당시에는 커뮤니티에 참여하는 것 자체가 이타적이고 '우리 중심적인' 행동이었다고 말해 주었다).

물론, 오늘날의 정치 운동은 이런 식으로 조직되지는 않는다. 많은 정치 운동이 회원들과 느슨하게만 연결되어 있을 뿐이며, 사실 회원이라고 해봐야 대화방 참여자 목록에 올라가 있는 사람들에 불과할 수도 있다. 또한 많은 경우에 정치 커뮤니티는 온라인에서든 오프라인에서든 다른 형태의 관계들로, 정치적으로 덜 믿음직스러우며 심지어 반동적이기까지 한 관계들로 대체되고 있다. 시인이자 무정부주의자인 제프 샨츠Jeff Shantz 다음과 같이 말한다:

> 내가 공장에서 일하던 당시 지역 노조의 일원이 되었을 무렵, 이미 노조 활동을 위한 공간 대부분이 사라지고 있었다. 위험을 인지한 동료들은 지원과 연대를 찾아 나섰다. 하지만 지역의 공유 공간이 아닌, 영적으로 거듭난 종교 단체들과 반동적 커뮤니티에서 그렇게 하고 있었다.[224]

---

223 Joyce Balls-Berry, L. C. Dacy and J. Balls (2016), '"Heard It through the Grapevine": The Black Barbershop as a Source of Health Information', Western Journal of Nursing Research.

사실, 어쩌면 이것이 1980년대와 1990년대에 우익들이 해낸 성공적인 조직화로부터 배울 수 있는 교훈 가운데 하나일지도 모른다. 모두가 궁핍하던 위기의 시대에 복음주의 교회는 자본주의적 소외에 맞설 수 있는 제도적 지원과 감정적 방어책을 제공했다.

어쩌면 21세기의 특수한 문제 중 일부를 해결하기 위해서는 노조와 비슷한 무언가를 다시 건설해야 할지도 모를 일이다. 또는, 노조 건설 외에 다른 선택지로는 고강도의 정당을 되살리는 것도 있을 수 있다. 하지만 새로운 형태의 정치 활동이 어떤 것이든 간에, 우리가 정치 참여의 행동 가능성을 재건하기 위해서는 강력한 유대와 소속감을 요구하는 커뮤니티를 구축해야 한다. 만약 그렇게 하지 못한다면 그러한 커뮤니티는 반동 집단 또는 보수적인 종교 활동으로 너무나 쉽게 대체될 것이다.

확실히, 정부에게 인프라 투자를 요구하는 것만으로는 충분치 않을 것이다. 심지어 아무리 괜찮은 정부라 해도 사회적 인프라를 만들어 낼 동기가 부족하다. 그런데다가, 신자유주의 경제 정책과 확산하는 권위주의적 성향으로 인해, 이번 세기가 지나는 동안 그러한 동기 부족은 더욱 악화할 가능성이 크다. 따라서 관건은, 우리 사회가 만들어 낸 자본주의가 오히려 우리 사회를 먹어 치우도록 놔둘 것인가 아닌가 하는 것이다. 위르겐 하버마스의 표현으로 돌아가 보자. 하버마스에 따르면, '커피숍이 민주주의를 만든다. 하지만 자본주의는 민주주의를 파괴할 수 있다'. 우리는 '시스템', 즉 금융 자본주의가 우리 사회의 구조를 바꿔 버리고, 우리가 집 밖으로 나가는 일을 불가능하게 만들고, 또 물리적으로나 심리적으로나 우리를 서로 멀어지게 하도록 놔둘 것인가? 나는 우리가 그러지 않기를 희망한다. 확실한 것은, 이것에 저항하기 위해서는 확실한

---

224 Jeffrey Shantz (2016), Constructive Anarchy: Building Infrastructures of Resistance, Routledge.

경제적 지원에 대한 요구와 커뮤니티 운동이 함께 가야 한다는 사실이다.

결과적으로, 우리는 지금 자본주의가 사회적 공간을 위축시키고, 우리의 뇌를 쪼그라들게 하며, 우리를 더욱 편집증적으로 만들어 서로에게서 멀어지도록 하도록 허락할 것인가 아닌가의 갈림길에 서 있다. 그리고 만약 이러한 사회적 위축이 계속된다면, 그것은 우리가 신자유주의 경제를 민주적 삶보다 우선시하는 '정치적 선택'을 내렸기 때문이다(그런 사회에서 우리는 아마도 생산적인 노동자가 될 것이다). 확실히 사람들은 경제적으로도, 정치적으로도 더 고분고분한 객체가 될 것이다. 하지만 나는 우리가 조금 덜 생산적으로 되더라도, 더 민주적인 사회를 만들고 싶다.

지금까지 설명해 온 이 모든 것이, 사람들이 공론장에 대해 말해 온 방식과 관련하여 내가 느끼는 좌절감의 가장 원인이다. 정치적 스펙트럼의 어디에 위치하든 간에, 정치 평론가들은 하나같이 현재의 정치 세계를 개탄한다. 그들은 정치적 편향성, 극단주의의 공포, 음모론의 지배 등을 애석해한다. 나 역시도 소름이 끼친다. 물론 그중에는 소수이긴 해도, 우리가 공공의 영역, 공공의 삶, 공공의 사고라고 부르는 것들의 위축에 대해 걱정하는 사람들은 확실히 있다. 하지만 내가 보기에, 공론장을 사랑하는 사람들은 (전업 평론가조차) 공론장이 무엇이고, 실제로 어떻게 작동하는지를 제대로 알고 있지 못한 경우가 대부분인 듯하다. 그들은 우리가 가진 것 중 가장 아름다운 신화들로, 현 상황에서 실제로 무엇이 가능한지에 대한 철저한 분석을 대신해 왔다.

그러나 만약 우리에게 공론장이 무엇인가를 둘러싸고 더 나은 공통의 관념이 있었다면, 즉 만약 우리가 민주주의는 우리의 사회적 관계, 행동과 깊은 관계가 있는 데 반해, '생각의 시장'이나 '토론'과는 관계가 적다는 것을 일찍 이해할 수 있었다면, 사회적 불신의 증가가 정치 담론의 붕괴를 초래했다는 사실에 대해 (내 생각에) 덜 놀라워했을지도 모른다. 우리의 사회적 인프라는 이윤 동기에 의해 계속 축소해 왔다. 따라서 우리의 사회적 삶은 위축되었으며, 그와 함께 우리의 두뇌도 위축되었다(이는 MRI 스캔에서도 확인할 수 있다). 실제로 앞서 미국에서 수집된 데이터는 미국 내 자원봉사 활동과 종교 예배에 참여율이 감소했음을 보여 준다. 커뮤니티 센터와 청소년 스포츠 센터 이용률도 감소했다. 또, 요즘에는 많은 직장인이 직장에서 공동체 의식과 유사한 어떤 소속감조차 느끼지 못한다. 이처럼 사람들이 서로 만나서 대화할 수 있게 해 주고, 대화에 필요한 인지적 능력을 길러 주던 삶의 다양한 측면이 크게 위축돼 왔다. 그리고 우리는 이 문제를 그저 현대인의 '무관심'이나 '외로움'으로 이해하기보다는, 더 구조적으로 생각할 수도 있다. 지금 우리는 단순히 '외로움 전염병'에 직면하고 있는 것이 아니다(실제로 사람들은 과거보다 더 외롭다고 느끼지는 않기 때문이다). 그것은 자본주의, 그리고 우리의 '정치적 선택'을 비롯한 여러 다른 요인들에서 비롯된 '정치적 문제'이다. 따라서 우리에게는 소규모 커뮤니티에 참가하는 것 이상의 해결책이 필요하다.

우리는 우리가 직면한 정치적 문제를 사람들의 '외로움'으로 프레임하는 일을 (그리고 정치인들과 평론가들이 그렇게 프레임하도록 내버려 두는 일을) 중단해야 한다. 진짜로 위기에 처한 것은 개인이 겪는 심리적 문제가 아니라, 사회적 고립과 불신이라는 정치 경제적 문제이기 때문이다. 우리가 상황을 이러한 식으로 바라볼 수 있다면 문제들은 선명해지며, 우리는 해결 가능한 부분에 집중할 수 있게 된다. 그리고 이 모든 것의 결론으로, 우리는 타 집단에 대한 편견을 줄이는 것에 도움이 되고, 사람들이 꾸준히 교류하며 서로 의미 있는 관계를 형성할 수 있게 해

주는 공간들을 만들어 내야 한다. 우리는 또한 우리 사회를 우리가 원하는 것을 그리는 캔버스와 같다고 생각할 필요가 있다. 때로는 찢어야 할 때도 있고, 다시 그려야 할 때도 있는 그러한 캔버스 말이다.

좀 더 개인적인 이야기를 해 보겠다. 어쩌면 당신은 내게서 편집증을 유발하는 사회적 위축이 나아졌는지 궁금할지도 모른다. 나는 '엄청난 노력 끝에 조금' 나아졌다. 나는 사회적 위축에 대한 연구를 광범위하게 찾아 읽었고, 내 두뇌 속에서 일어나고 있는 변화에 대해 알게 되었을 때는 섬뜩한 공포 영화를 보는 것만큼이나 공포스러웠다. 그래서 더 이상 나빠지지 않기 위해, 나아지기 위해 말 그대로 엄청난 노력을 기울였다. 친구들을 만나라고, 다시 관계를 맺으라고 나 자신을 밀어붙였다. 그리고 내가 그렇게 할 수 있었던 것은 실제로 운이 좋았기 때문이다. 내게는 저녁 시간을 밖에서 친구와 함께 보낼 수 있을 정도의 돈도 시간도 충분했다. 즉, 내게는 내가 그동안 맺어 온 사회적 유대 관계를 회복시키는 데 사용할 수 있는 충분한 돈과 인프라가 있었다.

하지만 '어느 정도'까지만 이었다. 확실히 나는 이전보다 타인에게 마음을 열기가 어려워졌다. 시소한 대화 속에서도 내가 평가당하고 있고 외면당하고 있다는 느낌을 받는다. 또한 메시지에 답하고 나면 완전히 소진된 느낌이 자주 든다. 나는 사람들과 더 멀어졌다는 느낌을 받으며, 정말로 더 멀어지기도 했다. 그리고 아주 사소한 문제에 대해 대화를 나누는 중에도 다른 사람이 나를 경계한다고 느끼거나, 반대로 내가 그들을 경계하는 경우가 더 많아졌다. 심지어 나와 대화를 나누는 사람들도 대부분 나와 같은 느낌을 받고 있었다. 오히려 어느 쪽인가 하면, 사람들 대부분은 이러한 증상을 더 많이 겪고 있었다. 그들은 가까운 친구를 신뢰하기 어렵게 되었고, 무기력증을 더 많이 호소했으며, 그러다 보니 집에만 머무르게 되었다. 나는 내가 할 수 있는 최선은 정기적으로 만남을 계획하고, 누가 만나자고 할 때 도망치지 않는 것임을 알게 되었다. 그리고 사람들과 이 방법을 공유하는 것 또한 내가 할 수 있는 것이었다. 물론 이 개인적인 조치로는 구조적인 문제를 결코 해결하지 못한다. 하지만 적어도 나와 내 친구들은 도울 수 있다. 또한 나는 우리 세계에서 특히 고립된 사람이 누구인지(예컨대 무방비 상태의 사람들, 특히 장애를 가지고 있거나 어린 자녀를 키우는 부모들) 점점 더 많이 생각하게 되었다.

이 모든 일이 나를 걱정스럽게 한다. 사회적 위축은 개인이 느끼는 행복감의 문제일 뿐만 아니라, 우리가 세상을 이해하는 방식에도 안 좋은 영향을 미칠 가능성이 크기 때문이다. 사회적 위축 상태에서는 타인이 겪는 문제에 관심을 가지기도, 관심을 끊기도 매우 쉽다. 하지만 대개는 냉담한 태도로 그렇게 하고 있을 뿐이다. 이런 상태에서는 마치 끝없는 헛고생을 해야 했던 시시포스Sisyphus처럼 불굴의 정신력으로 고군분투하거나, 아니면 항복하거나, 불신하거나, 다른 사람의 문제는 다른 사람의 일로 치부하기가 십상이다. 하지만 타인과의 관계 맺기를 꼭 치열한 전투처럼 여길 필요는 없다. 대신 우리는 지금과는 다른 형태의 경제 제도와 사회적 인프라를 갖춘 세상을 함께 건설할 수도 있다. 그렇게 된다면 우리는 정신적으로나 사회적으로 훨씬 건강해질 수 있을 것이다(비록 덜 생산적이게 되겠지만). 그리고 이로써 우리가 타인과 더 많은 시간을 함께 보낼 수 있게 된다면, 기후 변화와 극단주의를 비롯한 21세기의 특수한 위기들에 맞서 싸우는 데에도 분명 큰 도움이 될 것이다.

7장
다시 정치를 말하기 위하여

29
우리가 그들에게서 배워야 할 것들

2024년 7월, 《뉴욕 타임스》는 데이비드 브룩스David Brooks에게 스티브 배넌Steve Bannon을 인터뷰해달라고 요청했다. 배넌은 도널드 트럼프의 전략가이자 오른팔 같은 사람으로, '의회 모독죄Contempt of congress'로 막 수감되려던 참이었다. 브룩스는 배넌 같은 인물이라 해도 이전 시대의 공화당원 빌 버클리Bill Buckley가 그랬던 것처럼 정적과의 대화로부터 분명 얻는 게 있을 것이라고 계속해서 주장해 왔다.

[브룩스] 나는 대부분의 사람이 매우 합리적이고 생각해요. 일단 대화해 보면 당신도 그들이 왜 그렇게 생각하는지를 적어도 이해는 할 수 있을 겁니다.

[배넌] 나는 당신이 완전히 xx 틀렸다고 생각해요.

[브룩스] 거기가 우리 의견이 갈리는 지점이긴 하지요.

[배넌] 아니요, 우린 100% 달라요. 대체 뭔 소리 하는 겁니까? 우린 타협하

려는 게 아닙니다. 이기려고 하는 거지요.

퍼트넘이 〈혼자서 볼링 치기〉에서 논의하기도 했고, 앞선 대화에서 등장한 공화당원 버클리가 지적하기도 했던, 그리고 우리 또한 동의하는 우리 사회의 가장 큰 문제는 바로 '원자화Atomization'이다. 더 이상 시민 간의 유대도, 국가 차원의 응집력도 존재하지 않는다. 과거라면 근처에 있었을 법도 한 라이온스 클럽Lions Club[225] 조차도 찾아볼 수 없다. 하지만 가끔 내 강의를 들은 사람들이 나를 찾아와 다음과 같은 말을 하곤 한다. "당신이 내 인생을 바꾸어 놓았어요. 저는 감리 위원에 입후보했고, 지금은 감리 위원회에서 일하고 있어요". 그들은 전에는 알지 못했던 새로운 친구들을 사귀게 되었고, 공동의 대의에 매진하며, 그러는 사이 삶이 바뀌었다. 그들에게는 매일, 해야 할 일이 생겼다.

[브룩스] 외로움이 권위주의의 온상이라는 것이 바로 한나 아렌트의 주장입니다. 하지만 당신은 상대방과 대화하려고 하지 않습니다. 그저 싸우려 들 뿐이지요.
[배넌] 뭔 소릴 하는 거예요? 내가 대화하지 않는다고요? 할 얘기가 있어야 하지요.[226]

물론 내가 이 책에서 우리도 스티브 배넌처럼 생각해야 한다고 주장하려는 것은 아니다. 사실, 기본적으로 나는 거의 모든 문제와 관련하여 그의 입장에 반대한다. 그가 전략적으로 하는 주장들에 대해서도 나는

---

225 미국의 기업가인 멜빈 존스(Melvin Jones)가 1917년 설립한 국제 봉사 단체이며, 210개국에서 약 140만 명의 회원을 보유하고 있다. 정식 명칭은 '국제 라이온스 협회'다. 옮긴이.
226 David Brooks (2024), 'My Unsettling Interview With Steve Bannon', New York Times, 1 July.

그에게 동의하지 않는다(나는 음모론을 통해 정부 전복을 꾀하려는 시도들에 반대한다). 하지만 배넌이 사람들을 행동하게 만드는 요인이 무엇인지를 정확히 포착해서 자신의 정치 운동에 너무도 능숙하게 이용하는 모습을 볼 때면, 나도 모르게 감탄이 나온다. 즉, '그들은 전에는 알지 못했던 새로운 친구들을 사귀게 되었고, 공동의 대의에 매진하며, 그러는 사이 삶이 바뀌었다. 그들에게는 매일, 해야 할 일이 생겼다'.

사실, 소셜 미디어에서 이루어지는 일들은 그의 계획에서 단지 일부일 뿐이다. 배넌의 설명에 따르면, 소셜 미디어는 온라인에서 사람들을 끌어모아 조직한 뒤, 오프라인으로 데려가 공화당 지부를 장악하게 하고, 나아가 '영적 전쟁Spiritual war'에 참여하게 만드는 하나의 수단일 뿐이다. 그리고 그는 말한다. "주류 정치가 무엇을 토론하든 간에 신경 쓰지 말라". 나는 사람들이 내게 다음과 같은 질문을 해 올 때마다 종종 배넌의 말을 떠올리곤 한다. "논쟁으로 생각이 바뀌는 게 아니라면, 왜 내가 아는 어떤 사람은 인터넷을 하다 급진주의자가 된 걸까?". 그럴 때마다 나는 이렇게 설명한다. "반동적 사상이 사람들을 설득하는 이유는, 사회적 네트워크가 이미 심각하게 붕괴되어 있고 삶도 지나치게 제한되어 있는 상황에서, 그런 사상 속에는 자신들이 삶에서 하는 경험과 맞닿아 있는 무언가가, 예컨대 외로움, 궁지에 몰린 느낌, 가림막 같은 것이 있기 때문이야". 그리고 소셜 미디어는 사람들을 이런 방향으로 이끄는 것에는 매우 능숙하지만, 관용이나 연대와 같은 가치로 되돌려 놓는 것에는 극히 서툴러 보인다. 분명한 건, 우리가 생각을 진보적으로든 급진적으로든 변화시키고자 한다면, 우리는 오프라인에서의 삶을 변화시켜야 한다는 것이다.

어떤 점에서 나는 사람들을 자신의 정치 운동에 참여시키는 것, 그리고 사람들을 조직해서 과격한 행동을 하도록 만드는 것에 대한 배넌의 통찰이 대단히 예리하다고는 생각하지 않는다. 실제로 그것은 사이비 종교 단체, 군사 단체, 또는 지역 교회들이 오랫동안 발전시켜 온 방법과 크게 다르지 않다. 그럼에도 이런 방식은 많은 정치인이 놓치고 있는 부분이기도 하다. 정치에 대한 이러한 통찰이 정치인들로부터 계속 간과되는 이유는, 유권자들을 자기편으로 끌어들이기 위해서는 그들이 할 수 있는 '행동'을 제시해야 한다는 생각보다는, 정치에 대해 끊임없이 '말해야 한다'는 신화에 여전히 사로잡혀 있기 때문이다.

나는 배넌 같은 사람이 미국을(그리고 어떤 국가든) 지배하기를 원하지 않는다. 그리고 정확히 이러한 상황을 막기 위해서라도, 우리는 그들이 사람들에게 어떤 식으로 동기를 부여하는지, 또 어떤 경우에 동기 부여에 실패하는지 주의를 기울여야 할 필요가 있다.

즉, 더 평등하고 정의로운, 민주적인 세상을 위해 우리는 사람들과 정치에 대해 이야기할지 말지, 만약 한다면 어떤 식으로 이야기해야 할지 고민해야 한다. 이를 애저녁에 깨닫고서는 세력을 일구느라 한창 바쁜 극우들 때문에라도, 우리는 더더욱 그렇게 해야 한다. 보안 메시지 앱 시그널Signal의 대표 메러디스 휘태커Meredith Whittaker는 다음과 같이 말했다:

> 우익은 소셜 미디어 플랫폼을 정보 생태계를 조성하고 왜곡할 수 있는 핵심 인프라로 간주한다. 특히 그들은 생태계를 '왜곡'하는 자신들의 방식이, 플랫폼을 '민주화'하거나 '균형을 잡으려' 애쓰는 것보다 훨씬 더 효율적이라고 믿는다. 이들은 또한 자신들의 콘텐츠 확산을 제한하려는 어떠한 조치에 대해서든 검열이라며 강하게 반발한다. 그와 동시에, 스스로를 평론가라 칭하는 일부 사람들은 이들의 주장을 반복하고 증폭시키는 역할을 한다.[227]

이 우익 행위자들은 디지털 인프라를 장악하는 것이 중요하다는 것을 이미 잘 알고 있다. 그들은 권력을 놓고 '비민주적'인 방식으로 싸운다. 특히, 그들은 검열의 반대와 '표현의 자유'를 주장하며 그들의 권리를 박탈하려는 모든 시도를 효과적으로 무마시키고 있다.

나는 이 책을 마무리하며, 이러한 상황에서 우리가 두 가지를 반드시 경계하자고 말하고 싶다.

첫째, 조작의 은폐. 내가 강의를 할 때마다, 꼭 한 사람은 강의가 끝나면 내게 다가와 다음과 같이 묻는다. "그럼 우리가 할 수 있는 거라곤 서로의 행동을 조작하려고 시도하는 것뿐이라는 말씀인가요?". 타당한 걱정이다. 어떤 점에서 본다면, 그렇다, 내가 말하는 것은 분명 '조작'이다. 거기에는 사람들이 의식하지 못하는 사이에 그들의 생각을 변화시킬 수 있는, 심리적 유인과 구조를 만들어 내는 일이 상당 부분 포함되어 있기 때문이다.

하지만 나는 이 점에 대해 크게 걱정하지 않는다. 예를 들어, 누군가가 당신에게 지역의 퇴비 제작 프로그램을 맡아 달라고 요청한 다음, 얼마 지나지 않아 이러한 부탁이 실은 기후 위기 대응 활동에 당신이 더 많은 관심을 쏟게 하려는 시도에서 나온 것이었음을 밝힌다고 가정해 보자. 내가 보기에, 이는 애초에 그렇게 사기 행각이랄 것도 없을 뿐만 아니라, 그 누구의 삶도 파괴하지 않는다. 우리 사회의 회복을 위해 사람들에게 정치 참여의 기회를 제공하는 것, 그리고 시간이 지난 후 당신의 동기를 솔직하게 고백하는 것은 그런대로 괜찮다.

하지만 무엇보다 중요한 사실은, (앞에서 살펴본 것처럼) 우리가 정치에 대해 가지는 견해들은 절대 자율적이며 편견 없는 상태에서 비롯되지 않는다는 점이다. 우리 대부분은 이미 우리의 생활 환경, 경제력, 사

227　Meredith Whittaker (2022), 'Social Media Authoritarianism and the World As It Is', LPE Project.

회적 위치에 의해 조종당하고 있거나 적어도 강한 영향을 받고 있다. 그리고 이 영향은 대개 부유하고 권력 있는 이들의 이해관계와 맞닿아 있다. 결국, 우리의 삶은 우리 사회에서 훨씬 더 큰 영향력을 가진 사람들에 의해 기층부터 형성되어 왔다. 우리는 아무렇지 않게 출근하고, 법을 따르고, 사회 규범을 준수한다. 하지만 나는 내가 이 책에서 제안하는 방안이, 다수와 지구의 이익을 위한 새로운 가능성을 발견하는 일과, 모두가 더 나은 삶을 만들어 갈 기회를 얻는 일에 도움이 되기를 바란다. 나는 더 나은 삶의 가능성을 제시하는 일은 교활한 사람들이 정치적 계산에 따라 의도적으로 우리의 행동 범위를 제한해 온 것보다는 훨씬 정직한 것이라 믿는다.

한편, 나는 혹시 나와 정치적 견해가 다른 사람이 이 책을 읽는다면, 이와 같은 지식을 내가 싫어하는 방향으로, 특히 권위주의를 확산시키는 방향으로 이용할까 봐 두렵다. 혹시 그렇다면, 여기 두 번째 문제에 주목해 주기를 바란다.

둘째, 공동체를 낭만화하는 문제. 원칙적으로, '공동체Community'라는 단어는 결코 경솔하게 사용되어서는 안 된다. 나는 내가 다양한 공동체의 일부라는 사실이 좋다. 때로는 더 많은 공동체에 속하기를 바라기도 한다. 이러한 소속감은 나뿐만 아니라 많은 이들에게 매우 바람직한 감정이다. 하지만 이는 때로 너무도 강력해서, 우리는 상당히 신중한 태도를 지녀야 한다.

나는 워싱턴 DC 외곽의 유대인 공동체에서 자랐다. 공동체의 꼬마들은 다 친구였고, 꼬마 친구들의 부모들도 꼬마들이 친구인 덕분에 서로 친구가 되었다. 나는 매우 운이 좋았다. 나는 많은 사람에게 사랑받았고, 수많은 손길 속에서 자랐다. 내 부모님은 무신론자였지만 나를 유대교 회당에 보냈고, 그렇게 수백 번의 안식일 만찬과 수십 번의 연말 행사에 참석했다. 유대교는 어린아이였던 내게 종교보다 많은 것을 주었다. 내게는 은연중에 나를 지지해 주는 집단이 생겼고, 그들과 유머 감각을 공유했으며, 삶의 중심에 책을 두어야 한다는 것을 비롯하여 많은 것에 대한 공통의 감수성을 나누어 가졌다. 이 모든 것은 지금도 내 안에, 제6의 감각처럼 살아 있다.

하지만 나는 좌파 유대인이다. 어쩌면 우리 공동체 안의 누군가에게 나는, 이를테면 내가 이스라엘 국가나 군대의 행동에 의문을 제기하는 것만으로도 반역자처럼 보였을 것이다. 좀 더 넓게 보자면, 나의 정치적 입장이나 삶의 방식은 공동체의 많은 사람에게 매우 이질적으로 느껴졌을 것이다. 그래서 나는 다른 나라로 떠났다. 나는 과연 아직도 그 공동체의 일원일까? 라디오에서 흘러나오는 군용 무기 광고에 눈 하나 깜짝하지 않는 이 공동체 사람들은 가끔 나에게 묻는다. "다시 돌아올 생각은 없어?".

이 모든 이야기는, 어떤 공동체 안에서도 쉽게 어울리지 못하는 사람들이라면 누구나 겪을 수 있는 일이다. 어쨌든 그런 과정을 거치며 나는 공동체가 지닌 힘의 양면을 보게 되었다. 나는 의절을 당하거나 밍신딩하고 외면받게 될까 봐, 늘 조금은 불안하다. 그건 아마도, 그 사람들과 그 장소가 주는 감정을 내가 너무 깊이 사랑하기 때문일 것이다. 나는 나를 아낌없이 사랑해 주던 그 사람들이 여전히 나를 받아들여 줄 것으로 믿고 싶다. 아니, 그러기를 간절히 희망한다. 하지만 그것은 내가 절대 확신할 수 없는 것이다.

새로 공동체를 구축하려 하는 우리는 공동체가 우리에게 소속감을 부여하는 바로 그 순간부터, 우리의 사고방식을 비롯해 삶의 많은 영역에서 '양날의 검'이 작동하기 시작한다는 사실을 인정해야만 한다. 공동체는 당신에게 알아야 할 것들을 가르쳐 주고, 당신이 넘어졌을 때 다시 일어설 수 있도록 손을 내민다. 매주 주고받는 뒷담화에서부터 장례식에 이르기까지, 우리의 가장 기본적인 욕구를 충족시키며 우리가 누구인지를 규정해 준다. 하지만 동시에 공동체는 당신을 단속하고, 때론 심한 모욕을 주며, 당신이 누구와 짝을 이루어야 하는지, 당신의 자녀를 어떻게 키워야 하는지까지도 간섭한다.

수치심이 강력한 힘을 발휘하는 진짜 이유는, 그것이 '연결'의 반대말이기 때문이다. 나는 예전에 '프라이버시와 기술'에 관한 토론을 들은 적이 있는데, 거기서 한 패널이 이 점을 아주 명쾌하게 지적했다. 그는 자신을 포함한 프라이버시 전문가들은 기술 회사의 개인 정보 수집이 우리 사회에 어떤 영향을 미칠지 매우 우려하고 있다고 말했다. 하지만 동시에 그는, 정작 현실의 개인들은 프라이버시에는 별 관심이 없다고 덧붙였다. 지금 사람들은 누군가와 연결될 수만 있다면, 자신과 모든 것을 나눌 수 있는 사람을 만날 수만 있다면, '왼쪽 신장까지 내놓을' 기세라고 했다. 친구를 사귀거나 인정받기 위해 셀카나 나체 사진, 실시간 위치 등 거의 모든 프라이버시를 기꺼이 제공한다. 그래서일까. 자율성과 프라이버시의 존중이 자유주의의 공식적인 원칙임에도, 많은 사람이 자신이 원하는 사람 앞에서라면 기꺼이 옷을 벗고 허리를 굽힌다.

관계를 향한 우리의 뿌리 깊은 욕구가 주도하는 이 엄청난 힘은, 좋게 활용될 수도 있고 나쁘게 이용될 수도 있다.

나는 지금 내가 자란 공동체만을 떠올리고 있는 것은 아니다(내가 그들을 사랑한다는 사실을 기억하라). 모든 공동체가 흡사하며, 우리가 '선택한' 공동체라고 해서 예외는 아니다. 성장하고 이사를 다니게 되면서 나는 다른 공동체들에 합류했다. 어떤 공동체는 일시적이었고, 어떤 공동체는 엄청나게 사회 비판적이었다(예를 들어, 런던의 좌파 지식인들의 모임 '좌파들 Lefty folks'처럼). 이 모든 공동체는 정도의 차이는 있었지만 '소속감'이란 이름의 마법을 부렸다. 그들은 지지와 우정을 나눠 주었지만, 동시에 뒷소문을 퍼뜨리며 문지기 역할을 하게 하기도 했다. 공동체는 사람들에게 동조를 강요했다. 그것은 누군가가 실제로 잘못을 저질렀을 때뿐 아니라, 단지 공동체가 공유할 수 없는 정치적 견해를 가졌을 때조차도 마찬가지였다.

따라서, 객관적으로 보자면 공동체는 대체로 선한 영향력을 발휘한다고 말하기는 어렵다. 나는 공동체 속에서 생겨나는 온갖 집단 사고와 뒷담화, 내분, 침묵의 강요에 대해 너무도 잘 알고 있다. 그럼에도 사회적 고립과 사회적 위축이 우리에게 미치는 좋지 않은 영향을 생각하자면, 나는 공동체가 없는 상황이 오히려 더 나쁠 수 있다는 결론에 이르게 되었다.

인간이 공동체에 최적화된 존재라면, 우리는 정치에 대한 어떤 전망에 도달하고자 할 때 이 사실을 반드시 고려해야만 한다. 우리가 공동체 안에서만 사고해서는 안 되겠지만, 공동체는 우리의 사고 과정에서 결코 무시할 수 없는 핵심 요소다. 그러므로 우리가 더 나은 정치를 원한다면 우리는 처음부터 공동체를 고려한 정치를 실세할 필요가 있다. 이러한 주장은 경험적 근거 외에도 이론적 근거를 갖는다. 즉, 우리가 정치를 사고할 때조차 공동체가 필요한 이유는, 공동체가 없다면 '공동의 선'에 대한 우리의 감각이 지나치게 추상화되기 때문이다. 만약 우리가 공동체 속에서 살아 본 경험이 없다면, 어떻게 '우리'라는 존재를 인식하고, 어떻게 '좋은 삶'이라는 공동의 목표를 세울 수 있을까? 따라서 소속감을 경험하는 것은 우리의 머릿속에 타인을 위한 자리를 마련하고, 그들의 운명이 나의 운명과 이어져 있음을 이해할 때 요구되는 필수적인 요소 중 하나다. 그리고 그런 좋기도 하고 나쁘기도 한 공동체적 삶이야말로, 어떤 의미에서는, 바로 정치적 삶이 뜻하는 바일 것이다.

그렇다면 우리는 무엇을 해야 할까? 내가 생각하기에, 우리가 할 수 있는 최선은 역시 충분한 사회적 인프라를 갖춘 세상을 만드는 것이다. 그러한 인프라가 있다면 우리는 삶의 어느 지점에서든 여러 공동체에 소속될 수도 있을 것이다. 만약 우리가 그럴 수 있다면, 어떤 공동체도 우리의 신념을 좌우할 만큼 과도한 영향력을 행사할 수 없을 것이다. 그리고 이상적인 경우에, 우리가 속한 공동체의 집단적 사고에 건전한 견제 장치를 다는 것은 우리 개인의 행복에도 기여할 수도 있다. 공동체는 다만 우리에게 관용과 존중을 보장함으로써 우리는 그곳에서 관계와 행동의 기초를 배우게 되고, 그러한 배움을 통해 정치를 올바른 방향으로 사고할 수 있게 될 것이다.

30
정말로 정치는 말로 설득되지 않는다

지금부터는 이 책의 처음 주장으로 되돌아가 보자. 우리는 정치를 말하기의 문제로 보는 신화를 극복하고, 현상을 우리가 바라는 대로가 아닌 있는 그대로 바라볼 필요가 있다.

하지만 당신도 이미 알아차렸겠지만, 정치를 '토론'이나 '생각의 시장'으로 보는 이 이상화된 관점에서 벗어나기는 매우 어렵다. 이는 정치에 대한 그런 '관념'이 우리의 삶에서 여전히 지배적이며, 우리가 그 관념을 부정할 때조차 우리의 행동을 결정하기 때문이다. 예를 하나 들어보도록 하자. 독자들은 내가 여성이라는 사실을 이미 알고 있을 것이다. 그리고 나는 여성을 외모로 평가해서는 안 된다고 강조하는 진보적인 가정에서 성장했다. 나는 책을 읽는다거나 하는 걸로 칭찬받았지, 귀엽게 생겼다고 칭찬받은 적은 없었다. 그리고 어른이 된 지금 내가 가지게 된 생각은, 예쁘다는 소릴 듣는다고 해서 여성이 고마워해야 할 일은 아니라는 것이다.

실제로 나는 외모와 관련된 모든 것을 상관하지 않는 것처럼 보인다. 하지만 아주 어렸을 때의 기억을 떠올려 보면, 나는 바비 인형을 가져 본 적은 없지만 바비 인형처럼 보이고 싶어 했으며, 곱슬거리는 검은 머리와 검은 눈이 싫었고, 여성스러운 옷을 입고 싶었다. 지금도 내가 체중계 눈금에 얼마나 신경을 곤두세우는지는 오직 신만이 안다. 나는 늘 체중을 신경 써 왔다. 스마트폰 시대에, 나는 직업상의 필요로 인해 내 얼굴이 나오는 동영상을 정기적으로 제작한다. 그러다 보니 나는 벌써 엄마보다 화장한 횟수가 훨씬 많을 것이다.

솔직히, 그렇게 하지 않는 게 더 이상할 것이다. 나는 아름다움에 집착하지 말라고 말하면서도 내 외모를 점검한다. 내 삶의 가장 중요한 영역들, 즉 일과 사랑, 그리고 타인의 존경을 얻는 데서 외적인 매력은 큰 이득이 되기 때문이다. 내가 읽은 한 심리학 연구는, 사랑과 섹스에 관한 것은 미루더라도, 전통적인 아름다움을 갖게 되면 직장에서 더 존중받게 되고 더 많은 친구를 가질 가능성이 높아진다고 주장한다.[228] 그래서 나는 '여성은 아름다워야 한다'라는 관념을 머리로는 거부하면서도, 어쩔 수 없이 그렇게 보이려 애쓰는 나 자신을 종종 발견한다. 보통은 억지로 하지만, 그렇게 하지 않고는 버틸 수 없을 때도 있다.

나는 예뻐 보이려 노력하는 것이 얼마나 소모적이고, 짜증이 나고, 울화를 치밀게 하는지 잘 안다. 심지어는 덫에 걸린 것처럼 느껴진다는 것도 잘 알고 있다. 인지 부조화를 경험하는 사람은 보통 불쾌감을 줄이기 위해 자신이 하는 행동에 맞춰 생각을 바꾼다. 하지만 나는 아직도 아름답게 보이려는 나의 행동을 도덕적으로 정당화하고, 이데올로기적으

---

[228] D. S. Hamermesh (2011), Beauty Pays: Why Attractive People Are More Successful, Princeton University Press.

로 합리화하길 거부하고 있다. 그 결과, 나는 꽤 큰 인지 부조화를 안고 살아가게 되었다. 흔히들 그렇듯이, 나 역시 모순된 세계를 이리저리 흔들리며 살아가고 있다.

먼지 털 듯 털어 버릴 수 없는 신화가 우리 사회에 있다는 주된 논점으로 돌아가자면, 그것이 바로 이데올로기가 작동하는 방식이다. 이데올로기는 우리가 탐구를 통해 지적으로 수용하거나 거부할 수 있는 관념들의 집합을 뜻하지 않는다. 우리가 원하든 원하지 않든, 이데올로기는 자체적으로 수많은 메커니즘을 통해 우리의 삶을 구조화하며, 세상을 살아가기 위한 우리의 방식을 규정한다. 그러니 우리는 단순히 '생각을 바꾸는 것'만으로는 이데올로기에서 벗어날 수 없다. 이데올로기는 생각뿐 아니라 행동, 관계, 상황 같은 다양한 층위를 통해 우리의 삶을 끊임없이 제한하기 때문이다(그 과정에서 인지 부조화를 초래한다). 따라서 우리가 아무리 '올바른' 생각을 받아들였다 해도, 생각대로 살아가는 것이 현실적으로 불가능한 경우는 얼마든지 있다. 바로 이것이 우리 모두가, 특히, 스스로를 정치적인 존재로 여기는 사람이 겪는 피할 수 없는 고통 가운데 하나다.

신화를 떨쳐 내려 할 때 생기는 문제는 우리가 '토론'과 '생각의 시장'으로 돌아가려는 반발적 습성 속에서도 찾아볼 수 있다. 설령 당신이 이 책이 하는 대부분의 주장에 공감하며 마지막 장을 덮는다 해도, 당신은 머지않아서 아무 생각 없이 스마트폰을 스크롤하고 있거나 소셜 미디어 플랫폼에서 누군가와 논쟁하고 있는 자신을 발견하게 될지도 모른다. 혹은 당신이, 이 시대 문화의 아주 감상적인 부분에 또다시 의지하고 있는 자신을 발견하게 될지도 모른다. 따라서 어쩌면 지금이야말로 한 걸음 물러서서 질문해야 할 때인지도 모른다. 왜 우리는 토론과 비판적 사고로 세상을 바꾼다는 이상과 신화에 이토록 깊이 기대고 있는가?

물론 이러한 경향은, 이를테면 학교 교육이 보여 주는 것처럼, 사회가 기대하는 방식을 끝없이 내면화하는 사회화의 핵심 요소이기도 하다. 그러나 나는 이 모든 분열(이상적인 정치에 대한 열렬한 집착과 동시에 권위주의의 확산에 대한 합리적인 공포)이 그저 혼란이 아니라, 어쩌면 훨씬 더 광범위한 시도, 즉 '세상을 다시 합리적으로 되돌리겠다'는 집단적 열망을 드러내는 것은 아닐까 하고 생각하게 된다.

사실상 북반구에 사는 많은 이들에게 지난 수십 년은 정치가 더는 아무런 의미도 갖지 못한다는 절망감으로 점철되어 왔다. 극우는 반란을 일으키고, 억만장자들은 서로를 경계하며, 음모론은 일상이 되었고, 리얼리티 쇼에 나오던 인물이 대통령이 되어 민주주의를 허물고 있다. 게다가 우리는 재앙적인 기후 위기, 팬데믹, 불평등의 심화 등 온갖 중층적인 위협에 맞서고 있다. 따라서 이상적인 정치에 기대를 거는 것은 지금 세상이 얼마나 비합리적인지에 대한 우리의 좌절감을 보여 주는 하나의 징후가 될 수 있다. 그것은 이해할 수 없는 세상을 이해하고 싶다는 우리의 간절한 바람이기도 하다. 우리 중 많은 이가 그러기를 원한다는데, 누가 그걸 비난할 수 있겠는가? 그 바람이 실현될 수 있는 거라면 말이다.

만약 당신이 나처럼 관념을 사랑하는 사람이라면, 말과 관념이 그 자체로 힘을 지니는 것은 아니라는 사실을 받아들이는 것이 쉽지 않을지도 모른다. 실제로 그런 어려움을 느낀다면, 나 역시 그렇다고 말해 주고 싶다. 그리고 그렇지만 우리는 여전히 관념을 사랑할 수 있다는 것도 함께 말해 주고 싶다. 다만 그 사랑은, 관념을 현실 세계에 뿌리내리게 함으로써만 이루어질 수 있다.

이 사실을 받아들이는 일은 씁쓸하다. 하지만 동시에 유익하다. 실제로 내가 이러한 신화를 내려놓았을 때 느낀 가장 큰 변화는, (물론 여전히 반동주의가 득세하는 현 상황에 당황하고 있지만) 공론장이 무너지고 있다는 사실에 더 이상 놀라지 않게 되었다는 것이다. 그뿐만 아니라 가짜 뉴스가 퍼지고 사람들이 음모론에 빠져서 서로를 공격하는 일에도 더는 놀라지 않는다. 다시 말해, 우리는 이미 오래전부터 민주주의가 작동할 사회적·경제적 기반을 스스로 무너뜨려 왔다.

따라서 우리에게는 무엇보다 다시 관계를 구축할 수 있는 사회적 인프라에 대한 공동의 소유권을 확보하는 것이 시급하다. 그런 기반이 없다면 사회는 현실에서 존재할 수 없게 될지도 모른다. 우리가 사용하는 모든 것이 사적으로 소유된다면, 도대체 공적인 것이라고는 무엇이 남을 수 있겠는가?

이러한 행동-관계-인프라 접근법에는 몇 가지 약점이 존재한다. 시도해 볼 만한 가치가 있는 다른 모든 것들이 으레 그렇듯, 방법적인 측면에서 어렵다. 정부를 움직여 인프라를 제공하도록 만들기도 어렵지만, 어떤 인프라는 정부의 꾸준한 도움이 없다면 아예 제대로 기능할 수조차 없다. 그럼에도, 사람들을 모아서 정부에 인프라를 요구하는 것은 분명 정치적 삶의 본질이며, 그저 정치에 대해 말하기만 하는 것을 훨씬 뛰어넘는 일이다. 왜냐하면 사회적 인프라의 건설은 확실하고, 구체적이며, 충분히 실현 가능한 요구이기 때문이다. 따라서 이러한 요구는, 우리가 민주적 삶의 책임을 개인에 전가하고 정치 세계에서 일어나는 일들을 점점 더 실체에서 멀어지게 만드는 도덕주의로부터 시선을 돌리게 한다. 개인의 심리적 변화로부터 구조적 변화를 끌어내는 이러한 접근에는 분명 방법론적 역설이 존재한다는 것을 나 역시 잘 알고 있다. 하지만 내가 참고한 대부분의 연구들 또한 '개인'에 대한 분석에서 시작하여 결국 구조가 우리의 사고방식을 형성한다는 일관된 결론에 도달하고 있다.

단순히 말하는 방식을 고치면 된다는 유혹이 들기도 한다. 문화적으로 '말'은 우리의 희망이 머무는 곳이며, 동시에 우리가 가장 분열된 모습과 마주하는 장소이기도 하다. 그러나 정치 세계에서의 '전쟁'을 조금 더 정의롭게 만들거나, '생각의 시장'을 조금 더 공정하게 만드는 시도는 (보기에는 더 쉽고 설득력 있게 보일 수는 있어도) 결국 기반이 되는 인프라를 재건하는 일보다 덜 본질적이다. 왜냐하면 보통 그러한 시도가 성공적이지 못한 것은, 그 이면에 인프라의 붕괴가 자리 잡고 있기 때문이다. 반면에 우리의 정치적 세계관을 가장 단단하게 형성하는 것은 다름 아닌 '관계'와 '행동'임을 안다면, '말하기 우선 접근법Speech-first approach'을 고집하는 것으로는 우리가 직면한 21세기의 수많은 문제를 결코 해결할 수 없다는 것을 분명 알 수 있을 것이다.

또, 오늘날 '표현의 자유'에 대한 과도한 집착은 사람들이 정치를 제대로 사고하지 못하게 만들고 있다. 그러나 그것은 단지 자기 생각을 말할 수 있는가에 그치는 것이 아니라, 자기 생각대로 살아갈 수 있는가에 달려 있다. 그러므로 우리가 지금 해야 할 일은 비판적 사고를 가르치려 애쓰는 것이 아니라, 사람들이 실제 삶과 관계와 행동을 통해 스스로 사고하게 되는 세상, 그런 세상을 건설하는 일이다.

나는 이 책에 다소 단정적으로 보일 수도 있는 제목을 붙였다. 하지만 이 책 어디에서도 '그러니 말하지 말게 하자' 같은 주장을 찾을 수는 없을 것이다. 한편, 이 책이 말하고자 하는 바는 다르다. 우리는 정치에 대한 모든 말들에 수반되는 '마모Wear and tear'를 우리가 견뎌낼 수 있도록 돕는, 사회적 기반을 재건해야 한다.

실제로 정치에 대해 사고하는 것은 힘든 일이다. 그것은 다른 종류의 사고에서는 필요치 않은 어떤 고통스러운 자아의식, 방향 감각의 상실, 그리고 재정립을 필요로 한다. 그리고 이는 자아를 대상으로 한 일종의 수술과도 같다.

나는 기술 산업에서 일한 적도 있기 때문에(정신 건강 관리를 돕는 앱 Ahead App을 개발했다), 인간이 사고하는 데에 실제로 얼마나 많은 노력과 불안이 따르는지를 잘 알고 있다. 가장 기본적인 인지 작업조차 너무 많이 수행하면 사람들을 지치게 한다는 사실은 기술 업계에선 이미 잘 알려진 상식이다. 그래서 개발자들은 사용자가 제품과 상호 작용할 때 일어나는 '인지 부하Cognitive load'를 줄일 방법을 끊임없이 연구해 왔다. 그 결과, 대부분의 작업은 더 적은 단계로 단순화되고, 사용자에게 판단을 요구하는 경우도 갈수록 줄고 있다. 이것이 우리가 1990년대 웹사이트들의 화려한 스타일에서 오늘날의 미니멀한 웹 인터페이스로 옮겨 오게 된 배경이다. 실제로, 오늘날 알고리즘이나 AI 기술이 적용된 제품들 대부분은 콘텐츠를 큐레이팅하거나 생성함으로써, 사용자가 더 이상 뉴스 사이트를 여기저기 옮겨 다니거나, 재생 목록을 직접 만들거나, 자기소개서의 초안을 작성하거나, 저녁 메뉴를 고민할 필요가 없게 만든다.

기술 업계에서 처음 일하기 시작했을 때, 나는 사람들이 '생각하기'를 스트레스를 주는 어려운 일로 여긴다는 사실을 알고 애석하게만 느꼈다. 하지만 몇 주간 데이터를 들여다본 끝에, 나는 사람들이 하나의 문제에서 다른 문제로 얼마나 빠르게 관심을 옮기는지 알게 되었다. 삶에서 일어나는 다른 온갖 일들로 이미 과부하가 걸려 있다면 특히 더 그랬다. 혹시 당신도 이메일을 열자마자 TLDR(Too Long, Didn't Read, 너무 길어서 안 읽음)이라며 창을 닫은 적이 있는가? 혹은 너무 피곤해서 제대로 생각할 수조차 없는 자신을 발견한 적은 없는가? 그렇다면 당신 역시 당신이 겪는 인지 부하를 잘 알고 있을 것이다. 연구에 따르면, 우리는 특히 다수의 결정을 내려야 할 때 '의사 결정 피로Decision fatigue'를 경험하게 된다. 사실상 우리 모두는 감당할 수 있는 것보다 훨씬 더 많은 정보를 처리하느라 고군분투하고 있다. 당신의 뉴스 피드만 봐도 각종 정보와 의견들이 쉴 새 없이 쏟아지고 있다. 그리고 정치에 관해서라면 문제는 더욱 분명해진다. 즉, 정치적 쟁점과 의견이 지나치게 많다. 하루를 마치고 저녁 메뉴조차 고르기 지치는 마당에, 어떤 정치적 쟁점에 대해 무엇을 생각할지 결정하는 일은 피하고 싶다. 우리 머릿속에는 너무 많은 탭이 동시에 열려 있다.[229]

정치적 사고가 고통스럽게 느껴지는 이유는 인지 부하 때문이기도 하지만, 보다 정확히 말하자면 정치에 대해 생각할 때 생겨나는 자기 내부의 모순과 의문 때문이기도 하다. 우리의 두뇌는 특히 '모호함', '모순', '불확실성'을 감당하기에 취약하다. 앞서 살펴본 연구들에 따르면, 사람들은 불확실한 상황에 처하는 것보다 (설령 나쁘더라도) 결과를 확실히 알고 있는 상태를 대체로 더 선호한다. 따라서 삶에서 불확실성을 더 자주 경험하는 사람일수록 음모론적 사고에 끌릴 가능성이 더 높다는 연구 결과도 있다.[230] 이것은 오늘날 많은 사람이 가짜 뉴스와 극단주의 매체에 의존하게 된 한 가지 이유일 수도 있다. 실제로, 뉴스 산업은 우리가 '점점 더 불확실해지는 세상' 속에서 '모호함을 견디기 어려워한다'는 사실을 정확히 알고 있다. 그래서 확실하고 단순한 '거짓' 이야기들을 제공함으로써 우리의 불안을 덜어 주는 역할을 스스로 떠맡고 있다.

이 모든 일은 정치에서 이탈하는 사람의 수가 최고조에 이르는 결과를 초래했다. 지금으로부터 거의 80년 전, 민주주의에 이바지하는 것을 목적으로 설립된 영국의 핸사드 협회는 투표, 시위 참여, 미디어 접촉 등 13개의 핵심 정치 활동을 기준으로 한동안 시민들의 정치 참여를 측정해 왔다. 2019년, 조사 응답자의 53%는 직전 해에 어떠한 정치 활동에

---

[229] The Economist (2022), 'How Thinking Hard Makes the Brain Tired', 11 August.

[230] Karen M. Douglas. R.M. Sutton, and A. Cichocka, (2017), 'The Psychology of Conspiracy Theories', Current Directions in Psychological Science.

도 참여한 적이 없었다고 답했다. 또, 13가지 정치 활동 중 어느 하나에도 참여할 의향이 없다고 말한 사람의 수는 단 1년 만에 10% 포인트 증가했다.[231] 조사는 팬데믹 시기 중단된 후로 아직까지 재개되고 있지는 않지만, 찾아볼 수 있는 다른 조사 지표들에서도 의미 있는 반등은 관찰되지 않는다. 미국의 상황도 크게 다르지 않다. 최근 조사에 따르면, 미국인의 65%는 정치에 대해 생각할 때면 '항상 또는 자주 지친다'고 응답했다.[232] 미국 시민인 나 역시 같은 느낌을 받는다.

흥미로운 점은, 이러한 정치적 무관심은 분노를 수반하는 경우가 많다는 사실이다. 미국인을 대상으로 한 위의 연구에서, 대체로 사람들은 자신과 다른 정치적 견해를 가진 사람과의 대화를 어려워하고 싫어했다.[233] 좌파와 우파, 어느 쪽의 견해를 지녔건 간에, 사람들은 서로를 근거가 빈약하고, 쉽게 화를 내며, 조금만 다른 생각을 말해도 폭발한다고 비난한다. 그러한 비난은 옳다. 사람들은 자신의 신념을 관철하는 것부터 타인의 견해에 반대하는 것까지, 실제로 투쟁과 같다고 생각한다. 특히 자신의 세계관에서 모순이 일어나면 일어날수록 더 그렇게 생각한다.

이것은 매우 중요하지만 아직까지 제대로 다뤄지지 않은 현상이다. 물론 이런 현상을 우려하는 싱크 탱크들과 정부 기관들은 어떻게 하면 보도의 '공정성'을 확보하고 정보의 '진위'를 검증해서 사람들에게 '미디어 문해력Media literacy'을 가르칠 수 있을지를 두고 고심하고 있다. 그러나 여기에는 결정적인 것 하나가 빠져 있다. 즉, 사람들은 미디어의 공정성이나 정보의 진위와는 상관없이, 정치에 대해 생각하는 일 자체가 괴롭고

---

231 Hansard Society, 'Audit of Political Engagement 16: The 2019 Report'.
232 Pew Research Center (2023), 'Americans' Dismal Views of the Nation's Politics.' Pew Research Center – U.S. Politics & Policy.
233 Ibid.

고통스러워서 생각을 회피하고 있다는 사실이다.

 따라서 우리가 먼저 해야 할 일은, 사람들이 불편함을 피해 서둘러 결론을 내리는 것이 아니라, 모호한 지점에 충분히 머물며 숙고할 수 있도록 도와줄 새로운 미디어 환경을 구축하는 것이다. 예를 들어, 갈등을 조장하는 토론의 형식은 갈등을 피하고 싶어 하는 사람들을 정치에서 점점 더 멀어지게 만들고, 그나마 남아 있는 사람들조차 정치를 '전쟁'으로 인식하도록 만드는 경직된 사고의 회로 속에 가둬 버린다. 하지만 상상해 보자. 모호함과 더 큰 상상력이 공존하는 콘텐츠도 가능하지 않을까? 이제는 "출처를 확인하라", "양쪽 말을 모두 들어 보라" 같은 지침을 반복할 때가 아니다. 대신 우리는 사람들이 자신의 신념에 의문이 들 때 느끼는 불편함을 인식하고, 미디어를 통해 그 불편함을 견디는 법을 배울 수 있도록 도와야 한다.

31
오직 민주주의만 생각하라

만약 우리가 무엇보다도 민주주의가 우리 사회에서 제대로 작동하길 바란다면, 우리는 사고-행동-관계의 과정을 구축하기 위한 더 많은 시간과 공간을 확보해야 한다. 현재의 경제 구조는 효율성과 이윤을 중심으로 작동하고 있으며, 우리는 모든 가치의 기준을 화폐로 환산하는 데 익숙해져 있다. 그 결과 장시간의 노동에 시달리고 있고, 우리의 시간은 물론 관심과 관계, 에너지까지도 희생시키고 있다. 이러한 희생은 정치적 사고와 숙고의 기반을 갉아먹는다. 자본주의는 이처럼 계산되지 않는, 그러나 실질적인 비용을 은폐해 왔다. 결국 긴축 경제는 우리의 행동을 제약하고, 두뇌의 긴축마저 초래한다.

따라서 우리 사회를 민주주의로 재구조화하지 않는다면, 다른 어떠한 개입(학교 교육, 비판적 사고 훈련, 미디어 개혁 등)도 효과를 거두기 힘들 것이다. 앞의 장들에서 이미 살펴봤듯이, 소득 불평등이 사회적 신뢰

하락 요인에서 절반을 차지하고, 주택 정책이 공동체의 분리를 심화시키며, 사람들이 혼자 보내는 시간은 더 증가하는 반면 친구 수는 더 줄어드는 일차적인 이유가 집 밖으로 나가는 데 비용과 시간이 많이 들기 때문이라는 사실을 상기해 보라. 이는 물리적 공간, 돈, 인프라를 둘러싼 물질적인 문제이며, 따라서 물질적인 해결을 필요로 한다. 즉, 이 문제들을 해결하기 위해서는 소득 불평등의 감소, 주택 시장의 재구조화, 그리고 사회적 공간의 재생과 창출이 필요하다.

어떤 점에서, 나는 지금 많은 자유주의자와 진보주의자들이 상상해 온 것과는 다른 방향의 조치가 취해져야 한다고 주장하는 중이다. 즉, 우리의 삶에서 경제적인 변화가 먼저 일어나야, 그 뒤를 이어서 민주주의가 실현된다. 또는 아주 직설적으로 말한다면, 다음과 같이 말할 수 있을지도 모른다. 즉, 21세기의 문제는 전부 자본주의와 민주주의의 대립에서 비롯된다. 그러므로 만약 우리가 자본주의가 우리의 민주적 삶을 사유화하도록 계속해서 내버려 둔다면, 혹은 자본주의가 사회적 고립을 가속화하고 우리의 행동 가능성을 제한하는 것과 두뇌를 수축시키는 것을 계속해서 내버려 둔다면, 우리는 그 어떤 정부라도 모두의 이익을 위해 봉사할 수 있을 거라고는 기대할 수 없게 될 것이다. 시장 경제의 지지자들이 민주주의와 자본주의가 어떻게 함께 갈 수 있는지를 끝없이 설파한다고 한들, 과거 수십 년 동안 그래왔듯 소득 불평등이 계속해서 심화한다면, 자본주의는 끝내 민주적 삶을 파괴해서 사람들이 정치에 아무런 의미를 두지 않도록 만들 것이기 때문이다.

일반적으로 책은 독자에게 '행동 유도성'을 제공한다는 점에서 정치적 의미를 지닌다. 만약 당신이 내가 그렇듯이 이 지구에서 정의롭고 지속 가능한 삶을 살기를 원한다면, 나는 이 책이 당신에게 어느 정도 행동 유도성을 제공했기를, 즉 새로운 '행동 가능성'을 제시했기를 희망한다.

책을 읽은 뒤 그 내용을 곰곰이 생각해 보거나, 인상적이었던 구절을 친구에게 전송하는 것은 그다지 어렵지 않은 일이다. 그리고 나는 당신이 그 이상을 할 수 있기를 희망한다. 오랜만에 친구를 만나 수다를 떨거나, 마음이 가는 오프라인 커뮤니티를 찾아가 보라. 인생에서 가장 중요한 일의 대부분은 타인과의 관계를 만들어 내고 유지하기 위해 한결같이 노력할 때 일어난다. 물론 이는 힘든 일이고, 다른 대단한 행동에 비하면 지루하기도 하지만, 우리가 반드시 해야만 하는 것이다. 과거의 시민운동에서 사람들은 죽음도 불사했다. 하지만 우리가 사는 나라들 대부분에서 이는 민주적 삶을 살기에 적절한 방법은 아니다. 오히려, 우리에게 안성맞춤인 것은 다음과 같은 질문을 던지는 것이다. '당신이 지금과는 다른 삶을 살기 위해 시도해 볼 만한 일에는 어떤 것이 있는가?', '당신은 그 일을 차근차근, 매일매일 해 나갈 의향이 있는가?'.

또한 나는 당신이 이 책을 읽으면서 누가 좋은 정치인인가에 대해 다른 관점을 가질 수 있게 되었기를 희망한다. 달리 말해, 학자나 토론 대회 우승자가 반드시 정치를 제대로 사고할 수 있는 사람들인 것은 아니나(그런 부류의 사람들은 '공론장'에 가 보면 발에 차일 정도로 많다). 반면에 좋은 정치가란, 사회적 관계와 공동체를 구축하는 데 능숙하고, 사람들의 행동을 변화시킬 새로운 정책들을 끊임없이 시도하는 사람일 것이다. 어쩌면 우리 모두가 이러한 기술을 길러, 이러한 사람이 될 수 있을지도 모른다. 또는 우리가 아는 사람 중에 이미 그렇게 하는 사람이 있다면, 세상에 더 많은 긍정적인 영향을 미칠 수 있도록 널리 알릴 수도 있을 것이다.

나는 자유주의가 추구하는 이상 중 일부에서 우리가 벗어나야만 한다고 주장해 왔다. 하지만 그렇다고 해서 모든 자유주의 사상과 이상을 폐기해야만 한다는 말은 아니다. 근대 정치에 대해 사유한 철학자로 유명한 게오르크 빌헬름 프리드리히 헤겔Georg Wilhelm Friedrich Hegel이 사용한 용어로, '아우프헤벤Aufheben'이라는 것이 있다. 이 아우프헤벤은, '부정'와 '초월'을 동시에 뜻하는 흥미로운 단어이다.[234] 헤겔이 주장한 바에 따르면, 역사에서 정치적 변동이 일어날 때 우리는 이러한 모순된(또는 변증적) 현상을 관찰할 수 있다. 즉, 낡은 구조는 전복되지만, 그 구조의 핵심 중 상당수는 보존될 뿐만 아니라, 심지어 전보다 더 큰 실재성을 가지게 된다. 예를 들어, 국가가 군주제에서 자유 민주주의로 이행해 가는 과정에서, 군주제는 전복되었지만 아마도 군주제의 어떤 본질, 예컨대 '민족성'과 '집단적 정체성'이라는 관념은 살아남아 더 정교해지는 방식으로 이어져 왔다. 그리고 나는 이제 자유주의에도 이러한 변증법적 과정이 일어나기를 희망한다. 즉, 나는 우리가 자유주의의 본질을 이해하고 그것을 재건함으로써 현 사회의 작동 원리(특히, 자본의 사적 소유에 대한 집착)를 초월하는 한편, 우리에게 가장 의미 있는 것들(자립, 자치, 평등)은 훨씬 더 선명하고 진정성 있는 방향으로 이어갈 수 있기를 바란다.

우리는 일부 자유주의 이상(예를 들어, 더 나은 세상이 있다는 신념 또는 더 나은 세상을 만들 수 있다는 믿음)은 계속해서 사랑하면서도 나머지는 폐기할 수도 있다. 자유주의는 우리의 문화 속에 (그리고 개인의 심리 속에) 너무도 깊이 뿌리를 내리고 있기 때문에, 우리는 미래에 도움이 되지 않는 것들을 계속해서 찾아내 폐기하기를 반복해야 한다. 그래야만 우리는 정치를 마치 착취와 억압을 은폐하는 덮개처럼 이용하는 현재의 권력 구조를 정당화하지 않을 수 있다.

앞의 장에서 나는 시위에 참여하는 사람들이 그로 인해 어떠한 '일대

---

[234] 내가 이해하기로는, 예컨대 사과잼을 만드는 과정에서 사과가 파괴되는 동시에 잼이라는 다른 무언가로, 사과의 본질을 간직하면서도 그것을 넘어서는 무언가로 변화하는 과정을 뜻하는 말인 것 같다. 더 자세히 알고 싶다면 다음을 보라. Hugh Silverman, ed. (1997), Philosophy and Non-Philosophy since Merleau-Ponty, Northwestern University Press.

기적 변화'를 겪게 되는지를 설명하기도 했다. 두드러진 변화 중 하나는, 시위에 참여하는 사람들은 비슷한 견해를 가지고는 있지만 시위에 참여하지 않는 사람들보다 삶을 더 의미 있게 생각하고 행복감을 느낀다는 점이다.[235] 한편, 행복 데이터를 시위에서 정치 전반으로 확대할 경우 놀라운 결과를 볼 수 있다. 평균적으로, 전 세계의 거의 모든 국가에서, 좌파 성향의 사람들은 우파 성향의 사람들보다 덜 행복하다. 이러한 결과는 소득 수준, 결혼, 종교 등 개인의 행복에 영향을 미치는 다른 변수들을 통제해도 마찬가지인 것으로 나타난다.[236] 이는 충분히 타당할 수 있다. 왜냐하면, 어쨌거나 좌파 성향의 사람들이 '현상Status quo'에 대해 더 큰 불만을 가질 가능성이 크기 때문이다. 데이터를 좀 더 살펴보면, 그들이 왜 더 큰 불만을 가질 수 있는지를 설명해 주는 가능한 요인들을 발견할 수 있다. 예를 들어, 그들은 친구 관계에서의 문제점을 더 많이 인식하며, 자신에게 비판적일 가능성이 더 크다. 또한 뉴스를 더 많이 찾아보는데, 실제로 이러한 경향 탓에 내 주변의 많은 이들이 최근 특히 더 불행해하고 있다. 하지만 정치 성향과는 상관없이, 여전히 시위에 참여하는 사람들은 시위에 참여하지 않는 사람들보다 대체로 더 행복한 것으로 나타난다. 아마도 시위 참여에는 정치 성향에서의 차이를 상쇄할 수 있는 뭔가가 있는 듯하다.

내가 강연 중에 이러한 연구 결과들을 제시할 때면, 가끔 청중 중에는 이의를 제기하는 사람도 있다. "우리가 더 행복하다고요!?". 그러면서 그들은 묻는다. "우리가 느끼는 번아웃은요? 시위대 안에서 일어나는 내부 분열은요? 우파 시위대 때문에 느끼는 스트레스는 또 어떻고요?". 그

---

[235] S. Vestergren, J. Drury and E. H. Chiriac (2016), 'The Biographical Consequences of Protest and Activism: A Systematic Review and a New Typology', Social Movement Studies.
[236] Ibid.

러나 그 모든 어려움에도 불구하고, 그렇다, 확실히 좌파 성향의 그룹 안에서 번아웃을 경험하는 사람의 수는 무시할 수 있을 만큼 적은 숫자는 아닙니다. 하지만 그럼에도 시위 참여자가 시위 불참자보다 일반적으로 더 행복하다는 건 여전히 사실이다.[237] 심지어 정치적 행동과 행복의 인과 관계를 보여 주는 상당한 증거도 존재한다.[238]

이러한 사실이 나를 놀라게 하지는 못한다. 왜냐하면 행동주의는 사람들에게 삶의 의미와 기쁨을 줄 수도 있는 엄청나게 많은 것들, 예를 들어 행위 주체성, 행동 가능성, 행동에서 의미를 발견하는 감각 같은 것들을 내포하고 있기 때문이다. 또, 자신이 삶에서 행위 주체성이나 자율성을 가지고 있다고 느끼는 사람들이 훨씬 더 잘 살아간다는 심리학적 증거도 많다.[239] 따라서 좌파 성향의 사람 중 시위에 참여하지 않는 사람들을 불행하게 만드는 원인은, 아마도 그들의 정치적 견해 자체라기보다는 행위 주체성의 결여 때문일 가능성이 크다. 예컨대 세상이 불타고 있다는 생각은 당신을 심리적으로 매우 불안하게 만든다. 그러나, 그 불을 끄기 위해 다른 사람과 함께 무언가를 시도할 수 있다는 것만으로도 상황은 견딜만하게 되며, 심지어 의미를 지니기도 한다.

이로써 우리는 보다 큰 논점에 도달하게 된다. 나는 자유주의의 가장 큰 문제 중 하나가, 정치가 우리를 행복하게 만들 수도 있다는 생각을 부정하는 것이라고 본다. 보다 구체적으로 말하면, 자유주의에는 우리의 삶을 '정치적인 것'과 '정치적이지 않은 것'으로 구분하고자 하는 욕망

---

237   J. O. Conner, E. Greytak, C. D. Evich and L. Wray-Lake (2023), 'Burnout and Belonging: How the Costs and Benefits of Youth Activism Affect Youth Health and Wellbeing', Youth.

238   Christian Jarrett (2009), 'Political Activism Is Good for You', British Psychological Society Research Digest, 30 September.

239   C. Peterson (1999), 'Personal Control and Well-Being', in D. Kahneman, E. Diener and N. Schwarz, eds., Well-Being: The Foundations of Hedonic Psychology, Russell Sage Foundation.

이 존재한다. 물론, '공적 영역'이라는 용어는 '사적 영역' 또한 있음을 함축한다. 자유주의 정치 이론가들은 여기서 '사적 영역'을 강조해 왔으며, 자유주의 사회는 사적 영역에 대한 공적인 침범을 막을 수 있어야 한다는 이념을 즐겨 사용해 왔다. 즉, (이론적으로는) 당신이 집에 가서 문을 걸어 잠그는 순간 당신은 국가로부터, 그리고 정치적 삶으로부터 해방된다.

최근에는 평론가들, 심지어 학계에서 존경받는 정치학자들조차도, 우리 사회가 이토록 분열된 이유는 어쩌면 모든 것이 '정치적으로 변질되었기' 때문일지도 모른다고 주장한다. 따라서 만약 우리가 '덜 정치적으로' 될 수 있다면, 우리 사회는 과거처럼 합리적인 상태로, 덜 논쟁적인 상태로 되돌아갈 수도 있을 거라고 말한다. 하지만 이는 다음의 두 가지 이유에서, 우리가 직면하고 있는 상황을 심각할 정도로 잘못 인식한 것이다. 첫째, 실제로 이 사상가들은 문화적으로 이상화된 '담론'에 대해 말하고 있다. 즉, 그들은 '정치적으로 변질된 어떤 것'이 아니라, 단순히 '정치에 대해 말하는 것'이 우리 사회에 미치는 영향, 보다 구체적으로는 사회적 관계와 경험이 결여된 사람들이 서로 충돌할 때 나타나는 '결과'만을 두고 이야기한다. 그러나 우리가 점점 더 극단적으로 되는 것은 정치 때문도, 심지어 '정치적인 어떤 것' 때문도 아니며, 다만 우리가 사회적으로 위축되고 두뇌가 수축된 상태에서 정치를 논의해야 하는 위기에 처해 있기 때문이다.

둘째, 정치에서 벗어날 수도 있다는 생각은 유혹적이긴 하지만, 환상에 불과하다. 정치는 우리가 벗어나고 싶다고 해서 벗어날 수 있는 영역이 아니다(한 줌 밖에 안되는 특권층의 머릿속에서나 가능할 수도 있다). 기후 위기와 이민자 문제, 그리고 전쟁은 우리의 코앞에 닥친 문제이며, 앞으로 한 세기를 좌우할 문제이다. 특히, 전 세계의 거의 모든 사람을 점점 더 가난하게 만들어 온 경제 구조는 불가피하게 정치적인 문제이다. 그러므로 우리가 덜 정치적으로 되기란 사실상 불가능하며, 특히 진보 또는 좌파 성향의 사람들에게 덜 정치적으로 되도록 노력하라는 것은 결국 더 불행해지라는 소리일 뿐이다.

그렇다면, 이 시대가 요구하는 진정으로 현명하고 성숙한 태도는, 덜 정치적으로 되는 것이 아니라 '더 정치적으로 되는 것'이다. 따라서 우리가 매일매일의 삶 속에서 이러한 태도를 기르는 것이야말로 민주적 삶 본연의 임무이며, 정치에 대한 온갖 이야기들은 전부 거기에서 파생되는 부수적인 것들일 뿐이다. 좋은 소식은, 이러한 관계-네트워크-행동의 구축은 정치에 효과적일 뿐만 아니라, 우리를 더 행복하게 만들 수도 있다는 사실이다.

덕분에 나는 여전히 인간에 대해, 그리고 심지어 정치에 대해 희망을 품고 있다. 나는 단순히 더 나은 생각으로 이상적인 세상을 만든다는 자유주의 신화를 버렸음에도, 여전히 희망의 끈을 놓지 않고 있다. 그리고 내가 희망을 잃지 않을 수 있는 것은, 전부 이 방대한 분량의 복잡한 사회학적·심리학적 증거들을 찾아 가며 배울 수 있었던 것들 덕분이다. 이를 간단히 요약하자면, 인간은 모두 의미 있는 삶을 살고 싶어 하고, 자신을 좋은 사람으로 생각하고 싶어 하며, 자신에게 주체적으로 행동할 능력과 세상에 좋은 일을 할 수 있는 능력이 있다고 믿고 싶어 한다.

물론 이는 내가 동의하지 않는 사람들, 극우들, 파시스트들, 변호할 생각이 전혀 들지 않는 사람들을 막론하고 모든 사람에게 해당되는 것이다. 그럼에도, 의미에 기반하여 인간을 이해하는 이러한 방식은 우리가 세상을 더 나은 곳으로 만들 수 있다고 믿을 만한 근거를 제공한다. 우리가 반드시 이윤을 극대화하는 시스템 속에서 살아야만 하는 것은 아니다. 서로 치열하게 경쟁해야만 하는 것도 아니다. 심지어 정치적 논쟁을 벌이는 일에 시간을 허비해야만 하는 것도 아니다. 우리는 얼마든지 다른 길을 선택할 수 있으며, 지금보다 더 행복해질 수 있다.

끝으로, 나의 친애하는 자유주의들에게 남기고 싶은 말은, 이처럼 우리는 사상 없이도 여전히 이상을 품을 수 있다는 것이다. 다만 사상은, 신뢰할 수 있는 관계와 일상적인 행동을 통해 드러날 때만 힘을 가질 수 있다. 그리고 그럴 수 있을 때만 우리는 정치에 대해 생각하고, 이야기하고, 참여하는 일을 덜 고통스럽고, 덜 지치며, 덜 두려운 일로 느끼게 될 것이다. 더 운이 좋다면, 그러다 언젠가 정치가 우리에게 행복을 가져다줄 수도 있을 것이다.

감사의 말

항상 무조건적으로, 열정적으로, 그리고 깊은 관심으로 나를 사랑하고 지지해 준 나의 부모님 데비 스테인Debbie Stein과 마이크 루브라노Mike Lubrano에게 이 책을 바친다. 부모님은 내가 대양을 긴니 미나먼 곳으로 떠나버린 것(그리고 그러기 위해 부모님의 자원을 이용한 것)을 관대한 마음으로 용서해 주셨다.

또한 나는 늘 친구들과 함께 생각한다. 이 넘치도록 감사한 마음을 전해야 할 친구들이 너무 많아 일일이 이름을 거론하기가 힘들 정도다. 그래서 여기에는 이 책에 특별한 도움을 준 친구 몇 명의 이름만을 남겨본다. 벤Ben, 샬럿Charlotte, 댄Dan, 잭Jack, 재키Jackie, 조이Joey, 로렐Laurel, 멀리사Melissa, 매트Matt, 나스Nas, 슐라미스Shulamith, 탈리Thalie. 그리고 내 형제자매 벤Ben, 카디자Khadijah. 맥스 헤이븐Max Haiven은 가장 이상적인 협력자이자 가장 이상적인 친구가 되어 주었다. 특히 이 책의 5장은 그들의 도움이 없었다면 쓰지 못했을 것이다.

나의 멋진 파트너들, 항상 마감 시간에 쫓기는 나를 견뎌 준 커스틴E. Kirsten과 다른 파트너들에게도 감사하다.

수년 전, 책을 쓴다는 생각은 전혀 하지 못했던 내게 메신저를 통해 연락을 준 나의 에이전트 샬럿 메릿Charlotte Merritt에게도 감사의 마음을 전한다. 내가 절대 책을 완성하지 못할 거라고 푸념할 때마다 그녀는 나를 믿어 주었고, 영국인이라면 보이지 않았을 눈물을 보일 때마다 우아하고 친절하게 다독여 주었다. 나의 편집자들에게도 감사하다. 토마스 호스킨스Tomasz Hoskins는 흔적도 없이 사라질 뻔한 이 책을 구해 주었고, 이 책이 왜 필요한지를 이해해 주었다. 옥타비아 스토커Octavia Stocker는 넘치는 열정으로 책을 편집해 주었는데, 편집에는 이런 열정이 정말로 중요하다.

내가 줌Zoom으로 책의 각 장을 소리 내어 읽을 때면 친절하게도 많은 친구가 경청해 주었다. 브리아나Brianna, 달루무지Dalumuzi, 대니Danny, 대니얼Daniel, 기예르모Guillermo, 일라나Ilana, 줄리Juli, 카트Kat, 로라Laura, 마리나Marina에게 감사를 전한다. 그리고 비슷한 시기에 이 책을 너그럽게 읽어 준 엘리자베스Elizabeth, 앤시아Anthea와 그 외 여러 친구들에게도 감사할 따름이다.

데이비드 맥레이니David McRaney는 내가 해당 분야의 연구에 대한 이해를 점검할 수 있도록 연구자들과의 만남을 주선해 주었다. 맥레이니는 물론이고 존 조스트John T. Jost를 비롯한 많은 연구자들, 이를테면 조시 칼라Josh Kalla, 앤디 루트렐Andy Lutrell, 브렌단 나이한Brendan Nyhan, 리처드 페티Richard Petty, 데비 프렌티스Debbie Prentice, 로리 산토스Laurie Santo, 톰 스태포드Tom Stafford에게도 감사의 마음을 전한다.

이 책이 견지하는 고도의 학제 간 접근법은 하버드 대학교 사회학과

라는 토양에서 오랜 시간에 걸쳐 천천히 무르익은 과실과도 같다. 지금도 너무나 그리운 안야 번스타인Anya Bernstein의 사랑과 지지에 깊은 감사를 보낸다. 크리스 브룩Chris Brooke, 최보미Bomi Choi, 보니 탈버트Bonnie Talbert에게도 감사하다. 이 책은 옥스퍼드 대학교의 박사 과정을 마친 뒤에 쓴 것이지만, 당시 지도 교수였던 로이스 맥네이Lois McNay에게 진심으로 감사한다. 또한 이 책을 쓰는 데 필요한 기술을 제공해 준 데이비드 레오폴드David Leopold, 소피 스미스Sophie Smith, 아미아 스리니바산Amia Srinivasan에게도 감사를 전한다. 이 책의 집필은 가끔 이름 없는 작가 집단과 함께한 글쓰기 수련회에서도 이루어졌는데, 그들의 도움에도 특별한 고마움을 표하고 싶다. 고마워요 아델Adele, 아비아Aviah, 브렛Brett, 에밀리Emily, 리아Leah, 롤라Lola, 마커스Marcus, 시타Sita, 소피Sophie, 자라Zara!

정치에 관한 글을 쓸 때면 늘, 학살 생존자이자 난민이며 학자였던 오토 스테인Otto Stein이 떠오른다. 또, 내 글쓰기가 그를 떠올린다는 것을 알게 된다면 마리오 루브라노Mario Lubrano가 나를 자랑스럽게 여겨 줬으면 좋겠다. 그들이 바라던 세상을 만들 수 있을 만큼 우리가 충분히, 제대로 사랑할 수 있기를, 나는 희망한다.

더 읽을거리

읽기 쉬운 것:

Alvin Chang (2023), 'The Invisible Epidemic: Understanding Loneliness in America', The Pudding.

Joel Cooper (2007), Cognitive Dissonance: 50 Years of a Classic Theory. Sage.

David Graeber (2013), The Democracy Project: A History, a Crisis, a Movement, Spiegel & Grau.

Eric Klinenberg (2018), Palaces for the People: How Social Infrastructure Can Help Fight Inequality, Polarization, and the Decline of Civic Life, Crown.

Sheila Liming (2023), Hanging Out: The Radical Power of Killing Time, Melville House.

Domenico Losurdo (2014), Liberalism: A Counter-history, Verso Books.

David McRaney (2022), How Minds Change: The Surprising Science of Belief, Opinion, and Persuasion, Penguin.

Ray Oldenburg (1999), The Great Good Place: Cafes, Coffee Shops, Bookstores,

Bars, Hair Salons, and other Hangouts at the Heart of a Community, Da Capo Press.

Jonah Peretti (2007), 'Notes on Contagious Media', Structures of Participation in Digital Culture, New York: Social Science Research Council.

Robert Putnam and Shaylyn Romney Garrett (2020), The Upswing: How America Came Together a Century Ago and How We Can Do It Again, Simon & Schuster.

Deborah Tannen (1999), The Argument Culture: Stopping America's War of Words, Ballantine Books.

Derek Thompson (2016), 'How America Lost Its Mojo', The Atlantic, 3 May.

Zeynep Tufekci (2017), Twitter and Tear Gas: The Power and Fragility of Networked Protest, Yale University Press.

Meredith Whittaker (2022), 'Social Media Authoritarianism and the World As It Is', LPE Project.

읽기 어려운 것:

Gordon Allport, K. Clark and T. Pettigrew ([1954] 1979), The Nature of Prejudice, Basic Books.

Jürgen Habermas (1991), The Structural Transformation of the Public Sphere: An Inquiry into a Category of Bourgeois Society, MIT Press.

Jürgen Habermas (1984), The Theory of Communicative Action, vol. 2, Beacon Press.

Stanley Ingber (1984), 'The Marketplace of Ideas: A Legitimizing Myth', Duke Law Journal.

Robert Putnam (1995), 'Bowling Alone: America's Declining Social Capital', Journal of Democracy.

사회 과학 논문들:

Joyce Balls-Berry, L. C. Dacy and J. Balls (2016), '"Heard It through the Grapevine": The Black Barbershop as a Source of Health Information', Western Journal of Nursing Research.

David Broockman and Joshua Kalla (2016), 'Durably Reducing Transphobia: A Field Experiment on Door-to-Door Canvassing', Science.

Daniel A. Cox and Sam Pressler (2024), 'Disconnected: The Growing Class Divide in American Civic Life. Findings from 2024 American Social Capital Survey', American Survey Center, 22 August.

Hansard Society, 'Audit of Political Engagement 16: The 2019 Report'.

Miles Hewstone (2009), 'Living Apart, Living Together? The Role of Intergroup Contact in Social Integration', Proceedings of the British Academy.

Christian Jarrett (2009), 'Political Activism Is Good for You', British Psychological Society Research Digest, 30 September.

Mohsen Joshanloo (2024), 'Loneliness Leads to Changes in Personality over Time', PsyPost, 27 March.

John T. Jost et al. (2003), 'Social Inequality and the Reduction of Ideological Dissonance on Behalf of the System: Evidence of Enhanced System Justification among the Disadvantaged', European Journal of Social Psychology.

Jonas T. Kaplan, Sarah I. Gimbel and Sam Harris (2016), 'Neural Correlates of Maintaining One's Political Beliefs in the Face of Counterevidence', Scientific Reports.

Kristin Laurin (2018), 'Inaugurating Rationalization: Three Field Studies Find Increased Rationalization when Anticipated Realities Become Current', Psychological Science.

Douglas A. Marshall (2002), 'Behavior, Belonging, and Belief: A Theory of Ritual Practice', Sociological Theory.

J. Mewes, M. Fairbrother, G. N. Giordano, C. Wu and R. Wilkes (2021), 'Experiences Matter: A Longitudinal Study of Individuallevel Sources of Declining Social Trust in the United States', Social Science Research.

J. De Moor and S. Verhaegen (2020), 'Gateway or Getaway? Testing the Link between Lifestyle Politics and Other Modes of Political Participation', European Political Science Review.

Esteban Ortiz-Ospina (2019), 'Is There a Loneliness Epidemic?', Our World in Data.

옮긴이 이혜경

고려대학교에서 사회학으로 박사 학위를 받았다. 현재 대학에서 학생들을 가르치며 바른번역 소속 번역가로 활동 중이다. 옮긴 책으로는 《진화하는 언어》, 《나는 정상인가》, 《스마트폰 끄기의 기술》, 《보이는 모든 것을 의심하라》 등이 있다.

정치는 말로
설득되지 않는다

초판 1쇄 2025년 7월 28일
저자 사라 스테인 루브라노
옮긴이 이혜경
편집 김대웅 **디자인** 배석현
ISBN 979-11-93324-61-5   03300

발행인 아이아키텍트 주식회사
출판브랜드 북플라자
주소 서울시 강남구 학동로 329 북플라자 타워
홈페이지 www.bookplaza.co.kr

오탈자 제보 등 기타 문의사항은 book.plaza@hanmail.net으로 보내주세요.
잘못된 책은 구입하신 서점에서 교환해 드립니다.